财政管理

守正与创新探索

■孟宪征　王晓明　苗西坦　主编

中国海洋大学出版社
·青岛·

图书在版编目（CIP）数据

财政管理守正与创新探索 / 孟宪征, 王晓明, 苗西坦主编. -- 青岛: 中国海洋大学出版社, 2023.1

ISBN 978-7-5670-3347-4

Ⅰ. ①财… Ⅱ. ①孟… ②王… ③苗… Ⅲ. ①财政管理－研究 Ⅳ. ① F810.2

中国版本图书馆 CIP 数据核字（2022）第 225036 号

CAIZHENG GUANLI SHOUZHENG YU CHUANGXIN TANSUO
财政管理守正与创新探索

出版发行	中国海洋大学出版社		
社　　址	青岛市香港东路 23 号	邮政编码	266071
出 版 人	刘文菁		
网　　址	http://pub.ouc.edu.cn		
电子信箱	469908342@qq.com		
订购电话	0532 - 82032573（传真）		
责任编辑	王　晓	电　话	0532 - 85901092
装帧设计	青岛汇英栋梁文化传媒有限公司		
印　　制	日照日报印务中心		
版　　次	2023 年 1 月第 1 版		
印　　次	2023 年 1 月第 1 次印刷		
成品尺寸	170 mm × 240 mm		
印　　张	14.5		
字　　数	329 千		
印　　数	1—3000		
定　　价	86.00 元		

发现印装质量问题, 请致电 0633-2298958, 由印刷厂负责调换。

编 委 会

主　编：孟宪征　王晓明　苗西坦

副主编：律素华　王荷丽　文凌云

编　委：张峦芊　黄国蓉　张　燕

　　　　尹璐璐　安丽红　张会敏

　　财政是国家治理的基础和重要支柱,财税体制在治国安邦中始终发挥着基础性、制度性、保障性作用。随着社会主义市场经济体制的建立与完善,财政制度也发生着深刻的变革,财政在社会公众的生活中日显重要。深化财税体制改革的目标是建立统一完整、法治规范、公开透明、运行高效,有利于优化资源配置、维护市场统一,促进社会公平、实现国家长治久安的可持续的现代财政制度。在全面建设社会主义现代化国家、实现第二个百年奋斗目标新征程上,财政管理要固本培元,守正创新,充分发挥"以财辅政"重要作用。

　　为了适应社会主义市场经济条件下公共财政体制建设的要求,我国在财政领域不断调整改革的重点,开始对政府预算管理进行全方位改革。如部门预算制度改革、国库集中收付制度改革、政府采购制度改革、国有资本经营预算制度改革、政府基金预算制度改革、社会保险预算制度改革、全面绩效预算改革、政府预算收支体系改革、政府会计改革等。有些改革甚至具有革命性,新的政府预算管理框架正在形成。传统的财政、财务管理工作主要是通过各种财政、财务会计报表上的数据进行综合性分析,根据这些数据来判断分析财政状况、收支情况、资产负债情况等,从而决定采取怎样的财政政策。而在全球经济一体化的今天,在信息化时代的背景下,内部环境和外部环境都发生了巨大的变化,财政部门在财政、财务管理方面对数据进行采集、整理及分析的方法已经突破了人工分析的局限性,向着大数据、人工智能、物联网、移动互联网、云计算、区块链的时代迈进。要想使财政部门获得更多业务数据、政府部门运行情况等方面的信息资料,就必须借鉴企业财务信息化管理,加快财政管理工作信息化的步伐,进行财政管理工作的创新与优化,这样才能进一步提高财政管理的科学化、精细化水平,推动财政管理高质量发展。

　　基于此,本书从财政管理守正与创新两个层面展开了论述。以财政管理相关理论守正为切入点,以财政闭环管理(财政预算、预算执行、财政监督、绩效评价)为主线展开详细的叙述,最后以财政管理创新发展进行了详细的阐述。本书力图体现以下几个特点:第一,守正与创新并重;第二,理论与实践紧密结合;第三,体系完整,结构严谨,条理清晰,重点突出,内容详尽;第四,时代性强,具有较强的科学性、系统性和指导性。结构编排新颖,表现形式多样,便于读者理解和掌握,是一本为财政管理者量身定做的参考用书。

在本书的撰写过程中,我们参阅、借鉴和引用了国内外许多同行的观点和成果。各位同仁的研究奠定了本书的学术基础,对财政管理守正与创新探索的展开提供了理论基础,在此一并感谢。另外,由于编者的水平有所限,书中难免有疏漏和不当之处,敬请读者批评指正。

编　者

2022 年 12 月

CONTENTS **目　录**

第 一 章　**财政工作的概述** / 1

第一节　财政的基础知识理论 / 1
第二节　财政的资源与分配职能 / 7
第三节　财政的稳定与公平职能 / 13

第 二 章　**财政工作的管理体制** / 20

第一节　财政管理体制内涵 / 20
第二节　国家预算管理体制 / 24
第三节　国家税收管理体制 / 31
第四节　国有资产管理体制 / 33

第 三 章　**财政政策** / 40

第一节　财政政策的功能与类型 / 40
第二节　我国财政政策实践 / 46

第 四 章　**财政收入管理** / 49

第一节　财政收入概述 / 49
第二节　公债收入 / 51
第三节　其他收入 / 61

第 五 章　**财政预算编制及管理** / 65

第一节　一般公共预算 / 65
第二节　社会保险基金预算 / 76
第三节　国有资本经营预算 / 81
第四节　政府性基金预算管理 / 87

第 六 章　**预算执行管理** / 92

第一节　政府预算执行概述 / 92
第二节　政府预算收入执行 / 97
第三节　政府预算支出执行 / 101
第四节　政府预算执行中的调整 / 105
第五节　"收支两条线"管理 / 110

第 七 章 ● 预算绩效管理 / 113

  第一节　政府预算绩效管理内涵 / 113

  第二节　政府预算绩效管理发展 / 116

  第三节　预算绩效管理改革 / 120

第 八 章 ● 财政监督管理 / 132

  第一节　财政监督的内容与形式 / 132

  第二节　财政监督与财政纪律 / 137

  第三节　财政收入监督 / 141

  第四节　财政支出监督 / 145

  第五节　加强财政监督的管理 / 149

第 九 章 ● 政府会计制度 / 155

  第一节　政府会计的相关概念 / 155

  第二节　政府会计目标和核算前提 / 158

  第三节　政府会计要素与记账基础 / 162

  第四节　会计信息质量要求与确认计量 / 168

  第五节　政府会计规范体系 / 173

第 十 章 ● 电子商务下的财政管理 / 174

  第一节　全新的商务模式 / 174

  第二节　无纸化交易与会计证据 / 178

  第三节　电子货币与会计结算 / 183

  第四节　网络技术与会计报告 / 189

  第五节　预算管理一体化 / 196

第十一章 ● 新时代财务管理的创新 / 200

  第一节　绿色财务管理创新 / 200

  第二节　财务管理信息化创新 / 203

  第三节　财务管理与人工智能创新 / 207

  第四节　区块链技术与财务审计 / 210

  第五节　网络环境与税收筹划的财务管理 / 213

参考文献 / 220

第一章
财政工作的概述

第一节　财政的基础知识理论

一、财政的理论

（一）财政的产生

财政既是分配范畴，又是历史范畴。财政的产生有两个条件：一是财政产生的社会经济条件，即只有当生产力和生产关系发展到一定阶段，有剩余产品存在，才有可能产生财政；二是财政产生的社会政治条件，即只有在国家产生后，财政分配才能从一般的经济分配中独立出来，才有了独立的、为满足社会公共需要而进行的再分配。

在原始社会初期，社会生产力水平极低，没有剩余产品，没有分工和交换，没有私有制，没有人剥削人的现象，产品分配给全体成员共同享用。伴随氏族公社公共事务的处理，出现了财政萌芽，但这种分配属于直接的产品分配而包括在一般的经济分配之中，它尚未独立出来。这一时期，因为不存在单独的为满足社会公共需要而进行的再分配，所以不会有满足社会公共需要的财政。在原始社会里没有独立意义的财政。

随着生产力的发展，尤其是第二次社会大分工（即手工业从农业中分离出来），以交换为目的的商品生产进一步发展。人们可以通过生产资料的生产，创造出日益增多的剩余产品。与此相适应，出现了私有制、剥削和阶级对立。由于社会分裂为阶级以及阶级对立加剧，区别于氏族公社的根本标志——公共权力最终产生了，即产生了国家。

国家是阶级矛盾不可调和的产物。在马克思看来，国家是阶级统治的机器，是一个阶级压迫另一个阶级的工具。国家区别于氏族组织的一个重要特征是"公共权力"的设立。国家这种"公共权力"的存在不是抽象的，它由军队、警察、监狱、法庭、官吏等统治机构所组成。国家为了维持这一套统治机构的存在及实现其职能，就需要占有和消耗一部分社会产品。但是，在私有制社会里，国家本身通常不直接占有生产资料，也不直接从事生产劳动，因此，它必须凭借拥有的政治权力，强制而无偿地征收一部分社会产品,以满足其各方面的需要。这就从整个社会产品分配中,分离出一种由国家直接参与的社会产品分配,这就是国家财政。可见,财政是国家为了满足社会公共需要对一部分社会产品进行的集中性分配,包括分配活动和分配关系,是生产力与生产关系的统一。

所谓财政,历来都是国家财政,这种观点在我国财政学研究领域中影响最深,学术界通常将其称为"国家分配论"。随着对财政学的不断深入探索,我国学术界经过长期的探讨与争鸣,已经形成了多种财政学派,各有自己的观点,除"国家分配论"外,主要还有"价值分配论",认为财政的本质是价值的分配;"社会再生产论",认为研究财政的本质必须从社会再生产出发,以再生产为前提;"剩余产品论",认为财政的本质特征是对剩余产品的分配;"社会共同需要论",认为财政的本质是为了满足社会共同需要而进行的分配。上述说法是从不同角度探索财政的本质,各有侧重点,但各学派之间并不是绝对排斥的,各种观点之间有差异,也有共同点。对各学派观点的学习和研究,有利于加深对财政本质和作用的认识,推动财政理论研究的发展。

财政产生以后,随着社会生产力的发展、社会制度的变革、国家职能的扩展,财政本身也不断发展变化。迄今为止,人类社会产生过奴隶社会、封建社会、资本主义社会、社会主义社会等几种社会形式,与此对应的则有奴隶社会财政、封建社会财政、资本主义财政和社会主义财政。在各个不同的历史时期,由于生产力发展水平不同,国家的性质、职能不同,财政分配范围、财政的职能以及财政管理制度等方面都存在很大的差别。特别需要指出的是,到了现代,无论是资本主义国家还是社会主义国家,财政都不再只是满足国家机关的非生产性消费的需要,而已成为社会经济的一个重要部门,成为调节社会经济运行的重要工具,成为推动社会经济发展的重要力量。

(二)财政构成要素分析

财政构成要素的分析,主要体现在财政分配的主体、客体及目的三个方面。

1.财政分配的主体

国家是财政分配的主体,财政同国家有着本质的联系,一切财政分配必然与国家或国家权力机构——各级政府相关联。

财政分配的主体是国家,表现在以下几方面。

第一,财政分配以国家分配为前提,国家的性质决定财政的性质。国家直接决定着财政的产生、发展和范围。没有国家这一分配主体,财政这种分配就不存在;或者,非国家为主体的分配都不属于财政。从根本上看,财政的性质取决于国家的生产资料所有制的性质。

　　第二,在财政分配中,国家处于主动的、支配的地位。国家是财政分配活动的决定者和组织者,财政收入的取得和支出的安排,其规模大小、来源和使用方向,决定于国家的意志。当然,这种意志最终要受经济条件的限制。财政分配的主动权、支配权在国家,因此,财政是国家可以直接用来调节经济的强有力手段。

　　第三,国家的职能决定财政分配的范围。国家职能的实现离不开财政的财力保证,国家职能范围的大小决定了财政资金的流向及其数量。由于国家性质及职能范围上的差别,社会主义国家财政与资本主义国家财政在资金集中程度及流向上是有差别的。

2. 财政分配的客体

　　财政收入主要来源于剩余产品。理论上,只有剩余产品才可能而且需要从一般分配中独立出来,形成一种超越生产单位和个人以外的特殊分配,而且剩余产品的数量也决定了财政分配的数量界限及其在生产过程中的地位和作用;实践上,构成各国财政收入主体的流转税和公司税,直接来源于企业所创造的剩余产品价值,但从各国的财政实践来看,财政分配的对象范围要大得多,往年累积的社会财富和当年创造的社会产品均可成为财政分配的对象。事实上,各国财政以工薪税、个人所得税等方式参与累积的社会财富的分配,在一些国家的特定时期,补偿固定资产消耗的折旧基金也成为财政分配的对象。

　　尽管我国财政收入主要来自剩余产品价值部分,但也不能忽视个人收入部分对财政分配的重要意义。从发展上看,来自这部分的财政收入会不断增长。全面认识财政分配的对象,对研究财政的地位和作用,把财政作为整个社会产品分配的总枢纽,统筹安排补偿基金、消费基金和积累基金的比例关系,是很重要的。

3. 财政分配的目的

　　财政分配的目的是保证国家实现其职能的需要。这种需要属于社会公共需要。

　　所谓社会公共需要,是指向社会提供安全、秩序、公民基本权利和经济发展的社会条件等方面的需要。社会公共需要区别于微观经济主体(个人、企业和单位等)的个别需要:第一,社会公共需要是就社会总体而言,社会公众在生活、生产和工作中的共同需要。为社会公共需要提供的公共产品的效用具有不可分割性;第二,为满足社会公共需要提供的产品由社会成员共同享用,某个人或集团对这种产品的享用并不排斥其他社会成员或团体的享用,即不具有排他性;第三,社会成员享用为满足社会公共需要所提供的产品和服务,无须付出代价或只付出少量的费用;第四,满足社会公共需要的物质来源只能是剩余劳动、剩余产品或剩余价值。上述论点说明,社会公共产品的提供与社会公共需要的满足只能由财政分配来实现,这也正是财政分配的目的所在。通过财政分配满足社会公共需要,其主要内容:① 保证执行国家职能的需要,包括国家政权的职能和执行某些社会职能的需要,这是典型的社会公共需要;② 介于公共需要和个人需要之间在性质上难以严格划分的一些需要,其中一部分或大部分要由国家集中分配来给予满足;③ 大型公共设施的建设,甚至包括基础产业(如邮政、电信、民航、铁路、公路、煤气、电力)的建设中,许多需要是由国家集中分配来满足。

二、市场与财政

尽管中西方财政及其理论之间存在着很大差异,但在我国经济向市场经济转轨过程中,公共产品与公共财政理论仍具有重要借鉴意义。

(一)公共产品的界定

公共产品属于对任何个人不会产生突出利益,但对整个社会来说是必不可少的产品,必须通过联合行动来提供。19 世纪的古典经济学家在"灯塔"的实例中进一步讨论了公共产品及其特征。

在现实生活中,有一些产品既具有公共产品的属性,又具有私人产品的属性,如教育、卫生、保健。个人受教育后,增强了享受生活的能力和增加个人收入的能力。从这一角度出发,教育具有排他性和竞争性。但是,个人受教育后,有助于提高社会的文化水平。教育对企业、对各种组织之"生产"以及对整个社会都有益处,因而教育具有外部经济性,具有公共产品的某些特征。对于这一类产品,经济学称之为"准公共品"或"混合产品"。

公共产品作为私人产品的对称,具有以下特征。

第一,效用的不可分割性。这意味着公共产品是向整个社会提供的,而不能将其分割成若干部分,分别归个人或集团消费,如安全、秩序、国防。当然,依据受益范围的大小,可将公共产品区分为全国性或地区性的公共产品。而地区性公共产品的覆盖范围也存在着大小之分。尽管如此,公共产品的效用仍然是不可分割的,它总是向全国或某个地区的所有成员来提供。私人产品的效用则具有可分割性。

第二,消费的非排他性。这是指某个人或集团对公共产品的消费,并不影响或妨碍其他个人或集团同时消费该公共产品,也不会减少其他个人或集团消费该公共产品的数量或质量。例如,航海中的灯塔,可以为夜间航行的所有船只提供照明。有些公共产品虽然经过技术处置可以具有排他性,但排除的费用过高,因而经济上不可行。私人产品具有排他性,消费者为私人产品付钱之后,他人就不能享用该种产品或劳务所带来的利益。

第三,取得方式的非竞争性。非竞争性的含义是消费者的增加不引起生产成本的增加,即多一个消费者引起的边际成本为零,因而价格也为零。这意味着可能形成"免费搭车者",即获得公共产品的消费者无须通过市场采用出价竞争的方式,而消费者获得私人产品,如衣服、食品、住宅,则必须通过市场采用出价竞争的方式。

第四,提供目的的非营利性。提供公共产品不以营利为目的,而是追求社会效益和社会福利的最大化。私人产品提供则追求利润的最大化。

公共产品的上述特征是密切联系的,其中核心特征是非排他性和非竞争性,其他两个特征是其必然延伸。

公共产品的上述特征,决定了市场在提供公共产品方面是失灵的,公共产品必须由政府来提供。这就决定了公共财政存在的必要性及其活动范围和内容。

(二)市场失灵与政府活动的有效区

市场这只"看不见的手"在促进经济增长、提高经济效益方面的作用为人们所称颂。我国在中华人民共和国成立后经过苦苦探索,最终选择了社会主义市场经济,这是肯定市场效率的一个很好例证。然而,市场并不是完美无缺的,它有明显的缺陷,在调节经济活动中也会失灵。有效率的市场会产生极大的不平等,无拘无束的市场有时会造成整个社会的低效率,对市场缺陷的研究已形成了一种"市场缺陷理论"。不完善的市场是引发政府干预经济活动的直接动因,而政府干预经济活动正是为了弥补市场的缺陷。

1. 外在性

外在性也称外部性、外部效果或溢出效益,这是市场缺陷的核心,是无拘无束的市场机制可能导致缺乏效率的后果之一。当企业或个人向其他人施加损害或利益,而又不向这些人支付应有的代价或收取应有的报酬时,就出现了外在性。根据向外施加的是损害还是利益,把外在性分为消极的(负向)外在性和积极的(正向)外在性。通常所说的外在性是指消极的外在性。消极的外在性的例子有空气和水的污染、放射性物质泄漏等。这些活动产生的损害不但涉及生产者,而且波及生产者之外的其他社会成员。积极的外在性的例子有公共教育、R&D项目、公共设施建设等。这些活动除了对直接参与者产生利益之外,还对整个社会产生利益溢出。随着现代社会人口增长和生产中产生的有害物质或副作用的日益增加,外在性已经从微小的麻烦发展成为巨大的威胁。

2. 不完全竞争

在经济发展中,某些行业由于存在"规模经济"和"范围经济"等,天生适合集中生产。这样的生产成本低,对社会更有利。然而,由此形成自然垄断,如不加以适当的限制,就会阻碍市场经济机制的有效运作,产生社会生产的低效率,造成社会的静态和动态效率损失。另外,无拘无束的市场也可能产生过度竞争和不正当竞争,如企业间的恶性竞争、假冒伪劣产品的生产。限制垄断、促进市场公平竞争是政府为了纠正不完全竞争而干预市场的目的。此时,政府具有类似球场上公正的裁判的作用。

3. 信息不对称性,即不完全性

完全的、竞争的市场是"经济学家的乌托邦",现实中的市场都是不完全的。市场的不完全性是指价格和利率的扭曲以及信息的不对称。价格和利率的扭曲表现为价格不能指示相对不足,利率不能指示机会成本。这样,指望市场来指导长期投资就是靠不住的。经济活动中存在着大量的信息不对称现象,例如,医生和病人、商品提供者和消费者之间常常存在信息不对称的情况。在这种情况下,不能指望市场竞争保护消费者的利益。市场的这种不完全性会导致社会的动态效率损失。

4. 分配不平等

市场缺陷不仅表现在效率方面,还表现在分配方面。传统的分析市场缺陷的观点把分配问题排斥在外。如果把"收入分配"看作一种特殊的"公共产品",而不仅仅是一种道德伦理标准,那么,分配不平等就是缺陷之一。市场的效率是依靠增强物质刺激、拉大市场奖罚的档次来维持的,所以有效率的市场必然导致收入、分配的极大不平等。从整个社会来看,市场所产生的分配不平等是不能容忍的,如任其发展,就会影响社会稳定,最终造成社会的效率损失。

5. 公共产品

经济社会生产的产品大致可以分为两类,一类是私人物品,一类是公共物品。而公共物品是可供社会成员共同享用的物品。严格意义上的公共产品具有非竞争性和非排他性。公共产品具有上述两个特性,所以给市场机制带来一个严重的问题——"搭便车"问题。对于每一个消费者而言,由于公共产品的非排他性,公共产品一旦生产出来,每一个消费者都可以不支付就获得消费的权利,每一个消费者都可以"搭便车"。消费者这种行为意味着生产公共产品的厂商很有可能得不到弥补生产成本的收益,长期来说,厂商不会提供这种物品,这使得公共物品很难由市场提供。"搭便车"问题往往导致市场失灵,使市场无法实现高效运转。

(三)市场缺陷与政府活动有效区

综上所述,因为市场和政府在调节经济活动中各有优缺点,所以在市场和政府间进行选择是复杂的。这种选择不是在完善的政府和不完善的市场间进行的,也不是在完善的市场和不完善的政府间进行的。现实中的选择实际上是在不完善的市场和不完善的政府之间以及二者的各种组合之中进行的。如果选择的倾向主要是在市场一方,那么,考虑到不可避免的市场缺陷及其影响,政府将要、而且应该发挥重要的作用。

事实上,市场作为一种有效的资源配置机制,常常起到比政府更好的作用。而且,即使是在计划经济下,也会有以"地下经济"形式出现的市场活动。改革的现实,使我们选择了社会主义市场经济之路,使市场成为社会资源配置的主角,这是一大进步。如果将市场与政府的经济活动做全面分析,就会发现,政府失灵的领域恰是市场大有作为的领域,而市场的缺陷又恰是政府经济活动的有效区。在使市场在资源配置中起决定性作用、政府进行有效宏观调控的经济模式运行中,政府经济活动的有效区主要集中于提供公共产品、解决外部效应问题、限制不完全竞争、调节收入分配不公、熨平经济周期等。

第二节　财政的资源与分配职能

一、财政职能的内涵及其演变

(一)传统财政理论关于财政职能的内涵

财政的职能,是指财政在社会经济生活中所具有的职责和功能,它是财政这一经济范畴本质的反映,具有客观必然性,人们对财政职能的认识有一个过程,因而对其有着不同的概括。

财政固有的功能(即财政职能)只有在特定的政治经济环境与体制下才能发挥和表现出来;相应地,人们往往只能在特定的条件下,通过对财政职能表现形式的观察才能确定财政究竟有哪些职能。长期以来,我国学术界基本上是在计划经济这个大背景下探索财政职能的问题的,因而,对财政职能的认识就难免打上计划经济体制的烙印。

我国传统的财政学理论对财政职能的研究基本上是构筑在计划经济条件下国家职能的基础之上的。在计划经济条件下,财政职能服务于国家的计划职能。一般认为,财政具有以下三种职能:① 分配资金的职能,即筹集资金和供应资金的职能。国家财政具有从社会再生产过程中取得物质资料并安排运用以满足其自身职能的客观功能;② 调节经济的职能,即指国家财政在参与社会产品分配时,必然引起各地区、各部门、各企业的生产要素分布和国民收入占有额的变化,从而影响和调节着国家经济运行状况的功能;③ 监督管理职能,主要是指财政在分配过程中对国民经济各方面活动状况进行综合反映、监督和管理的功能。也有的学者将其概括为筹集资金、供应资金、调节经济、反映监督四项职能。关于财政职能,不论是三种职能,还是四种职能,都反映了传统计划经济体制的内在要求,有其存在的合理性和必然性。但是,随着社会主义市场经济体制的逐步建立,这种在旧体制下对财政职能的表述就很难再适应新体制内容的要求了。例如,在传统的计划经济体制下,财政的分配职能是指为了实现国家职能,由财政部门筹集和供应资金的行为。它不但包括向国家财政事业部门提供资金,而且包括向国有企业的再生产直接提供资金。在传统的计划经济体制下,财政的调节职能主要指利用财政计划和财政政策调节国民经济中的各个比例关系,利用财政税收杠杆调节各种分配关系。财政的监督职能主要指利用财政税务部门的业务活动,对社会再生产过程进行反映与监督,以及通过制定企业财务制度和直接的行政检查与制裁,进行制约与监督。显然,这些财政职能在社会主义市场经济条件下,已经不适应社会经济发展的内在要求了。

经济运行方式与政府职能、财政职能有着极为密切的关系。经济体制因国情或历史时期的不同而有所差异。不同国家可以有相同的经济体制。同一国家由于历史时期不同,政治经济条件发生变化,经济体制也会改变。经济体制对经济发展有着重要的制约作用。体制合理适应生产力发展的要求,就能促进经济发展。因此,根据不同时期社会经济条件的变化,及时调整和改革经济体制中不合理的部分,是社会生产力发展的要求,也是社会主义经济体制改革向纵深发展的必然结果。财政职能是为特定的经济体制服务,经济体制的性质决定了财政职能的性质,财政职能必须随经济体制的变化而相应调整。

(二)社会主义市场经济条件下财政职能的界定

要发展社会主义市场经济,使市场在社会主义国家宏观调控下对资源配置起决定性作用,就必须实现政府职能的转变,重塑国家财政的职能。

建立社会主义市场经济体制以后,国有企业再生产过程的投资主要依靠市场筹资,国家财政转向公共分配领域,即主要满足行政、国防、文教卫生、基础产业和基础设施的投资等公共需要,提供社会公共产品和服务。这种公共分配的过程,在市场经济条件下,实质上就是一种资源配置过程。因此,用资源配置职能来概括传统体制下的财政分配职能,更符合市场经济作为一种资源配置方式的内在要求和基本特征。随着市场经济的运行,国民经济中的各种比例关系,从微观上看,主要依靠市场机制配置社会资源来实现;从宏观上看,主要依靠包括产业政策在内的各种宏观间接调控手段的综合运用来实现。而利用财政计划直接、全面地调节国民经济中的各种比例关系的职能,已经失去了体制背景,所以在建立社会主义市场经济体制以后,财政的调节职能可以具体化为收入分配职能,即国家利用财政预算、税收、公债、补贴等财政手段,调节国家、企业与劳动者个人之间的分配关系,中央与地方的分配关系,地区之间的经济发展与协调关系,企业与企业之间、个人与个人之间的分配关系等,解决各种分配不公问题,更为符合市场经济关于促进竞争和提高效率的内在要求。因为竞争必然产生收入差距,而收入差距有利于提高效率,但过大的差距又会引发社会成员的不满,从而需要政府进行宏观调控。财政作为政府的重要职能部门,就要利用掌握的分配工具和政策,在坚持效率优先的前提下,尽可能地缩小分配差距,促进相对公平分配目标的实现,做到公平和效率的最佳结合。在市场机制逐步健全以后,企业的微观经济活动主要依靠法律部门和社会公证部门(包括律师事务所和会计师事务所)进行必要的反映和制约。政府作为国有企业的所有者和社会管理者的代表,其职能将由对微观经济运行的直接行政的监督控制转向以间接控制为主。与此相适应,财政部门利用其政策手段的综合运用,配合政府进行宏观调控,调节经济周期的波动,协调社会总供给与总需求的平衡关系,促进经济的稳定与增长,将成为一项新的重要职能。因此,将原体制下的财政监督职能改为经济稳定职能,也是非常符合社会主义市场经济体制内在要求和基本规律的。近年来,我国学术界普遍重视上述财政职能的研究,即财政的资源配置职能、财政的调节收入分配职能、财政的保持经济稳定职能。

二、资源配置职能

(一)资源配置职能的含义

资源配置是指通过对现有的人力、物力、财力等社会经济资源的合理调配,实现资源结构的合理化,使其得到最有效的使用,获得最大的经济和社会效益。

高效地配置资源,实质上是对社会劳动的合理分配和有效作用问题,这始终是经济学的核心问题。在不同的经济体制下,资源配置的方式是不同的。在计划经济体制下,计划配置包罗一切,起着主导作用,财政配置就包含在其中。在市场经济体制下,必然是市场配置起主导作用。总体上说,市场配置是有效率的。在市场竞争中,受利益原则的驱使,每一个经济活动主体会不断根据市场需求调整其对资源的配置,使之获得利润最大化。然而,市场并不是完美无缺的,单靠市场机制并非在任何情况下都能实现资源的合理配置,市场机制还需要与财政配置相结合,才能达到整个社会资源优化配置的目标。如前所述,市场需求的分散性、多变性所造成的信息扭曲,会导致资源配置偏离最佳目标。市场由众多的利益个体组成,影响市场的因素是纷繁复杂的。通过价格表现出来的市场信息千变万化,致使资源配置结构的调整需要较长时间才能完成。商品(劳务)的供给者如果单纯根据市场价格信息进行资源配置,常常会出现由于某种商品价格上扬,众多投资者一拥而上进行投资,导致市场供过于求,价格又大幅度下跌的不稳定状态。这种依靠价格波动实现的资源配置必然以大量的资源浪费为代价,偏离资源配置的合理目标。同时,市场在社会公共产品和劳务需求的满足中也是无能为力的,因为公共品的供求与市场机制是相互矛盾的。一方面,公共产品(劳务)供给有广泛性和非排他性,使一定范围的社会成员都可享有它的效用;另一方面,它的不可分割性又使供给者无法依据等量劳动交换的原则,从享有商品(劳务)效用的对象手中直接取得相应的价值补偿,从而使这类商品(劳务)的供给与其所需的资金来源之间失去了联系。这就需要国家从全社会的整体利益出发,运用财政配置等手段,对资源进行有计划的分配和调节。

(二)资源配置职能的内容

1. 调节资源在地区之间的配置

纵观世界各国,地区之间经济发展不平衡是普遍的现象。在我国,这一问题也较严重,这有历史、地理和自然条件等多方面的原因。解决这一问题,单靠市场机制需要很长时间,有时还会产生逆向调节情况,即资源从落后地区向发达地区流动,这对整个经济的均衡发展和社会稳定是不利的。这就要求财政资源配置职能在此方面发挥作用,其主要手段是通过财政体制中的转移制度和财政补贴、投资、税收等优惠政策来实现。

2. 调节资源在产业部门之间的配置

资源在部门之间配置状态直接关系到产业结构是否合理及其合理化程度。部门之间的资源配置及其调整,主要通过两个途径:一是调整投资结构,二是调整资产存量结构及资源使用结构(企业生产方向)。财政对资源在产业部门之间的配置和调节,也是通过两个相应的途径,采取两种相应的手段实现的。一方面是通过调整国家预算支出中的投资结构,如增加对基础产业和基础设施投资,相应减少对加工工业部门投资等,达到合理配置资源的目的;另一方面则是通过制定调整财政、税收政策和投资政策,来引导和协调社会资源流动与分配,进而达到调节现行资源配置结构的目的。

3. 调节资源在政府部门与非政府部门之间的配置

在这里,政府部门是指分配与使用财政资金的部门,凡不在这个范围以内者,均称为非政府部门。财政的这一职能作用主要表现为调整财政收入在国民收入或国民生产总值中所占的比重,而这个比重则又取决于必须由政府通过财政提供的社会公共需要相应事务的大小。社会资源在政府部门和非政府部门之间的分配的主要根据是社会公共需要在整个社会需要中所占的比例。这一比例不是固定不变的,而是随着经济的发展,国家职能和活动范围的变化而变化的。应当使政府部门支配使用的资源与其承担的责任相适应,政府支配使用的资源过多或过少都不符合优化资源配置的要求。

4.调节政府部门的内部资源配置

政府部门的内部资源配置是通过财政对自身支出结构的调整来实现的。财政资金主要用于各种社会公共需要,而社会公共需要的内容是多层次、多方面的,其中包括保证社会安全的需要、保证社会经济正常运行的需要和保证社会发展的需要等。对此,财政可以按照轻重缓急和保证重点、照顾一般的原则,将有限的资源做出统筹安排。在经济发展的不同时期,社会公共需要的内容不完全相同,财政在资金安排中要根据这种变化调整其支出结构,使社会公共需要得到最大限度的满足。在政府内部资源配置目标的选择上,要更侧重于宏观经济效益和社会效益,要利用各种科学方法尽可能地将宏观经济效益和社会效益进行量化,以在项目的选择中取得可比的统一性。

三、收入分配职能

(一)收入分配职能的含义

收入分配是指合理的收入分配,即正确调节政府与企业、个人之间的分配关系以及中央与地方的分配关系,实现收入公平的分配。在社会主义市场经济条件下,财政的收入职能主要指的是国家利用各种财政手段调节国家、企业与劳动者个人之间的分配关系,中央与地方的分配关系,地区之间的经济发展与协调关系,企业与企业之间、个人与个人之间的分配关系,以解决各种层次、各方面的分配不公问题,实现效率与公平的有机结合。

收入分配通常是指对国民收入的分配。在我国,国民收入是指在一定时期内(通常指一年)一个国家物质生产部门的劳动者新创造的价值的总和。社会总产品扣除在生产中消耗掉的生产资料价值后的剩余部分,即为国民收入。国民收入创造出来之后,通过分配形成流量的收入分配格局和存量的财富分配格局。无论一个国家的经济体制如何,其国民收入分配都必须经过初次分配和若干次再分配等层次,简称国民收入的初次分配与再分配。其中,国民收入初次分配通常是指在直接参与物质生产的各社会集团和社会成员之间进行的分配,再分配则是指在国民收入初次分配的基础上所进行的各种分配。在市场经济条件下,国民收入表现为多种形式:劳动收入形式,如工资、薪金、奖金、津贴;非劳动收入形式,如财产收入、租金、利息、红利、企业留利。

从某种意义上讲,财政收支活动是国民收入分配体系中的一个重要组成部分与重要环节,它既参与国民收入的初次分配活动,又参与国民收入的再分配。就财政活动本身来说,国内学术界通常将它理解为一个相对独立的国民收入再分配体系。从财政组织收入的手段来看,它参与国民收入分配的主要手段之一是各种间接税,如增值税、营业税、货物税。按照国际惯例,间接税通常被视为商品价格的追加,构成要素收入的一个项目,因而通过征收间接税,政府财政实际上参与了国民收入的初次分配。各种直接税(如所得税、财产税、遗产税)则是政府参与国民收入再分配的重要手段。

财政活动不但是对国民收入的一种初次分配和再分配,而且会直接或间接地对国民收入其他部分的分配和财政以外各层次国民收入的分配产生重大影响,其原因在于:一方面,财政分配在整个国民收入分配中占有重要地位,从分配数量上看,大多数国家政府财政分配规模(我国通常用财政收入表示)占整个国民收入的比例一般是 20%~30%;从分配层次上看,财政分配纵跨国民收入初次分配和再分配等各层次。另一方面,财政分配作为政府的一种集中性活动,以政府的政治强制力为后盾,它对社会的影响力必然超出一般的经济影响力,对社会上其他国民收入分配活动必然起到示范、推动乃至某种强制性作用。因此,在客观上,财政具有收入分配功能。

(二)收入分配职能的内容

1. 通过税收调节企业的利润水平

这方面的调节,是要给企业一个平等竞争的环境。就企业而言,在市场经济条件下,由于受到各种客观因素的影响很难实现这种完全的平等。为此,国家可以通过税收这个经济杠杆,剔除或减少这些客观因素对企业利润的影响,给企业一个较为平等的竞争环境,促进企业加强经济核算、改善经营管理、调动广大职工的积极性。在这方面,国家还可以通过征收流转税,剔除或减少由于价格不合理对企业利润水平的影响;通过征收资源税,减少因资源和开放条件的差异而形成的级差收入对企业利润水平的影响;通过征收固定资产税,减少技术装备对企业利润水平的影响;通过征收企业所得税,调节不同企业的利润水平。总之,通过税收可以剔除或减少客观因素对企业的利润水平的影响,把企业利润调节在一个适当的水平上,使不同企业站在同一起跑线上开展竞争。当然,在市场经济条件下,调节企业的利润水平还涉及企业的税收负担问题,即国家集中多少,给企业留利多少。合理的税收负担水平应当是,既能满足国家实现职能的需要,又使作为经济活动主体的企业具有自我积累、自我发展和自我改造的能力。

2. 通过税收调节居民个人收入的水平

就居民而言,在市场经济条件下,国家允许一部分人靠自己合法的劳动所得先富起来。但是,在合理地拉开居民个人收入差距的同时,要防止贫富悬殊,坚持共同富裕,在促进效率提高的前提下体现社会公平。为此,对过高的居民个人收入,国家要采取有效措施进行必要的调节。这方面调节,主要是通过征收个人所得税和各种转移支付制度,把调节高收入者所得和补助低收入者收入相结合;开征财产税、遗产税和赠予税,调节财产集中程度,缓和分配悬殊的状况。此外,应对大多数由高收入者消费的货物课以重税,对低收入者消费为主的消费品予以低税或免税,以改善低收入者生活的窘况。

3. 改善低收入者取得收入的条件和能力

为失业者再就业创造条件,间接促成公平目标的实现。政府可通过财政支出安排执行再就业教育和培训计划,培训因产业结构调整而失业的人员,以增加他们获得高收入能力的机会,保证改革深化中的社会稳定。政府的收入分配政策应鼓励效率基础上的公平,应在保证有效配置资源的基础上,解决一部分人的基本生活问题。

4. 通过转移支付与公共支出促进收入公平

转移支付是指将财政资金直接地、无偿地分配给特定的地区、单位和个人。转移支付作为一种直接的收入分配方式,通过提高低收入者的收入水平来削减收入分配不公的程度,一般情况下有明确的受益对象和支付范围。转移支付分为一般转移支付和专项转移支付两种,具有转移支付性质的支出项目主要包括各种专项拨款和各类补贴支出,社会保障支出中的一些支出项目,如最低生活保障支出也具有转移支付性质。

公共支出主要通过提供公共物品向公众分配社会福利,也可对收入分配结果起到调节作用。例如,通过政府直接投资或给予补贴的方式,为那些低收入家庭提供能够使他们普遍获益的公共基础设施和服务提供资金,从而提高低收入者的社会福利。这也是促进社会公平的有效手段。

第三节 财政的稳定与公平职能

一、经济稳定职能

(一)经济稳定的含义

经济稳定包括多方面的含义,通常是指:第一,充分就业。它是指有工作能力且愿意工作的劳动者能找到工作做。这里的"就业"即工作或劳动,是泛指一切用自己的劳动来维持自己生活的活动。这就是说,在各种所有制、各种行业的劳动均属于就业范畴。这里的"充分"就业,并不意味着就业人口 100% 都就业,而是指就业率(已就业人口占全部可就业人口的比例)达到了某一社会认可的比例。许多西方经济学家认为,这部分劳动人口在全部劳动人口中所占比例为95%左右。由此推断,95%左右的就业率应当属于理想的就业率。第二,物价水平稳定。物价水平稳定的理想指标为物价涨幅为零。然而,在绝大多数国家中,这个指标是可望而不可即的。因此,经济学家们认为,稳定的物价水平是指在一定时期内社会可以忍受的物价波动水平。许多学者认为,一般来说3%~5%的年度物价上涨幅度是可以忍受的,因而被视为物价水平稳定的一个界线,过了这个界线,就不属于物价水平稳定状态了。第三,国际收支平衡。它是指一国在进行国际经济交往时,其经常项目和资本项目的收支合计大体保持平衡。在开放的经济条件下,国际收支平衡是经济稳定的一个重要内容和标志。

经济增长与经济稳定有着密切的联系。经济稳定并不意味着经济停滞不前,它要求在充分就业、物价稳定的基础上实现经济的稳定发展,也就是经济要有一定的增长。经济增长和经济稳定相辅相成,经济稳定是基础,只有经济稳定,才能实现经济增长;经济不稳定,经济前景不明朗,人们对预期收益没有太大的把握和信心,经济就必然陷于停滞。而持续稳定的增长率是经济发展的基本要求,适度的经济增长率又是经济稳定的重要内容。稳定的增长率是指增长的速度不宜大起大落。经济的增长是有阶段性的,经济增长速度的起落就是经济波动,或者说是某种经济周期的表现。在任何社会条件下,经济周期都是可能存在的,只是引发的原因不同,因而要实现经济增长的平稳发展,需要政府根据引发周期的原因的不同,采取或松或紧的稳定经济政策以实现经济的稳定增长。

(二)经济稳定职能的内容

1. 调节社会总供给与总需求的平衡

财政促进经济增长与稳定,就是要利用各种手段调节经济生活中出现的总供给与总需求的不均衡,矫正市场经济中由无数微观主体的分散收支活动所形成的不利结果,实现宏观经济的协调。从这一点出发,财政活动不能仅限于自身的平衡,而应着眼于全社会货币收支的总体运动,在社会总资金以及资金与物资供求之间进行综合平衡。当总需求超过总供给时,财政可以减少支出、增加税收或两者同时并举,通过减少政府需求和非政府需求来压缩总需求。当总需求小于总供给时,财政可以增加支出、减少税收或二者同时并举以扩大总需求。一般而言,在市场经济条件下,由于受各种复杂因素的影响,市场上的供求关系会经常发生变化,时而总供给大于总需求,时而总需求大于总供给,这就要求国家交替使用赤字预算和结余预算来进行调节。在调节过程中,财政收支出现不平衡是可能的,也是允许的。关键是看财政收支的调整是缓和还是加剧了社会总供求的矛盾,如果是前者,就说明财政调节在促进经济增长与稳定中产生了积极效应。

2. 通过财政的自动稳定制度,实现稳定目标

财政的自动稳定制度是指财政税收分配本身所具有的自动实现稳定经济的功能的制度。在经济萧条时期,生产停滞,失业率增加,财税制度会自动趋于提高总需求,恢复经济平衡;而在经济繁荣时期,物价上涨迅猛,财税制度又会自动降低总需求,实现稳定目标。累进的所得税收制度和社会福利转移支付制度都具有自动调节经济的作用。经济自动稳定目标的实现要求有健全的财税制度、完善的市场体系和灵敏的政策传递机制。所以,随着市场经济发展,我国财税制度的改革应积极适应市场经济的发展,逐步形成政府政策管理经济的有效传递机制,通过政策手段引导人们的经济利益,实现宏观的间接调控。

3. 处理好经济稳定与经济长期增长的关系

从短期看,政府的财政调控重点应为调节总需求,如前所述,萧条时期,实行扩张性政策,政府增加支出、缩减税收以增加有效需求,扩大投资,增加就业,促进经济的复苏和增长;繁荣时期,实行紧缩政策,政府可减少支出、增加税收以缩减有效需求,紧缩膨胀的投资,抑制通货膨胀过热的经济增长。从长期来看,要实现经济的增长,财政调节的重点应该是供给,如对资本积累的调整、劳动力供给以及产业结构的调整。优化高效的产业结构是经济长期增长的一个基本条件。财政政策应配合国家的产业政策,引导社会各部门调整投资结构,优化产业结构,提高产业结构的档次,实现高层次、高水平的经济增长。全球经济和产业格局已经出现新变化,复杂而严峻的世界形势一方面为我国产业调整和结构升级带来新的机遇,另一方面,我国产业目前仍面临着技术缺乏、存在体制机制障碍等诸多挑战。而财税政策作为政府调控经济的重要手段,是国家治理基础的有效载体,应该合理利用财政支出、税式支出、财政补贴、政府采购等有效手段,科学引导产业发展和结构优化,实现社会资源的优化配置。通过财税政策的导向作用,激发市场潜能,助推产业结构升级,实现国民经济协调发展。

二、公平与效率

考量财政职能的矛盾与协调,最终可归结为公平与效率的冲突与权衡。财政职能发挥的关键在于处理好财政分配中公平与效率的关系。

(一)社会经济福利准则

社会经济福利准则具体体现为效率准则与公平准则。

1.效率准则

效率实质上属于生产力范畴。效率与效益是有区别的。效益指收益超过成本或收益超过损失。效益不等于效率,只有最高效益才为效率。效率还意味着生产要素的充分利用。如果已投入的资源未被充分利用,即使收益超过损失,也不意味着有效或高效的资源配置。在一定的资源配置下,既要实现社会总效益与社会总成本的差额最大化,又要使社会总效益净值为非负数,方为效率。总的来说,效率包括两个方面:一是充分调动劳动者的积极性与主动性,二是优化配置社会资源。

2.公平准则

公平包括横向公平与纵向公平。横向公平指同等经济地位的人同等待遇,纵向公平即对不同经济地位的人区别对待。公平的程度可用洛伦斯曲线和基尼系数来衡量。洛伦斯曲线是用来衡量社会收入分配(或财产分配)平均程度的曲线,是现代西方经济学家洛伦斯提出的检验收入分配平均程度的方法。实际上,基尼系数总是大于0而小于1。基尼系数越小,收入分配越平均;基尼系数越大,收入分配越不平均。

(二)公平与效率的关系

要促进经济效率增长,就必须使报酬有差别,从而使收入有差别,因为较大的收入差别有利于提高平均储蓄倾向,扩大投资,有利于刺激劳动供给;政府干预市场分配机制可以促进收入均等化,但会破坏有效的资源配置机制,损害经济效率。也有相反的意见,认为公平与效率并没有明显的交替关系,因为收入均等不但可以提高劳动者的素质,而且可以扩大消费者的需求,刺激生产性投资;高收入阶层高消费还会产生"示范效应",形成消费早熟,降低储蓄和投资能力;过于悬殊的收入引起的对立情绪和社会心理障碍也会损害效率。

可以认为,在我国社会主义市场经济中,公平与效率并不是两个截然对立的价值体系,而是两个具有内在联系的目标,社会主义市场经济必须而且能够兼顾公平与效率两个目标。

解决公平与效率之间的矛盾,采取牺牲效率实现公平或者是牺牲公平实现效率的极端做法都是不恰当的,合理的做法是力求协调二者的统一。因为在公平与效率之间存在着内在联系,这就说明了二者在一定条件下是具有统一性的。一方面,我们执行按劳分配的原则,使劳动贡献大的社会成员能够取得较多的收入,这就促进了效率的提高和社会财富的增长;另一方面,贯彻效率原则,使对社会财富增长贡献大的社会成员和生产单位得到更多的物质利益,也为实现公平分配提供了物质条件。由此可见,在协调公平与效率的矛盾方面,从二者的统一性出发,必须兼顾公平与效率。合理拉开收入差距是社会主义的社会公平原则,这一原则同样有利于提高效率。

在社会主义市场经济中,劳动者的利益具有独立性,由于劳动能力有差异性、劳动的多样性以及劳动的机遇和效率不同,对社会的贡献就有大有小,从而决定了收入上的差别。如果混淆这些差别,把收入强制拉平,只能影响劳动效率的提高。可以说,没有差别就没有效率。但是这并不意味着收入差距越大效率就越高,如果收入差距过分悬殊,同样会挫伤劳动者的积极性,效率也就无从谈起,严重时甚至会影响社会安定,造成生产力的破坏。可见,只有合理的收入差距才能促进效率的提高,不合理的收入差距会妨碍效率。

当然,公平与效率也不总是一致的,事实上,两者也常常发生矛盾。矛盾的根源在于效率的提高与公平的增长并不是同步的。从长远看,经济发展能够产生一种比传统社会更公平的收入分配方式,但在短期内,经济增长带来的直接影响常常加剧收入的不平等。也就是说,没有效率就不可能实现真正的公平,但效率自身不会必然地带来公平,短期内还可能导致分配不公。这一点从我国改革开放以来出现的收入差距过大的分配不公现象中也可以得到证明。正因为这种矛盾的存在,才产生了政策选择和政府调节的要求。

(三)公平、效率与财政分配

1. 效率原则在财政分配中的贯彻

在财政分配中贯彻效率原则,主要应当把握以下三个环节。

(1)合理确定财政分配规模。

财政分配集中货币的经济资源(包括生产资料和劳动力)是有限的。如何在政府和其他经济主体之间合理分配有限的资源,是资源配置的一个重要问题。政府占有的资源过多,就会减少各经济主体支配的资源数量,从而影响经济主体的活力和经济的发展,过去统收统支体制的实践已对此做了最好的说明。政府集中的资源过少,一方面难以满足社会公共需要;另一方面政府缺乏调节经济的物质力量,同时会造成效率损失。可见,政府占有的资源过多或过少都不符合合理配置资源的要求。唯有政府占有资源和经济主体占有的资源达到均衡,才能使社会获得最大的资源配置效率。因此,合理确定财政分配规模就成为财政分配贯彻效率原则的首要环节。

(2)提高财政支出的使用效率。

提高财政支出效益,首先要求财政支出在各项目上合理安排。系统理论认为,构成系统诸要素的相互作用,必然产生出某种系统效应,具体表现为系统的整体功能不等于各部分功能之和。这有两种可能:一是整体功能大于局部功能之和;二是整体功能小于局部功能之和。究竟会产生何种系统效应,则主要取决于系统的结构。这一原理运用于财政支出,就有一个结构效益的问题。社会公共需要是多方面的,如安全的需要、环境的需要、教育的需要。只有将财政资金合理地安排于各个项目之上，才能使社会公共需要的整体满足程度最大。安排失当，顾此失彼，必然会降低社会公共需要的满足程度。提高财政支出效益，还要求各项支出有效使用，这牵涉到政府决策机制、责任机制、支出管理办法等一系列问题，特别要注意建立健全衡量财政支出效益的指标体系。

（3）强化财政对经济的宏观调控。

在社会主义市场经济条件下，资源的配置主要以市场为导向。但是，"看不见的手"并非完美无缺，市场也有盲目的缺陷和失灵的地方，这已被西方市场国家的实践所证明。运用财政货币政策调控经济运行，已成为第二次世界大战后市场经济国家普遍采用的基本政策。适应市场经济发展的要求，财政的宏观调控功能也必须加强。在以间接调控为主的宏观调控体系中，税收、财政投资、补贴、国债等，都是配置资源的重要手段和调节经济的有力杠杆。例如，商品课税以及固定资产投资方向调节税可以促进产业结构优化，所得税具有"内在稳定器"作用，财政投资可以直接改善经济结构等等。总之，市场经济条件下，财政在实现全社会资源优化配置、提高资源配置效率等方面，仍然具有十分重要的作用。

2. 公平原则在财政分配中的贯彻

综合考察分析，公平包括地方之间、行业之间、企业之间以及个人之间的公平，在财政分配中贯彻公平原则包括上述方面，但地区间、行业间、企业间的不公最终会落实到个人分配上。因此，这里着重探讨实现个人收入分配公平的财政措施。

（1）划清市场分配和政府分配的范围和界限。

在市场经济条件下，市场分配和政府分配具有不同的职能并有各自的运行机制和分配界限。现实的问题是，财政在分配过程中存在"缺位"与"越位"现象，没有合理地定位，从而一方面削弱了市场分配机制刺激效率的功能，另一方面形成了沉重的财政负担且导致了收入分配的不公平。因此，在市场化改革的进程中，重新界定市场与政府分配的范围，是理顺收入分配关系的关键。

（2）强化个人收入的税收调节。

对于个人过高收入的调节，必须借助于税收杠杆来实现。目前，对个人收入起直接调节作用的税种主要有个人所得税，但由于税制不完善，征管力量薄弱，偷税漏税行为十分严重，税收的调节作用未能很好地发挥。强化税收对个人收入的调节，一是需要完善税制，主要通过财产、土地、资源等税种调节财产占有量及资源和地理条件给经营者个人带来的额外收益，通过完善个人所得税调节个人的所得；二是加强税收征管，采取切实有效的措施解决极为普遍的偷税漏税问题。

（3）改革和完善社会保障体系。

经过改革开放以来的不断探索和不懈努力,我国的社会保障取得重大进展,已经基本建立起与社会主义市场经济体制相适应的新型社会保障体系。我国的社会保障制度在保障基本生活、扩大经济内需、调节收入分配、增强社会公平等方面已经发挥了积极的作用。但是综合来看,我国社会保障制度也存在不完善和投入不足等问题,使其收入再分配功能受到一定影响,这与党的十八大报告中确定的社会保障实现目标相比还有一定距离。随着市场机制在初次分配中的作用不断扩大,必须改革和完善社会保障制度,建立国家、集体、个人筹资,财政统一管理的社会保障体系,使社会保障集中化、普遍化、法律化,资金来源多渠道化,改变以福利和保障替代工资,真正体现社会福利政策和公平分配的要求。

第二章 «
财政工作的管理体制

第一节　财政管理体制内涵

一、财政管理体制的内涵

（一）财政管理体制的概念

财政管理体制是国家财政管理的一项根本制度。它规定中央同地方以及地方上下级政权之间、国家同企业、事业单位之间在财政管理方面的职责、权限以及资金的划分。财政管理体制有广义和狭义之分。广义的财政管理体制包括国家预算管理体制、国家税收管理体制、国有资产管理体制、公共部门财务管理体制等。其中，国家预算管理体制是财政管理体制的主导环节。狭义的财政管理体制通常是指国家预算管理体制。

财政管理体制的实质是正确处理中央与地方、各级地方政府之间、国家与企事业单位之间在财政管理权限和财力划分方面的集权和分权的关系。在我国，中央和地方、地方各级政府之间、国家与企事业单位之间的根本利益是一致的，但中央、地方、企事业单位所处的地位不同，所承担的政治经济任务及各项职能不同，这就必然产生中央利益与地方利益的矛盾、全局利益和局部利益之间的矛盾，这些矛盾实际上是反映了集权和分权的矛盾。财政收支同各地方、各单位的财力紧密相连，因此，这些矛盾就集中反映在财政管理体制上。在处理集权和分权的关系时，既不是集中得越多越好，也不是分散得越多越好，集中和分散的程度要根据不同时期国家政治经济形势和任务而定。

财政管理体制是国民经济管理体制的重要组成部分。在整个国民经济管理体制中，财政管理体制属于上层建筑，其确立直接决定于财政分配关系并反映着经济基础的特定要求。建立财政管理体制的根本任务，就是在一国既定的政治、经济、行政体制架构下，处理好政府间财政关系，对国家财权财力的划分和一切收支活动进行界定和规范，确保各级政府职能的有效履行和国家的长治久安。

（二）财政管理体制的特征

1.财力和事权相统一

实现财力和事权相统一,需处理好以下几个问题:合理配置政府财政收入、支出权限,使其与各级政府所需履行职能相适应;按照合理顺序进行财政分权。根据事权决定财政支出责任,然后再确定财政收入权限;财权和事权一致是相对的,不是绝对的。财权和事权是依据不同规则、按照不同的方法进行划分的,因此财权和事权完全一致只能是极其偶然的,不完全一致才是常态,特别是在一个经济发展不平衡、地区间支出成本差异较大的大国的经济中,实现各级政府的财权和支出责任完全匹配几乎是不可能的。对于存在财力缺口的政府,上一级政府有义务给予必要的转移支付补助,以确保其行使法定职责所需要的财力。通过转移支付实现财力和事权相统一才是正确而理性的选择。

2.财政分权与政治架构相统一

改革开放以来,我国政治民主化进程不断加快。发展中国家要综合考虑本国的现实国情,使财政分权程度与国家政治架构相适应。

3.法制性和稳定性相统一

财政管理体制要求以法律来作为保障,因而表现出典型的法制性。世界各国在对各级政府进行责任、权限及利益规范时,都要采用立法的形式。通过制定一系列的法律、法规及规章制度,对中央及地方各级政府之间的财政关系进行规范,包括各级政府是否有各自的税收立法权,是否有税收减免权和调整权,以及上级政府如何对下级政府进行政府间转移支付等。财政管理体制的法制性越强,财政管理体制越规范、越健全,也越能起到应有的作用。财政管理体制也会影响到整个国家和各个地方的经济发展,其还要具有稳定性的特征。财政管理体制的稳定性有利于国家和各地方政府在法律明确规范的责权利范围内安排各自的财力,实施本地区经济及社会发展规划。如果财政管理体制变动频繁,丧失了基本的稳定性,就会导致国家与地方各级政府之间对自身责权利范围难以适从,难以对本地区经济和社会事业发展做出长期稳定性安排,进而影响整个国家和各地区各项事业的发展。因此,除非在内外部因素发生了重大变化的特殊情况下,一般不宜对财政管理体制进行频繁调整和变动。

二、财政管理体制建立的原则

为了正确处理中央和地方之间的关系,要按下列原则建立财政管理体制。

（一）统一领导,分级管理

统一领导、分级管理原则的确立是由我国政治体制和经济体制所决定的。我国在政治体制上实行民主集中制,在经济体制上实行社会主义市场经济体制。这就要求我国在正确处理事权和财权的关系、合理使用国家财力、保证国民经济稳步发展、发挥中央的宏观调控作用等方面,加强中央的统一领导。我国各地区经济和自然条件相差悬殊、情况各异,地方的各种事务不可能全由中央直接管理,因此,就要求在中央的统一领导下,实行分级管理。

统一领导是指财政管理的大政方针由中央统一制定,全局性财政法规由中央统一制定和颁布,财政体制变革的重大举措由中央统一部署。分级管理是指在中央政府统一政策的前提下,各级地方政府均有相对独立的一级财政,具有管理本级财政、制定和颁布地方性财政法规、安排和调剂使用本级资金的权力。

统一领导、分级管理原则既有利于强化中央政府在财政管理体系中的主导地位,加强中央政府对财政管理的宏观调控能力,发挥中央政府的积极性,又有利于发挥地方政府因地制宜地管理本级财政的积极性;这一原则既适应我国政治权力相对集中的要求,又与经济权力相对分散的要求相适应。因此,它也成为社会主义市场经济体制下建立财政管理体制的重要原则。

(二)财权与事权相统一

财政管理体制是以政府之间财力和财权划分为核心的制度,而财力和财权划分的目的是使各级政权都有保障自身职能实现的物质基础。因此,财力和财权划分必须以各级政府所承担的管理事权为依据,体现财权与事权相统一的原则要求,从而使各级政府有稳定的收入来源来保证各级政府实现职能的财力和财权的需要。

财权与事权相统一,关键是要处理好财权与事权的关系。首先要明确市场经济中政府职能边界,在此前提下,确定中央和地方各级政府在社会管理和经济管理方面、在为全国或本地区提供公共产品方面的责任和权力,再以此为基础来划分中央和地方各级政府的财力和财权。只有这样,才能处理政府间的财政关系,使各级政府职能得以顺利实现。

三、财政管理体制的内容

财政管理体制的内容主要包括确定财政管理体制主体和级次,划分各级财政收支范围,确定地方的机动财力、财政管理权限的划分等。

(一)确定财政管理主体和级次

在财政管理主体和级次的确定方面,核心问题是各级财政主体的独立自主程度,即地方财政预算是否构成一级独立的预算主体。一般来说,有一级政权,就有一级财政。我国的行政管理体制分为中央政权和地方政权,所以,财政管理体制也分为中央财政和地方财政,在中央统一领导下,实行中央财政和地方财政分级管理。目前,地方财政一般分为省(自治区、直辖市)财政,市县(自治州、市、自治县)财政,乡镇(民族乡、镇)财政。

(二)划分各级财政收支的范围

各级财政收支的划分是指中央财政和地方财政之间确定收入和支出的范围,正确划分财政收支,确定哪些财政收支项目为中央负责,哪些收支划为预算内,哪些收支划为预算外,关系到正确处理中央和地方的分配关系,也关系到调动中央与地方的积极性。根据多年的财政实践,我国已初步形成了一套划分财政收支的基本原则。

1. 财权与事权相统一的原则

财权与事权相统一的原则即根据各级政府所管辖事务的多少确定其财权的大小。管理的事务多,相应地要求有强大的财力与之相适应;管理的事务少,由其支配的财力也应该小。事权与财权的关系是正比关系。

2. 统筹兼顾的原则

这要求在收支的划分上必须从我国是一个统一的多民族大国的国情出发,全面安排,保证重点,兼顾一般。我国多年的财政实践证明,国家集中得过多,影响地方积极性的发挥,影响地方经济建设的发展;相反,国家财政资金过于分散,就不能保证国家重点建设和中央各职能部门对资金的需要,又会削弱中央宏观调控能力,影响全国经济发展。因此,客观上要求财政收支的划分必须首先保证中央财政的主导地位,同时照顾地方经济利益,使地方财政有一个稳定的收入来源。

3. 权、责、利相结合的原则

为调动地方增加财政收入和节约财政支出的积极性,保证财政收支任务的完成。在财政管理体制设计上,要把地方财政收支同地方自身利益紧密联系起来,使地方有职责,也有权和利。一般来说,在保证中央财政占主导地位的前提下,要明确划分中央财政收支和地方财政收支的来源和范围,地方财政要自求平衡,多收可以多支,少收就要少支,以便鼓励地方发展经济,培养财源,增加收入,节约支出。

(三)确定地方机动财力

地方机动财力是在国家规定的范围内,由地方自行支配的一部分财政资金,对这部分资金中央没有规定具体用途,地方可以根据各地区的需要,因地制宜地解决某些特殊或事先预料不到的开支问题。因此,在中央集中较多财权和财力的情况下,恰当地确定地方机动财力的规模和形式是发挥地方财政主动性和积极性的一个主要措施。地方机动财力的主要形式有以下几种。

1.地方预算安排的预备费

这是地方年初编制年度预算时,不规定具体用途的一项机动款项,是地方财政的一种后备基金。它主要用于解决当年预算执行中特大自然灾害及其他难以预见的特殊开支。对预备费在上半年一般不要动用,下半年需要动用时,要报同级人民政府批准。

2.超收分成

超收分成是指地方预算执行结果超额完成收入任务后,按当年预算体制所规定的对超收部分按一定比例留给地方使用的财力。

(四)财政管理权限的划分

财政管理权限是指财政预算方针、政策、管理有关法律法规的制定权、解释权、修订权、审核批准权,预算执行、调整、监督权等。财政管理权限的具体划分如下:① 各级人民代表大会的职权主要有对预算、决算的审批权,对预算、决算不适当决定的撤销权;② 各级人民代表大会常务委员会的职权主要有对预算执行的监督权,对本级预算调整方案的审查批准权,审查和批准本级政府决算,撤销本级人民政府和下一级人民代表大会关于预算、决算不适当的决定、命令和决议;③ 各级政府的主要职权有财政管理体制具体办法的确定权,预算、决算草案的编制权,预备费动用的决定权,预算执行的组织和监督权,对本级政府各部门和下级政府关于预算、决算的不适当决定的撤销权;④ 各级财政部门的主要职责有具体编制本级预算、决算草案;具体组织本级预算或总预算的执行;提出本级预备费动用方案和预算调整方案;定期按规定的程序报告预算执行情况。

第二节　国家预算管理体制

一、国家预算概述

(一)国家预算的概念

国家预算是国家财政的收支计划,它是以收支平衡表的形式表现的、具有法律地位的文件,是国家财政实现计划管理的工具。国家预算起源于英国,在 13 世纪至 17 世纪封建贵族阶级日益没落,新兴资产阶级逐渐成为社会财富的主宰,但他们并未控制政府财权。为争夺财权并最终打击封建势力,资产阶级提出政府收支必须编制计划,并经议会批准才能付诸实施。经过长期的斗争,这一要求才最终得以实现。英国于 17 世纪编制了第一个国家预算,其他国家也陆续接受这种做法。到了 20 世纪,几乎世界上所有国家都建立了国家预算制度。国家预算已成为财政体系中的重要组成部分,并构成财政学的重要内容。

国家预算的功能,首先是反映政府的财政收支状况。全面、准确地理解国家预算的内涵,必须明确以下方面:从形式上看,国家预算就是按一定标准将财政收入和支出分门别类地列入特定的计划账目表,可以使人们清楚地了解政府的财政活动;从实际经济内容来看,国家预算的编制是政府对财政收支的计划安排,预算的执行是财政收支的筹措和使用过程,国家决算则是国家预算执行的总结;由于国家预算要经过国家权力机关的审批才能生效,因而又是国家的重要立法文件,体现国家权力机构和全体公民对政府活动的制约和监督。

(二)国家预算的原则

国家预算的原则是指国家确定预算形式和编制预算的指导思想和准则,也就是政府制订财政收支计划的方针。国家预算的原则是伴随着国家预算制度的产生、发展而产生和发展变化的。在不同的历史时期和不同国家,预算的原则也各不相同。目前,为世界大多数国家所普遍接受的原则主要包括以下几项。

1. 公开性原则

因为国家预算反映政府的活动范围、方向和政策,与全体人民的切身利益息息相关,因此国家预算及其执行情况必须采取一定的方式公之于众,并置于人民的监督之下。

2. 可靠性原则

对每一收支项目的数字指标必须运用科学的方法,依据充分确实的资料并总结出规律性,进行正确计算而得出,不得假定、估算,更不能任意编造。

3. 完整性原则

列入国家预算的一切财政收支都要反映在预算中,不得造假账、预算外另列预算。国家允许的预算外收支,也应该在预算中有所反映。

4. 统一性原则

尽管一级政府有一级预算,但各级预算都是国家预算的组成部分,即所有地方预算连同中央预算共同构成统一的国家预算。这就要求设立统一的预算科目,每个科目都要按照统一的口径、程序计算和填列。

5. 年度性原则

预算的年度性是指政府必须按照法定预算年度编制国家预算,预算要反映全年的财政收支活动,不允许将不属于本年度财政收支的内容列入本年度的国家预算之中。任何一个国家预算的编制和实现,都要有时间上的界定,即所谓预算年度。它是指预算收支起止的有效期限,通常为一年(365 天)。目前世界各国普遍采用的预算年度有两种:一种是历年制预算年度,即从每年在 1 月 1 日至 12 月 31 日,我国实行的是历年制,法国、德国等国也采用历年制;另一种是跨年制预算年度,即从每年某月某日至次年某月某日,中间历经 12 个月,但跨越了两个年度,如美国的预算年度是从每年的 10 月 1 日开始至次年的 9 月 30 日。

6. 法律原则

一国编制的预算一旦经过国家最高权力机关批准之后,就具有法律效力,必须贯彻执行。

应当指出,上述预算原则是就一般意义而言的,不是绝对的。预算原则的确立,不但要以预算本身的属性为依据,而且要与本国的经济实践相结合,要充分体现国家的政治政策、经济政策。一个国家的预算原则一般是通过制定国家预算法来体现的。

中华人民共和国预算法于 1994 年 3 月 22 日第八届全国人民代表大会第二次会议通过,1994 年 3 月 22 日中华人民共和国主席令第二十一号公布,自 1995 年 1 月 1 日起施行。2014 年 8 月 31 日,第十二届全国人民代表大会常务委员会第十次会议审议通过了《关于修改〈中华人民共和国预算法〉的决定》,自 2015 年 1 月 1 日起施行。

二、国家预算的分类

由于国家预算收支反映着政府活动的方向和范围,因而随着社会经济生活和财政活动的逐步复杂化,各国预算也由最初简单的政府收支一览表,逐步发展为包括多种预算结构和形式的复杂系统。

(一)按编制形式分类,国家预算分为单式预算和复式预算

1. 单式预算

单式预算是将国家一切财政收入和支出汇编在一个预算内,形成一个收支项目安排对照表,而不区分各项收支性质的预算组织形式。单式预算形式简单、清晰,有利于反映预算的整体性、统一性,可以明确体现政府财政收支规模和基本结构,既便于控制和监督政府各部门的活动,又对预算是否平衡有个明确的显示。由于传统型政府收支规模较小,收支结构较为简单,国家基本上不干预经济的运行,单式预算既能满足政府预算管理的需要,也便于立法机构审议和公众监督。因此,在预算产生后一个相当长的时期内,各国政府预算主要实行的是单式预算。我国在 1950—1991 年实行的也是单式预算。但单式预算不能反映各项预算收支的性质,如资本性支出与消耗性支出的区别;也不能反映支出的效率,不便于进行年度间和部门间的比较。

随着政府财政收支规模扩大,收支结构日益复杂,单式预算已不能适应现代国家财政的要求。

2. 复式预算

复式预算是按收入来源和支出性质的不同,将预算年度内的全都财政收支编入两个或两个以上的收支对照表,以特定的收入来源保证特定的预算支出,并使两者具有相对稳定的对应关系。

复式预算一般是将政府预算分为经常性预算和资本预算(或称投资预算)、建设性预算。经常性预算主要反映政府的日常性收支计划,收入以税收为主要来源,支出主要用于国防、外交、行政管理等;资本预算反映了政府在干预经济过程中的投资等活动,这部分支出可形成一定量的资本,在较长时间内为社会提供公共物品和公共服务。复式预算能明确揭示财政收支的实际分类状况,体现了不同预算收支的性质和特点,政府通过编制两个或两个以上的预算,分别进行管理,有利于提高预算编制的质量,加强对预算资金的监督与管理,满足不同类型的社会公共需要。由于全部政府收支编入两个或两个以上的预算,在反映政府预算的整体性、统一性方面复式预算不如单式预算,有些收支在不同预算之间划分也有一定困难,也不能完全反映政府预算赤字的真正原因。

目前,我国已形成了由"四本预算"组成的有机衔接的政府预算体系,能够全面反映政府收支总量、结构和管理活动,实现了政府预算的科学性、完整性和系统性。

一般公共预算是将以税收为主体的财政收入用于保障和改善民生、推动经济社会发展、维护国家安全、维持国家机器正常运转等方面的收支预算。

政府性基金预算是将依照法律、行政法规的规定在一定期限内向特定对象征收、收取或者以其他方式筹集的资金,专项用于特定公共事业发展的收支预算。政府性基金预算应根据基金项目收入情况和实际支出需要,按基金项目编制,做到以收定支。2010年起,我国开始全面编制中央和地方政府性基金预算。

国有资本经营预算是国家以所有者身份依法取得国有资本收益,并对国有资本收益做出支出安排的收支预算。国有资本经营预算按照收支平衡的原则编制,不列赤字,并安排资金调入一般公共预算。我国从2008年开始编制中央国有资本经营预算,2010年编制中央本级国有资本经营预算。

社会保险基金预算是将社会保险缴款、一般公共预算安排和其他方式筹集的资金,专项用于社会保险的收支预算。社会保险基金预算按照统筹层次和社会保险项目分别编制,做到收支平衡。

2010年,我国开始试编社会保险基金预算,包括企业职工基本养老保险基金、失业保险基金、城镇职工基本医疗保险基金、工伤保险基金、生育保险基金等内容。

2011年增加新型农村社会养老保险基金、城镇居民基本医疗保险基金和城镇居民养老保险基金。2013年中央社会保险基金预算首次被提交给全国人民代表大会。

我国"四本预算"之间的关系如下。

第一,"四本预算"相对独立。"四本预算"在各自承担的预算功能、编制原则、编制方法等方面存在较大差异,要按照各自功能和定位来编制。"四本预算"的相对独立性的主要体现:从形式上看政府性基金预算、国有资本经营预算和社会保险基金预算不再和一般公共预算混合编制,而是作为公共财政预算的附加预算上报给人大;从平衡方式上看,"四本预算"力求分别实现收支平衡,继而在此基础上实现整体平衡。

第二,"四本预算"有机衔接。一般公共预算是国家预算体系的基础,政府性基金预算、国有资本经营预算和社会保险基金预算相对独立,各预算间可进行适当调剂。

(二)按编制方法分类,国家预算分为基数预算和零基预算

1. 基数预算(增量预算)

基数预算是预算年度的财政收支计划指标的确定,是以上年财政收支执行数为基础,再考虑新的年度国家经济发展情况,加以调整后确定。基数预算采用基数加增长数的预算编制方法,较为简单,但往往不能客观地反映各预算部门和单位的现实需求,各部门的经费有多少,不是取决于事业的发展,而是取决于原来的基数,造成财政资金在部门之间分配格局的固化,不利于经济结构和社会事业发展布局的调整。

2. 零基预算

零基预算是对新的预算年度财政收支计划指标的确定,不考虑以前年度的收支执行情况,而是以"零"为基础,结合经济发展情况及财力可能,从根本上重新评估各项收支的必要性及其所需金额的一种预算形式。零基预算有利于优化支出结构,提高预算效率,控制预算规模,但要求编制单位具备科学的预测和评估方法以及统一的标准,且工作量较大。

(三)按预算项目能否直接反映其经济效果分为投入预算和绩效预算

1. 投入预算

投入预算是指只能反映投入项目的用途和支出金额,而不考虑其支出的经济效果的预算。因此,投入预算只能用来控制各项支出的用途和金额,无法根据各项支出的经济效果进行经济分析和选择。

2. 绩效预算

绩效预算是指根据成本—效益比较的原则,决定支出项目是否必要及其金额大小的预算形式。按照这种方法编制的预算被许多国家借鉴和采用,如美国、法国的

"计划—方案—预算"制度、英国的"产出预算"以及一些国家的"规划预算"或"项目预算"。绩效预算主要关注预算资源使用的"产出"和"成果"。"产出"是从产品和服务的供给数量角度描述公共职能,计算政府提供了多少公共产品和服务;"成果"是政府部门的工作对社会产生的实际影响。由以投入为导向的预算模式向以产出和成果为导向的预算模式的转变,是预算管理理念和实践上的革命,标志着预算管理从传统的考虑财务合规性问题,转移到更多地考虑经济效益和政策目标问题。

(四)按预算分级管理的要求分为中央预算和地方预算

1. 中央预算

中央预算即中央政府预算,是经法定程序批准的中央政府的年度财政收支计划,包括中央本级预算、中央对地方的税收返还和转移支付预算。

中央预算收入包括中央本级收入和地方向中央的上解收入。中央预算支出包括中央本级支出、中央对地方的税收返还和转移支付。

2. 地方预算

地方预算是经法定程序批准的地方各级政府的年度财政收支计划的统称,由各省、自治区、直辖市总预算组成。地方各级总预算由本级政府预算和汇总的下一级总预算组成,没有下一级预算的,即为本级预算。

地方各级政府预算收入包括地方本级收入、上级政府对本级政府的税收返还和转移支付、下级政府的上解收入。地方各级政府预算支出包括地方本级支出、对上级政府的上解支出、对下级政府的税收返还和转移支付。地方预算是保证地方政府职能实施的财力保证,在预算管理体系中处于基础性地位。

(五)按预算作用的时间长短分为年度预算和中长期预算

1. 年度预算

年度预算是指预算有效期为一年的财政收支预算。

2. 中长期预算

中长期预算也称中长期财政计划。一般1年以上、10年以下的计划,称为中期计划;10年以上的计划,称为长期计划。在市场经济条件下,经济周期性波动是客观存在的,而制订财政中长期计划,是在市场经济条件下政府进行反经济周期波动,从而调节经济的重要手段,是实现经济增长的重要工具。

实践中编制10年以上长期预算的技术难度大,且不确定因素多,没有实际意义,故中期预算的期限多为3~5年,编制的技术难度较小。英国、德国采用5年滚动预算,法国、澳大利亚采用3年滚动预算。世界银行将跨3~5个年度的预算规划称为

"中期支出框架"或中期预算框架、中期财政计划、中期宏观经济框架和财政战略或多年度预算等。我国2015年1月发布了《国务院关于实行中期财政规划管理的意见》（国发〔2015〕3号），作为《国务院办公厅关于进一步做好盘活财政存量资金工作的通知》的补充，将财政存量资金工作落实下来，明确提出了各级政府制定财政中期规划的要求。《国务院办公厅关于进一步做好盘活财政存量资金工作的通知》，明确了从2015年起各级财政开始编制3年滚动预算，地方各级政府不得新设各种形式的偿债准备金；确需偿债的，一律编制3年滚动预算并分年度纳入预算安排。

中期预算能够为政府和政府部门提供每个未来财政年度中支出预算务必遵守的预算限额，并根据实际的政治和经济变化对各年度的预算情况不断做出修正。中期预算已成为很多国家为实现财政可持续发展而对年度预算管理制度实施的一项改革，构成了西方国家新型财政管理模式的基本组成部分。

（六）按预算收支的平行状况分为平衡预算和差额预算

1. 平衡预算

平衡预算是预算收入等于预算支出的预算形式。

2. 差额预算

差额预算是指收支差额较大，并且这种差额被作为编制国家预算的一种政策加以执行的预算形式。差额预算按其收支对比的具体情况可以分为盈余预算和赤字预算。

平衡预算和差额预算是国家预算的主要分类方法。国家预算作为政府的财政收支计划，其内容比较庞杂，而且通过国家预算要体现政府的政策意图。世界各国或一个国家的不同发展时期，根据自己的需要及分析问题的不同角度，可以采用不同的预算形式和方法。

三、国家预算的组成

国家预算的组成即国家预算的分级管理问题。一般来说，有一级政府就有一级财政收支活动的主体，也就有一级预算，以便各级政府在履行其职能时，有相应的财权、财力做保证。因此，国家预算的组成与国家的政权结构、行政区域划分有着密切联系。目前，世界上大多数国家都实行多级预算制度。

我国国家预算的组成体系依据的是一级政府一级预算的原则。我国宪法规定，国家政权机构由全国人民代表大会、国务院、地方各级人民代表大会和地方各级人民政府组成。与此相适应并结合我国的行政区域划分，我国的国家预算由中央预算和地方预算组成，地方预算又由省、自治区、直辖市预算，设区的市、自治州预算，县、自治县、不设区的市和市辖区预算,乡、民族乡、镇预算组成。因此,我国的国家预算共分五级预算。中央预算在国家预算中占主导地位,因为它承担了具有全国意义的经济建设和科学文化建设,以及全部的国防和外交支出,同时承担了在全国范围内进行财政宏观调控,调剂各地方余缺以及应付重大意外事件发生的支出需要。地方预算在国家预算中的地位也很重要,它是国家预算体系的基本组成部分,国家预算收入的主要部分要靠地方预算负责组织征收,地方的各项经济文化建设事业,特别是城市建设、建设事业,支援农业、发展教育等也主要由地方预算拨付资金和进行管理。

第三节 国家税收管理体制

一、国家税收管理体制的内容

国家税收管理体制是在中央和地方之间划分税收立法权和税收管理权的一种制度。它是税收管理制度的重要组成部分,根据国家不同时期政治经济形势的需要进行改革和完善。税收管理体制包括以下内容。

(一)税收立法权

这是国家最高权力机关依据法定程序赋予税收法律效力时所具有的权力。税收立法权包括税法制定权、审议权、表决权、批准权和公布权。它是由立法体制决定的。我国税收立法权分为以下几种情况:第一,经全国人民代表大会审议通过的税法;第二,经全国人民代表大会常务委员会原则通过,国务院发布的税收条例(草案);第三,授权国务院制定和发布的税收条例(草案);第四,授权财政部制定,经国务院批准或批转的税收试行规定。前两项的立法权由立法机构行使,第三项立法权由行政机关(即立法机关)授权行使,第四项立法权是行政机关行使制定行政法规的权力。

(二)税收管理权

它是一种执行税收法规的权限,实质上是一种行政权力属于政府及其职能部门的职权范围。税收管理权包括税种的开征权与停征权、税法的解释权、税目的增减权与税率的调整权、减免税的审批权等。

1. 税种的开征权与停征权

税种的开征权与停征权是指对已经制定税法的税种,何时将其税法付诸实施的权力;或对已经开征的税种,由于政治经济诸方面的原因,何时停止其税法执行的权力。

2. 税法的解释权

税法的解释权是指对已经制定并颁布的税收基本法规做出具体解释的权力。税收基本法规颁布后,为便于贯彻执行,一般还要发布实施细则对其进行解释和说明。税法的解释权一般集中在财政部或国家税务总局,地方税法的解释权也可由地方人民政府及其主管部门行使,但是不得与税收法律,全国性税收法规、规章相抵触。

3. 税目的增减权和税率的调整权

税目的增减权和税率的调整权是指增加或减少征税项目的权力,以及把征税对象或征税项目的税收负担调高或调低的权力。虽然各种税的税法对其征税项目及其适用税率都有明确规定,但随着客观情况的变化,有时需要扩大征税范围,增加税目;有时则需要缩小征税范围,减少税目。

4. 减免税的审批权

减免税的审批权是指对纳税人少征或不征其应纳税款的权力。税收减免体现着国家的税收政策,并且直接影响着国家的财政收入和纳税人的税收负担。因此有必要在各级政府,特别是在中央和地方政府之间明确划分减免税的审批权,以保证征纳双方以及各级政府的利益不受侵犯。

二、分税制后税收管理体制的基本内容

(一)税收立法权的划分

全国性税种的立法权包括全部中央税和在全国范围内征收的地方税税法的制定公布权和税种的开征权、停征权,属于全国人民代表大会及其常务委员会。经全国人民代表大会及其常务委员会授权,全国性税种可先由国务院以"条例"或"暂行条例"的形式发布实行。实行一段时期后,再行修订并通过立法程序,由全国人民代表大会及其常务委员会正式立法。经全国人民代表大会及其常务委员会授权,国务院有制定税法或条例的权力。经全国人民代表大会及基常务委员会授权,国务院有税法的解释权;经国务院授权,国家税务主管部门有税收条例的解释权和制定税收条例实施细则的权力。省级人民代表大会及其常务委员会有根据本地区经济发展的具体情况和实际需要,在不违背国家统一税法,不影响中央的财政收入,不妨碍社会主义统一市场形成的前提下,开征全国性税种以外的地方税收的立法权。税法的公布、税种的开征与停征,由省级人民代表大会及其常务委员会统一规定,所立税法在公布实施前需报全国人民代表大会常务委员会备案。经省级人民代表大会及其常务委员会授权,省级人民政府有本地区地方税法的解释权和制定税法实施细则、调整税目和税率的权力,也可在此条件下,制定一些税收条例或税收征收办法,还可以在全国性地方税条例规定的幅度内,确定本地区适用的税率或税额。上述权力除税法解释权外,在行使后和发布实施前须报国务院备案。地区性的地方税收的立法权应只

限于省级立法机关或经省级立法机关授权给同级政府,不能层层下放。所有税法或条例可在全省(自治区、直辖市)范围内执行,也可在部分地区执行。

(二)税收管理权限的划分

根据按收入归属划分税收管理权限的原则,属于中央收入的税种的税收管理权由国务院及其税务主管部门掌握,属于中央和地方共享收入的税种的管理权限按中央和地方政府各自的收入归属划分。地方自行立法的地区性税种的管理权由省级人民政府及其税务主管部门掌握。属于地方税收管理权限,在省级及其以下地区、单位之间如何划分,由省级人民代表大会或省级人民政府决定。除少数民族地区和经济特区外,各地均不得擅自停征全国性的地方税种。经全国人民代表大会及其常务委员会和国务院批准,民族自治地方可以拥有某些特殊的税收管理权,如全国性地方税种某些税目税率的调整权以及一般的税收管理权以外的其他一些管理权。少数民族聚居区(自治州、县)的税收管理权,由省级人民代表大会和省级人民政府确定。可以根据全国统一税法,报全国人民代表大会常务委员会和国务院备案。经全国人民代表大会及其常务委员会和国务院批准,经济特区也可以在享有一般地方税收管理权限外,拥有一些特殊的税收管理权。上述地方(包括少数民族自治区和经济特区)的税收管理权的行使,必须以不影响国家宏观调控和中央财政收入为前提。涉外税收必须执行国家的统一税法,涉外税收政策的调整权在全国人民代表大会常务委员会和国务院,各地一律不得自行制定涉外税收的优惠措施。为了更好地体现公平税负、促进竞争的原则,保护社会主义统一市场的正常发展,在税法规定之外,一律不得减税免税。

(三)其他有关规定和配套措施

在现有税务机构的基础上,分设中央税务机构和地方税务机构。对违反税收立法程序的行为,全国人民代表大会常务委员会有权否定所立税法,并对主要负责人追究法律责任。对超越税收管理权限的行为,上级机关直至国务院有权明令纠正,并对主要负责人追究行政责任和法律责任。

第四节　国有资产管理体制

一、国有资产的概念与分类

(一)国有资产的概念

广义的国有资产指的是经济学意义上的资产,具体是指属于国家所有的一切财产和财产权利。国有资产具体包括经营性资产、非经营性资产和资源性资产等。

狭义的国有资产是指国家作为出资者在企业依法拥有的资本及其权益,又称为经营性国有资产。具体来说,经营性国有资产是指从事产品生产、流通、经营服务等领域,以营利为主要目的,依法经营或使用,其产权为国家所有的一切财产。经营性国有资产还可以表述为企业国有资产。但要注意,企业国有资产并不同于国有企业总资产。这是因为企业为了进行生产经营要以负债方式筹集资金,因而企业的全部资产既有投资人的,也有债权人的。只有国家投资及形成的权益才是国有资产,因此,企业国有资产主要是指国有资本,是企业资产负债表中的国家所有者权益部分。国有独资企业的国有资产是该企业的所有者权益(净资产),总资产是企业作为独立法人所拥有的资产,企业国有资产是企业总资产来源的一部分;股份制企业的国有资产是该企业所有者权益中的国家资本,而企业总资产则是各类出资人形成的全部企业法人财产。本节所述的国有资产局限于狭义的国有资产。

(二)国有资产的分类

国有资产的分类是指按一定的标准,对国有资产进行的科学、系统的划分。对国有资产进行分类,是加强国有资产管理的重要内容,也是优化国有资产配置、正确发挥国有资产作用的必要前提。根据不同的标准,可把国有资产分为不同的种类。

1. 按用途分类

国有资产按用途分类,可分为企业国有资产、行政事业单位国有资产和资源性国有资产三类。企业国有资产是国家直接投入企业,用于生产经营活动的国有资产。企业国有资产具有运动性、增值性和经营方式多样性等特点,因此也称为经营性国有资产。行政事业单位国有资产是指由国家行政事业单位所占有使用的,在法律上确认为国家所有,能够以货币计量的各种经济资源的总和。行政事业单位国有资产包括国家划拨的资产、按规定组织收入形成的资产、按受馈赠的资产和其他法律确认的国有资产。行政事业单位国有资产的特点是配置领域的非生产性、使用目的的公益性、资产补偿和扩充的非直接性以及占有使用的无偿性。资源性国有资产,是指自然界中存在的、所有权属于国家的自然资源,具体包括矿藏、土地、河流、森林、草原、山岭、荒原、滩涂等。资源性国有资产是集经济性、垄断性、资产性、有价性于一身的国有资产。

2. 按资产性质分类

国有资产按资产性质分类,可分为经营性国有资产和非经营性国有资产。经营性国有资产是指以保值为基础,以增值为目的,直接投入生产经营过程中的国有资产。经营性国有资产具有增值性的特点,即通过对经营性国有资产的运用,创造出新的价值和剩余价值。经营性国有资产既包括企业占有使用的国有资产,也包括行政事业单位转作经营用途的国有资产,在实践中主要指投入企业的国有资产。非经营性国有资产是指不直接投入生产经营过程,由国家机关、军队、社会团体、文化教育、学校和科研机构等行政事业单位占有、使用的国有资产。非经营性国有资产具有非增值性的特点,它主要是为国家履行行政管理职能和社会管理职能提供物质基础保证。

3. 按存在形态分类

国有资产按存在形态分类,可分为有形资产和无形资产。有形资产是指具有具体价值形态和实物形态的资产,如房屋、桥梁、铁路、机器设备以及各种自然资源。无形资产是指不具有实物形态但具有经济价值的资产,如发明权、商标权、专利权、著作权、商誉。

以上三种是常见的分类。此外,关于国有资产的分类,还有诸如因资产的管理人不同,可分为中央政府管理的国有资产和地方政府管理的国有资产等的分类。

二、国有资产管理的含义与特点

(一)国有资产管理的含义

国有资产管理是指国家对国有资产的生产经营性活动进行的组织、协调、监督和控制等一系列活动的总称,包括对各类企业的国有资产的投入、存量经营、收益分配以及资产处置等运营全过程的管理。

(二)国有资产管理的特点

国有资产管理是国家发挥经济管理职能的重要内容,基本目的在于优化产业结构,使国有资产保值、增值,维护国有资产使用单位的合法权益,巩固和发展全民所有制经济的主导地位,从而最终推动社会主义市场经济和生产力的不断发展。国有资产管理具有以下五个特点。

1. 管理目标的二元性

国有资产管理目标的二元性体现在两个方面:一是维护国家作为出资人的所有者权益,实现国有资产的保值、增值,增加财政收入,减轻人民税收负担,这是直接目标;二是通过投资,促进资源的合理配置,优化产业结构,稳定社会经济增长,增进就业等,从而使国民经济健康、快速发展,这是间接目标。这两个目标相互联系,相互促进。为了实现这两个目标,在宏观上,要求国有资产的管理符合国家的产业政策,通过经营性国有资产的优化配置、投资收益的再分配和存量资产的流动重组,实现国有资产宏观经济效益的最大化,国家运用政策引导企业经营方向,并为企业营利创造良好的外部环境。在微观上,要求国有资产的管理追求最大限度的利润,即通过所有权与经营权的分离,转变企业经营机制,获取最多的投资回报。

2. 产权管理的基础性

国家对国有资产的管理前提是国家对企业的资产享有所有权,即国有资产的管理主要是指国家以所有者的身份进行的管理,而不是以社会管理者的身份进行的管理。国家可以以社会管理者的身份对所有的企业进行管理,但这不是国有资产管理。国家是抽象的,因此在真正的国有资产经营中,还需要有具体的能代表国家的所有权人、经营权人,实行所有权与经营权的分离,所有者与经营者依法行使各自的权利。所有者依据资产所有权,监督资产的经营者,主要通过经济杠杆调节、控制经营者的行为;经营者依据法人财产权自主经营、自负盈亏,并对所有者负责。只有这样国有资产才可能保值、增值。因此,在国有资产管理中,界定产权、明晰产权、明确权责就变成了国有资产管理的基础性工作。

3. 管理范围的全面性

国有资产管理是对包括管理对象、管理过程、产权管理的全方位管理。这体现了其管理范围的全面性。管理对象的全面性,是指国有资产管理的对象全面,包括国有企业占有使用的经营性国有资产、非企业单位按企业化管理要求经营使用的国有资产以及其他非国有企业占有使用的国有资产;管理过程的全面性,是指经营性国有资产的管理应当贯穿于生产经营活动的各个环节,即包括资产投入、存量经营、价值补偿、收益分配和增量再投入等全方位的管理;产权管理的全面性,是指经营性国有资产的管理包括所有权、占有权、使用权、收益权和处分权等财产权的全面管理。

4. 管理方式的多层次性

国有资产的国家性决定了国有资产的所有权行使不能像一般的企业那样只要由股东大会和董事会代表行使即可,而要由多层次的组织机构来行使管理。基本的管理层次包括国家立法机关(即人大)的有关机构,它代表全社会行使国有资产所有权管理职能及对政府机构进行授权委托管理;政府执法机关(即国务院)的有关机构,在法律的授权委托下,代表全社会行使具体的国有资产所有权管理职能;企业管理层(即政府授权的国有资产管理机构及其委派到企业董事会的国有资产所有权代表),代表国家股东参与企业管理。

5. 管理的民主性

国家是代表全民意志和利益的唯一主体,能够在经营性国有资产的管理中表达全民的意愿并实现全民的整体利益;全社会劳动者在各个层次、各企业事业组织中,直接参与监督国有资产的经营,这就是国有资产管理的民主性体现。

总之,国有资产管理总的出发点是维护和增进国家利益。国家对社会生产各个领域的投入和经营活动进行管理,其基本的出发点就是维护和增进国家利益。这在任何一个国家都是一致的,我国也不例外。尤其是在以公有制为基础、实行有中国特色的社会主义市场经济体制的前提下,更应搞好国有资产管理,使国有资产充分地发挥它的价值,增进国家财富积累,减轻人们的税收负担,从而真正体现社会主义公有制的优越性。

三、国有资产管理体制的框架

国有资产管理体制是国家就国有资产管理机构设置、管理权限划分和管理方式等各方面内容所做出的统一安排。它是国民经济管理体制的有机组成部分,是国民经济管理过程中产权关系的具体表现形式,也是社会主义公有制的具体实现形式。我国的国有资产管理体制从新中国成立至现阶段,经历了一个不断调整的发展过程。在经济体制高度集中的计划经济时代,我国实行的是严格的、高度集中的国有资产管理体制,在这种管理体制下,政企不分,管理手段行政化,主管部门多头化,各管理部门权限划分混乱,责权利相脱节,国有资产的所有者代表机构不明确,致使产权形同虚设。这也导致了改革开放过程中大量的国有资产流失。新的经济体制要求一切运行规则要按照市场规律办事,作为社会主义公有制主体的国有资产的运行同样如此,这就对相应的管理体制提出了新的要求。事实上,我国也在不断地进行调整。

国家要制定法律、法规,建立中央政府和地方政府分别代表国家履行出资人职责,享有所有者权益,权利、义务与责任相统一,管资产和管人、管事相结合的国有资产管理体制。关系国民经济命脉和国家安全的大型国有企业、基础设施和重要自然资源等,由中央政府代表国家履行出资入职责;其他国有资产由地方政府代表国家履行出资人职责。中央政府和省、市(地)两级地方政府设立国有资产管理机构,各级政府要严格执行国有资产管理法律法规,坚持政企分开,实行所有权与经营权分离,使企业自主经营、自负盈亏,实现国有资产保值增值。

要建立健全国有资产管理和监督体制,坚持政府公共管理职能和国有资产出资人职能分开;国有资产管理机构对授权监管的国有资本依法履行出资人职责,维护所有者权益,维护企业作为市场主体依法享有的各项权利,督促企业实现国有资产保值增值,防止国有资产流失;建立国有资产经营预算制度和企业经营业绩考核体系;积极探索国有资产监管和经营的有效形式,完善授权经营制度。

国务院国有资产监督管理机构是代表国务院履行出资人职责、负责监督管理企业国有资产的直属特设机构;省、自治区、直辖市人民政府国有资产监督管理机构,设区的市、自治州级人民政府国有资产监督管理机构是代表本级政府履行出资人职责、负责监督管理企业国有资产的直属特设机构;上级政府国有资产监督管理机构依法对下级政府的国有资产监督管理工作进行指导和监督。

至此,我国新的国有资产管理体制的框架基本形成,可概括为"国家统一所有、政府分级管理、授权经营、分工监督"。

(一)国家统一所有

国家统一所有是指国务院代表国家统一行使对国有资产的所有权,作为国有资产管理的最高决策者,行使国有资产管理的立法权、资产划拨权、收益调度权和监督权。

(二)政府分级管理

政府分级管理是指在国务院的统一领导下,对国有资产实行地方分级管理,地方政府国有资产监督管理机构,对其管辖区内所属企业的国有资产依法行使出资人权利。

(三)授权经营

授权经营是指代表国家行使国有资产所有权的国有资产监督管理机构将国有资产经营权授权给经营性的经济组织,允许其从事国有资产的运营活动。这些经营性经济组织是联结资产所有者和资产使用者的中介性的资产营运机构。我国已经建立起中央、省、市(地)三级国有资产监督管理机构,这类机构专门履行国有资产出资、授权、监管等职责。

当前,我国要在授权经营的前提下,做好自主经营。国有资产的被授权者(即国有资产的具体使用者)应该享有自主决策、自主经营的权利以及在政策许可下,可以自担风险,自享收益。只有这样,我国才能够真正实现政企分开、产权明晰,从而使企业真正有动力去实现国有资产的保值增值。

(四)分工监督

分工监督是指国家国有资产监督管理委员会和省、市(地)两级政府国有资产监督管理委员会,对指定区域或所属企业的国有资产的经营管理实施监督。其中,国家国有资产监督管理委员会代表国家履行出资人职责。它可以依法对中央企业的国有资产进行监督,指导推进国有企业改革和重组;根据需要向所管辖的中央国有企业派遣监事会成员,负责监督企业的经营活动;对中央企业负责人进行任免、考核和奖惩等。地方两级政府国有资产监督管理委员会分别依法在自己的管辖范围内履行上述职责。

为了进一步完善国有资产管理体制,以下几点值得深入研究和改进。国有资产管理体制建设的一个核心问题是国有产权委托代理的有效性。委托代理的链条越长,效率越低,多头管理就会失效。按照规定,国资部门既是"代表国家履行出资人职责"的机构,也是国有资产监督管理的机构。国有资本运营主体应有清晰的权力边界并排他性地集中统一行使所有权,才能形成强有力的产权责任约束,成为所投资企业的"真老板"。但是,国资委直接持股的企业过多,也会鞭长莫及。在这种情况下,可考虑对重要国有企业直接持股,缩短委托代理链条;对其他企业,则可通过若干控股公司持股或控股,保持适度的管理幅度,两者结合比较现实。当然,在处理政企分开带来的问题的同时,也要注意防止"政资不分",国有资产有关法规、政策的制定等属于公共职能和权力,应与国有资本的市场化运作区分开来,在这个过程中,国资部门要防止既当"裁判员"又当"运动员"。此外,要加强对国有资本运营机构的审计监督,强化产权责任约束。

第三章 《

财政政策

第一节　财政政策的功能与类型

一、财政政策功能与目标

（一）财政政策的概念

财政政策是一国政府为实现预期的经济社会发展目标,对财政收支关系进行调整的指导原则和措施。财政政策是政府有意识活动的产物,政府可以利用财政政策达到其预定目标。实践表明,财政政策已经成为政府干预经济的主要手段。

财政政策是国家经济政策的重要组成部分,制定和实施财政政策的过程也是国家进行宏观调控的过程。财政政策贯穿于财政工作的全过程,体现在财政收支、政府预算等各个方面。财政政策由预算政策、税收政策、支出政策、国债政策等组成。

（二）财政政策的功能

1.导向功能

财政政策通过财政分配和管理活动调整人们的物质利益,进而调节企业和个人的经济行为,引导国民经济运行。一方面,财政政策配合国民经济总体政策和各部门、各行业的政策,提出明确的调控目标。例如,在经济增长低迷、通货紧缩时期,为配合实现宏观经济政策的经济增长目标,财政政策要以支持经济增长回升为目标。另一方面,财政政策不仅要规定应该做什么、不应该做什么,还要通过利益机制引导和调整人们的经济行为。例如,政府为扩大社会投资规模,通过加速折旧、补贴、贴息、税收优惠等方式激励私人投资。

2.协调功能

财政政策的协调功能是指在社会经济发展过程中,对地区之间、行业之间、部门之间等出现的某些失衡状况进行调节和制约。一方面,在国民收入分配过程中,通过财政收支改变社会成员在国民收入中的占有份额,调整社会分配关系。例如,通过财政转移支付协调各地区间政府提供基本公共服务均等化的功能;通过提高个人所得税免征额标准,调节个人之间的收入水平。另一方面,在财政政策工具体系中,预算、税收、债务、投资等政策工具相互配合、补充运用,能够有效发挥财政政策的协调功能。

3. 控制功能

财政政策的控制功能是指政府通过财政政策调节企业和居民等市场经济主体的经济行为,实现对经济社会的有效控制。例如,对一些高档奢侈消费品和资源性消费品征收消费税,可以达到引导消费方向、控制资源浪费和保护生态环境的目的。

4. 稳定功能

财政政策的稳定功能是指通过财政政策,调整社会总需求和总供给,实现总供需的总量平衡和结构平衡,进而实现国民经济的又好又快发展。例如,在经济过热、存在通货膨胀时,政府要通过减少财政支出、增加税收等,控制总需求,抑制通货膨胀;在经济萧条、存在通货紧缩时,政府要通过增加财政支出、减少税收等,扩大总需求,拉动经济增长。

(三)财政政策的目标

财政政策目标是指政府制定和实施财政政策所要达到的预期目的。财政政策通过调节社会总需求与总供给,可以优化社会资源配置,实现促进充分就业、物价基本稳定、国际收支平衡和经济稳定增长的目标。

1. 促进充分就业

充分就业是衡量资源充分利用的一个指标。它表明生产要素的投入情况,通常用失业率表示。充分就业是各国政府普遍重视的问题。失业率高,表明社会经济资源的大量闲置和浪费,社会生产规模下降,还会引发一系列社会问题,造成社会动荡。因此,控制失业率是财政政策的主要目标之一。我国正处于经济转型期,加快经济结构调整和深化经济体制改革在今后一个时期不可避免地会增加就业压力;加上庞大的人口基数和每年大量新增就业劳动力,使我国促进充分就业目标的重要性更为突出。

2. 物价基本稳定

物价基本稳定是各国政府努力追求的目标之一。经济发展速度的加快往往伴随着整体物价水平的上升,但过高的通货膨胀会引起社会收入和国民财富的再分配,扰乱价格体系,扭曲资源配置,使正常的分配秩序和经济秩序出现混乱。相反,严重的通货膨胀也会给社会和经济发展带来消极影响,使资源无法充分有效利用,造成生产能力和资源闲置浪费,失业人数增加,生活水平下降。

3. 国际收支平衡

国际收支平衡是指经常项目收支、资本项目流入流出的差额之和为零,它是国际贸易(包括商品和劳务)和国际资本的综合平衡。其中,经常项目亦称贸易项目,是指一国的商品和劳务的进口和出口;资本项目是指一国资本的流入和流出。经常项目平衡也称贸易平衡,是指商品和劳务的进口额等于出口额;出口额大于进口额,经常项目有盈余,也称国际贸易顺差;出口额小于进口额,经常项目有赤字,也称国际贸易逆差。资本项目平衡是指资本流入等于资本流出;资本流入大于资本流出,资本项目有盈余;资本流入小于资本流出,资本项目有赤字。国际收支是现代开放经济的重要组成部分。一国国际收支状况不仅反映该国对外交往情况,还反映该国的经济稳定程度。一国国际收支出现逆差,表明国际贸易流动的结果使其他国家对该国储备的索取权增加,从而削弱了该国的储备地位。如果一国国际收支长期不平衡,将使该国外汇储备不断减少,外债负担逐步增加,严重削弱其在国际金融体系中的地位,并导致该国国民收入增长率下降。随着经济全球化发展,国家之间经济发展的相互依赖性不断提高,各国政府越来越重视本国的国际收支平衡,将其作为财政政策的目标之一。

4. 经济稳定增长

经济稳定增长是指一个国家或地区在一定时期内的经济发展速度和水平保持稳定。实现经济稳定增长,是一个国家生存和发展的条件,因而是国家宏观经济政策的重要目标,也是财政政策的重要目标。经济稳定增长决定于两个源泉:一是生产要素的增长,二是生产要素的技术进步程度。因此,经济稳定增长就是财力、物力和人力等社会资源能够支持的经济的可持续增长。要防止出现过分人为刺激的经济增长,因为这将引发环境污染加重、能源紧张、通货膨胀严重等一系列经济社会问题。财政政策要通过引导劳动、资本、技术等各项生产要素的合理配置,实现经济持续稳定的增长。

二、财政政策工具和类型

(一)财政政策工具

财政政策工具是指用以达到财政政策目标的各种财政手段,主要有预算、税收、公债、公共支出、政府投资和财政补贴等。

1. 预算政策

预算调节经济的作用主要表现在财政收支的规模及其差额上。当社会总供给大于总需求时,政府预算一般会扩大支出规模、保持一定赤字规模,以扩大社会总需求；当社会总供给小于总需求时，政府预算一般会缩小支出规模、保持预算盈余，抑制社会总需求；当社会总供给与总需求基本平衡，即经济稳定发展时，政府一般实行中性的预算平衡政策，保持预算收支规模的基本平衡。

2. 税收政策

首先，税收是政府凭借政治权力参与社会产品分配的方式，是保持经济稳定运行的重要手段。在经济繁荣时期，政府通过提高税率、减少税收优惠等途径增加税收，减少企业和个人可支配收入，抑制企业和个人的投资需求，降低社会总需求，使过快或过热的经济增长平稳回落或降温。相反，在经济萧条时期，政府通过降低税率、实行更多税收优惠等途径减少税收，增加企业和个人可支配收入，鼓励企业和个人的投资需求和消费需求，增加社会总需求，促进经济增长。其次，税收是政府公平收入分配的重要手段。例如，调整个人所得税超额累进税率的起征点和免征额等途径，可以起到减少高收入者可支配收入的作用，实现收入公平分配的目标。

3. 公债政策

在现代市场经济中，公债是政府实施宏观调控的重要政策工具。首先，通过调整公债的流动性程度，改变社会经济资源的流动状况，可以对经济运行产生扩张性或者紧缩性的影响。公债期限不同，流动性相差较大，期限越短，流动性越高，变现能力越强；期限越长，流动性越低，变现能力越弱。因此，在公债发行中通过期限种类的不同设计和调换公债期限等方法，可以对经济运行产生扩张或者紧缩的影响。其次，通过调整国债发行利率水平影响金融市场利率的变化，可以对经济运行产生扩张性或者紧缩性的影响。

4. 公共支出政策

公共支出是指政府用于满足纯公共需要的一般性支出，主要包括狭义的购买性支出和转移性支出两部分。其中，狭义的购买性支出是指政府进行日常行政事务活动所需要的商品和劳务支出，即政府的消费性支出。转移性支出是指直接表现为财政资金无偿、单方面转移的支出，包括政府补助支出、捐赠支出和债务利息支出。

5. 政府投资政策

政府投资是指财政用于资本项目的建设性支出，它最终形成各种类型的固定资产。在市场经济条件下，政府投资是政府实施宏观调控、克服某些领域市场失灵问题的必要手段。首先，政府投资规模可以影响社会总需求和未来社会总供给，从而影响社会供求总量。其次，调整政府投资方向，可以对经济结构发挥重要调节作用，促进资源合理配置和产业结构优化。例如，当经济处于过热时期，政府可通过降低投资支出水平，抑制社会总需求，使经济降温、平稳回落；当经济处于萧条时期，政府可通过提高投资支出水平,扩大社会总需求,缓解或者逐步消除经济衰退;当社会总供求基本平衡,但总供求结构存在问题时,政府投资可以通过采取有保有压的政策,减少对过热行业的投资,增加对薄弱环节的投资,使社会总供求在结构上保持协调。

6. 财政补贴政策

首先,财政补贴政策是保持经济稳定运行的重要手段之一。例如,当经济处于过热时期,政府通过减少财政补贴支出使企业和个人的可支配收入减少,抑制企业和个人的投资需求和消费需求,进而减少社会总需求,实现经济平稳回落;当经济处于萧条时期,政府可通过增加财政补贴支出使企业和个人的可支配收入增加,鼓励企业和个人扩大投资需求和消费。需求,进而增加社会总需求,拉动经济增长。其次,财政补贴还是政府公平收入分配的重要手段。一般来说,享受政府补贴的对象大都是低收入群体。通过增加财政补贴,可以提高低收入群体的可支配收入水平,促进社会公平分配。

(二)财政政策的类型

1. 自动稳定政策和相机抉择政策

按照财政政策调节经济周期的作用,财政政策可分为自动稳定政策和相机抉择政策。

(1)自动稳定政策:该政策是指财政制度本身存在一种内在的、不需要政府采取其他干预行为就可以随着经济社会的发展,自动调节经济运行的机制。这种机制也被称为财政"自动稳定器",主要表现在以下两个方面。

① 累进所得税(包括个人所得税和企业所得税)具有自动稳定作用。

在经济萧条时期,个人收入和企业利润下降,符合纳税条件的个人和企业数量减少,因而税基相对缩小,适用的累进税率相对下降,税收会自动减少;税收的减少幅度大于个人收入和企业利润下降的幅度,税收便会产生一种推力,防止个人消费和企业投资的过度下降,从而起到反经济衰退的作用。在经济过热时期,其作用机理正好相反。

② 政府福利支出具有自动稳定作用。

经济出现衰退时,符合领取失业救济和各种福利标准的人数将增加,失业救济和各种福利支出将趋于自动增加,从而有利于抑制消费支出的持续下降,防止经济的进一步衰退。在经济繁荣时期,其作用机理正好相反。

(2)相机抉择政策:该政策是指政府根据一定时期的社会经济状况,主动、灵活地选择不同类型的反经济周期的财政政策工具,干预经济运行,实现财政目标。相机抉择的财政政策包括汲水政策和补偿政策。

① 汲水政策：该政策是指在经济萧条时进行公共投资，以增加社会有效需求，使经济自动恢复其活力的政策。汲水政策有四个特点：第一，它是以市场经济所具有的自发机制为前提，是一种诱导经济复苏的政策；第二，它以扩大公共投资规模为手段，启动和活跃社会投资；第三，财政投资规模具有有限性，即只要社会投资恢复活力、经济实现自主增长，政府就不再投资或缩小投资规模；第四，如果经济萧条的状况不再存在，这种政策就不再实行，因而它是一种短期财政政策。

② 补偿政策：该政策是指政府有意识地从当时经济状态的反方向上调节经济变动的财政政策，以达到稳定经济波动的目的。在经济萧条时期，为缓解通货紧缩影响，政府通过增加财政支出、减少财政收入等政策来增加投资和消费需求，增加社会有效需求，刺激经济增长；相反，在经济繁荣时期，为抑制通货膨胀，政府通过增加财政收入、减少财政支出等政策来抑制和减少社会过剩需求，稳定经济波动。

2. 扩张性财政政策、紧缩性财政政策和中性财政政策

按照财政政策在调节国民经济总量和结构中的不同功能，财政政策可分为扩张性财政政策、紧缩性财政政策和中性财政政策。

（1）扩张性财政政策：该政策是指通过财政收支活动增加和刺激社会总需求的政策。在社会总需求不足的情况下，政府通常采取扩张性财政政策，通过减税、增加支出等手段扩大社会需求，提高社会总需求水平，缩小社会总需求与社会总供给之间的差距，最终实现社会总供需的平衡。

（2）紧缩性财政政策：该政策是指通过财政收支活动来减少和抑制社会总需求的政策。在社会总需求大于社会总供给的情况下，政府通常采取紧缩性的财政政策，通过增加税收、减少财政支出等手段，减少或抑制社会总需求，达到降低社会总需求水平，最终实现社会总供需的平衡。

（3）中性财政政策：该政策也称均衡性财政政策，是指在经济稳定增长时期，政府通过实施财政收支基本平衡或者动态平衡的财政政策，既不产生扩张效应，也不产生紧缩效应，以保持经济的持续稳定增长。

需要说明的是，根据国家宏观调控的目标要求，财政政策需要与货币政策协调配合，才能充分发挥财政政策的功能作用，实现国家宏观调控的目标。财政政策与货币政策的协调配合主要有以下三种类型。

①"双松"搭配类型：这是指扩张性财政政策与扩张性货币政策的组合，这种政策组合可以刺激经济增长，扩大就业，但也会带来通货膨胀的风险。

②"双紧"搭配类型：这是指紧缩性财政政策和紧缩性货币政策的组合，这种政策组合可以有效抑制需求膨胀与通货膨胀，但也可能带来经济停滞。

③"松紧"搭配类型该类型具体包括两种情况:一是紧的财政政策和松的货币政策组合,这种政策组合在控制通货膨胀的同时,可以保持适度的经济增长,但货币政策过松,也难以制止通货膨胀;二是松的财政政策和紧的货币政策,这种政策组合可以在保持经济适度增长的同时尽可能地避免通货膨胀,但长期使用这种政策组合,会积累大量财政赤字。

一般而言,如果社会总需求明显大于社会总供给,则应该采取"紧"的政策措施,以抑制社会总需求的增长;如果社会总需求明显小于社会总供给,则应该采取"松"的政策措施,以扩大社会总需求。

第二节　我国财政政策实践

一、我国实施的财政政策

(一)适度从紧的财政政策

从 1993 年开始,我国实行"适度从紧"的财政货币政策,大力压缩投资需求,降低信贷规模。经过三年的治理整顿,国民经济成功实现了"软着陆",既抑制了通货膨胀和经济过热,又使经济保持较高的发展速度,并为我国治理通货膨胀积累了宝贵的经验。

(二)稳健的财政政策和货币政策

2005 年中央决定实施稳健的财政政策和稳健的货币政策,进入了"双稳健"的宏观调控新时期。在货币政策保持稳健取向的同时,财政政策由积极转向稳健,其核心是松紧适度、着力协调、放眼长远。具体来说,就是注重把握"控制赤字、调整结构、推进改革、增收节支"。

(三)积极的财政政策和适度宽松的货币政策

2008 年年末,中央政府决定实施四万亿元政府投资刺激经济计划,这是扩大内需最主动、最直接、最有效的措施,同时进一步完善税制改革,实行结构性减税和推进税费制度改革等措施,采取减税、退税或免抵税等方式减轻企业和居民税负,促进企业投资和居民消费,增强微观经济活力。

(四)积极的财政政策和稳健的货币政策

2011 年宏观调控的核心在于更加积极、稳妥地处理保持经济平稳较快发展、调整经济结构、管理通胀预期的关系。将财政政策的重点放在调整结构上,通过减税增支等手段,一方面减轻企业税收负担,另一方面调整财政支出的重点;而货币政策的重点则在于控制通胀,保持货币信贷及社会融资规模合理增长,改善和优化融资结构和信贷结构,调高直接融资比例,推进利率市场化和人民币汇率形成机制改革,增强金融运行效率和服务实体经济能力。

(五)稳定和完善宏观经济政策

2015年,我国继续实施积极的财政政策和稳健的货币政策,更加注重预调微调,更加注重定向调控,用好增量,盘活存量,重点支持薄弱环节;以微观活力支持宏观稳定,以供给创新带动需求扩大,以结构调整促进总量平衡,确保经济运行在合理区间。

(六)以逆周期调节来统领的宏观经济政策

2018年,我国继续实施积极的财政政策和稳健的货币政策,以逆周期调节来统领宏观调控的主体框架和基本取向,总体上强调扩张、支撑、协调、平衡的特征,即政策取向上以扩张性为主;政策目标是支撑经济合理运行,确保经济平稳有序健康增长;宏观政策应统筹运用财政政策、货币政策等,发挥政策合力;政策策略上要坚持平衡,既包括市场体系各个结构的运行平衡,也包括市场与政府之间的作用平衡。

(七)连续性、稳定性和可持续性的宏观经济政策

2021年,我国继续实施积极的财政政策和稳健的货币政策,保持对经济恢复的必要支持力度。坚持稳中求进工作总基调,立足新发展阶段,贯彻新发展理念,构建新发展格局,认真贯彻落实"积极的财政政策要提质增效、更可持续"要求,保持宏观政策的连续性、稳定性,不"急转弯",保持对经济恢复的必要支持力度,兼顾稳增长和防风险需要,合理安排赤字、债务、支出规模,以更大力度调整优化支出结构,加强财政资源统筹,强化地方政府债务管理,促进财政可持续发展,确保"十四五"开好局、起好步。

二、我国实施财政政策的基本经验

随着中共二十大构建高水平社会主义市场经济体制的目标确立,财政宏观调控方式发生了重大改变,即由被动调控向主动调控转变、由直接调控向间接调控转变、由单一调控向综合调控转变。我国财政政策经过多年的探索与实践,积累了丰富的经验。

第一,始终把握相机抉择政策管理的基本要求。财政政策需要根据经济形势的发展变化相机抉择。采取扩张性、紧缩性或中性的财政政策,要根据经济运行态势和特定的宏观调控目标来决定,不断增强财政政策的针对性、科学性、预见性和有

效性。

第二,实行短期调控政策和长期发展政策的有机结合。我国经济发展正在进入新常态,要积极适应经济发展新常态的要求,正确处理投资和消费、内需与外需、经济增长和社会发展之间的关系;正确处理发展速度与发展质量的关系。既要着力解决当前的矛盾和问题,更要注重解决经济社会发展中存在的深层次矛盾和问题,加快转变经济发展方式,增强经济增长内生动力和活力,保持经济持续健康发展与社会和谐稳定。

第三,加强宏观调控政策之间的协调配合。加强和改善宏观调控,需要注重各项政策目标的内在统一,统筹各项宏观调控政策工具,避免顾此失彼。但在不同时期、不同阶段,政策目标和工具的运用又要有所侧重、突出重点。在具体制定和实施财政政策措施时,应综合使用各种财政政策工具,同时与货币、产业、环保、土地等政策协调配合,打出政策"组合拳",形成宏观调控合力。

第四,注重国内外政策的协调。在全球经济一体化的过程中,财政政策和货币政策一样都具有外部性。各国制定和执行财政政策时,既受到他国政策的影响,也会影响他国的政策。因此,需要进一步加强国际财政政策协调,积极参与制定国际规则,才能赢得和谋得更大的发展空间。

第四章
财政收入管理

第一节　财政收入概述

一、财政收入的定义和类型

（一）财政收入的定义

财政收入又称公共收入，是指政府为了满足其支出需要而参与社会产品分配所取得的各种收入。财政收入的定义可以从不同角度加以描述，从而有了广义财政收入和狭义财政收入的区分。所谓广义财政收入，包括政府的一切进项或收入，主要有税收收入、公债收入、国有资产收入和各种行政收入等。所谓狭义财政收入，仅仅是指政府每年的"定期收入"，即被称为"岁入"的收入，只包括税收收入和除公债外的非税收收入，如各种规费、管理费、政府提供劳务的工本费、公产收入及国内外援助收入。政府取得财政收入主要凭借公共权力，如政治管理权、公共资产所有权、公共信用权，其中政治管理权是核心。

（二）财政收入的类型

为了深入研究影响财政收入的各种因素，探寻增加财政收入的主要途径，加强对财政收入的管理，需要根据各种财政收入的特点和性质，对财政收入进行一定的分类。常用的分类方法有下列几种。

第一，按照财政收入取得有无连续性可分为经常性收入和临时性收入。所谓经常性收入，是指政府在每个财政年度连续、反复获取的收入，主要有税收收入、行政收入、国有资产收入和国有企业收入等。所谓临时性收入，是指政府所取得的不经常或不规则的财政收入，主要是公债收入。

第二，按照财政收入取得时凭借的权力可分为公法权收入和私法权收入。所谓公法权收入，是指政府凭借政权强制地从社会成员手中获取的财政收入，主要是税收收入和罚没收入等。所谓私法权收入，是指政府依据任意原则或自愿原则从社会成员手中获取的财政收入，如国有财产收入、国有企业收入和公债收入。

第三，按照财政收入取得对国民经济购买力的影响可分为财政政策性收入和货币政策性收入。所谓财政政策性收入,是指政府通过征收现有购买力的一部分而形成的财政收入,主要有税收、公债、罚没款等。所谓货币政策性收入,是指政府采用铸造货币、发行纸币等方式来创造购买力而获取的财政收入,例如,中央银行直接认购公债,就是在间接发行纸币。一般情况下,财政政策性收入仅仅是社会购买力的转移,不会增大整个社会的购买力总量;而货币政策性收入却是社会购买力的凭空增加,常常会伴随着通货膨胀的发生,所以是一种虚假性财政收入。

第四,按照财政收入的产业构成可分为分别来自第一、第二和第三产业的收入。第二产业对财政收入的状况起决定性作用,而第三产业对财政收入的贡献比重会越来越大。

第五,按照财政收入的经济成分构成可分为分别来自各种经济成分的收入。就目前情况来看,我国财政收入主要来自国有经济成分,国有经济上交的财政收入占整个财政收入的 2/3 左右。

另外,财政收入还可以按照国民经济的部门分类、按照行政区域分类、按照复式预算编制要求分类等。

二、财政收入规模

(一)财政收入规模衡量指标

所谓财政收入规模是指一国政府在一个财政年度内所拥有的财政收入总水平。财政收入规模通常用某一时期(一个财政年度)财政收入总额(绝对数额)或用财政收入占国内生产总值(GDP)的比重(相对数额)来反映。财政收入规模是衡量一个国家财力和政府在社会经济生活中的职能范围的重要指标。保持财政收入持续稳定增长,满足财政支出的需求是各国政府所追求的主要财政目标。但是财政支出的需求往往是无限的,而财政收入的供给却总是有限的。

(二)影响财政收入规模的因素

一个国家一定时期财政收入规模有多大,财政收入增长有多快,不是或不仅仅是以政府的意志为转移的。财政收入的规模和速度受一国政治、经济等条件的影响和制约。所以财政收入的规模分析必须从一国的综合国力出发,从以下几个方面来考察。

1. 生产力发展水平的制衡

生产力发展水平通常表现为经济发展水平、生产技术水平等。生产力发展水平会直接影响一个国家的国民收入总量。生产力发展水平高,则国民生产总值或国民收入总量就大,提供给政府财政收入的能力就强。若一个国家的国民收入总量较大,所能提供给政府财政收入的能力就大;即使该国财政收入占国民收入的比重不变或略有提高,该国财政收入的规模也必然增大。从世界各国政府财政收入规模的比较中可以看到,发达国家的财政收入规模大于中等收入的国家,中等收入国家的财政收入规模又总是大于发展中国家或低收入水平的国家。

2. 价格水平变动的制约

财政收入是一定量的货币收入,是在一定的价格水平下在一定时点按现值计算的。凡是价格水平变动引起的国民收入再分配最终都将影响财政收入规模。对应于通货膨胀的情况,经济学家在分析财政收入规模变化时,所提及的财政收入的"虚增"或者说名义上的增长而实际上的负增长,就是在讨论由于价格水平变动所导致的财政收入的"贬值问题"。

3. 财政分配政策的影响

财政收入主要来自国民收入中的剩余产品价值部分,少部分来自国民收入中的补偿活劳动耗费的价值部分。当一定时期的国民收入总量既定时,补偿活劳动耗费的价值的最低限度就是当期剩余产品价值的最高限度。因此,财政分配政策决定着剩余产品价值占国民收入的比重,也决定了剩余产品价值中的留作企业扩大再生产的必备资金的份额。因此,不同时期的财政分配政策也就成为制约财政收入规模的因素之一。

(三)财政收入规模确定

拉弗曲线是对税率与税收收入或经济增长之间关系的形象描述,因其提出者为美国经济学家阿瑟·拉弗(Arthur Laffer)而得名。该曲线的基本含义是保持适度的宏观税负水平是促进经济增长的一个重要条件。拉弗曲线表明在较低的税率区间内,税收收入将随税率的增加而增加,但由于税率毕竟会对纳税人投资和工作的积极性产生影响,继续提高边际税率,使其超过一定的限度,将对劳动供给与投资产生负激励,进而抑制经济增长,使税基减小,税收收入下降。拉弗曲线提示各国政府:征税有"禁区",要注意涵养税源。这里的税源主要是指国民收入,即 GDP 或经济增长。

第二节　公债收入

一、公债概述

(一)公债的概念

公债是指国家以其信用为基础,按照债的一般原则,通过向社会筹集资金所形成的债权债务关系。一般情况下,公债要比私债可靠得多,通常称为"金边债券"。

政府在发行公债后,与一般的债务人一样,是需要偿还的。政府偿还公债的最终资金来源还是税收,从这个意义来说,公债是一种变相的、延期交纳的税收。公债与税收没有本质上的差别,它们都是政府财政收入的基本来源。

对于公债的概念可以从三个方面来理解。其一,公债是政府信用的主要形式。政府的财政分配活动一般采取无偿的方式,但不排除在一定情况下采取有借有还的信用方式。所谓政府信用,是指政府以债务人或债权人身份,运用信用方式筹集财政收入和安排财政支出。公债是政府信用的典型形式。除公债外还有国家财政向银行借款、基本建设投资"拨改贷"、财政支农周转金及财政部门直接发放的财政性贷款等。在我国,公债是国家信用的最主要形式。其二,公债是政府取得财政收入的特殊形式。因为不论是发行债券还是借款,都意味着财政收入的增加,所以公债是筹集财政收入的一种手段。其三,公债是政府掌握的重要经济杠杆。在当今世界各国,公债的作用已经不仅仅局限于平衡财政预算,弥补财政赤字,它还是政府调节经济、实行宏观调控、促进经济稳定增长的一个重要经济杠杆。

(二)公债的特征

公债收入与政府其他财政收入形式相比,具有有偿性、自愿性和灵活性的特点。

1. 有偿性

公债要还本付息,国家发行公债是向公债认购者借取资金的暂时使用权,而非资金的所有权。

2. 自愿性

公债的发行或者认购一般建立在认购者自愿承担的基础上。公债的有偿性决定了公债的自愿性。除少数强制性公债外,认购者是否认购、认购多少,由认购者自己决定。

3. 灵活性

公债发行与否及发行多少,一般完全由政府根据国家财政资金的丰裕程度加以确定,而不通过法律形式预先加以规定。公债的有偿性和自愿性决定和要求公债发行上具有灵活性。

(三)公债的功能

1. 弥补财政赤字

财政赤字可以通过向中央银行借款、增加税收和发行公债等方式弥补。通过向中央银行借款弥补赤字会造成中央银行货币供给增加,诱发或加剧通货膨胀。税收是按税法规定征收的,如果通过提高税率或增加新税种弥补赤字,会给经济发展带来不利影响,且增加税收一般受到立法程序制约,在政治上存在一定风险,无法迅速筹集大量资金。比较而言,以发行公债方式弥补财政赤字对经济可能产生的副作用比较小,因而通过发行公债弥补赤字,实质是将属于社会支配的资金在一定时期内让渡给国家使用,是社会资金使用权的单方面、暂时性转移;认购公债的资金基本是社会资金运动中游离出来的闲置资金,一般不会导致通货膨胀,还可迅速、灵活、有效地弥补财政赤字,故通过举借公债以弥补财政赤字是当今世界各国的普遍做法。

2. 筹集建设资金

现代社会中,以公债资金来扩大建设规模是发行公债的重要目的之一。在市场经济条件下,政府应承担起对外部性很强的大型公共工程投资的职能,而这种投资往往具有规模大、周期长等特点,如果单纯依靠税收手段是无法满足需要的。通过发行公债的方式可以筹集到用于这种建设的资金。

3. 调节货币供应量

公债是一种收入稳定、无风险或风险较低的投资工具,有“金边债券”之称。特别是短期公债,流动性强,被称为“有利息的钞票”。因此,在金融市场上,公债是作为最基础的金融资产出现的,是银行、证券机构、企业、个人和各种基金的投资对象。特别是短期公债的发行及买入和卖出,在不少国家成为中央银行调节货币供应量和调节利率的重要手段。

4. 调控宏观经济

现代市场经济条件下,公债已经成为国家调节经济运行的重要工具。如何使用通过发行公债筹集的资金、使用到哪些方面,对经济运行具有重要影响。例如,通过适度举借债务,筹集建设资金,将社会上的闲置资金、消费资金引导到国家重点建设上来,可以调节社会投资结构和产业结构,促进经济社会协调发展。通过举借债务,增加财政投资,将财政投资用于生产建设,将扩大社会的积累规模,改变积累与消费的比例关系。

(四)公债的类型

公债的类型较多,可根据研究问题的需要而采用不同的分类标准。分类标准主要有以下几种。

1. 按照发行方式分类

公债可分为自由公债和强制公债。通常,公债是不具有强制性的,大多数国家的公债大部分都是自由公债,这一点是公债与税收的显著差别。此外,当国家面临财政危机或面临战争、自然灾害等特殊困难时,也可动用政治权力来强行发行公债。

2. 按照发行地域分类

按该标准,公债可分为国内公债(内债)和国外公债(外债)。当其在国内无法筹措大量资金满足财政支出的需要而国外又有大量闲置资本时,可以向国外发行公债。外债是一个国家通过信贷吸收外资的方式之一。

3. 按照有无利息报酬分类

按该标准,公债可分为有息公债和无息公债。

4. 按照偿还期限长短分类

按该标准,公债可分为短期公债、中期公债和长期公债。公债期限的划分并无统一的标准。在大多数西方国家,在一年以内偿还的公债通常称作短期公债,一年以上十年以内偿还的公债称作中期公债,偿还期限超过十年的就被称作长期公债。

5. 按照市场条件分类

按该标准,公债可分为上市公债与非上市公债。上市公债具有"自由认购,自由买卖,自由转让"的特点,而其交换价格最终取决于证券市场上的供求关系。非上市公债一般具有期限长、利息高的特点,只能由政府用现金偿还或转为其他公债。

6. 按照公债形式分类

按该标准,公债可分为凭证式公债、无记名公债、储蓄公债和记账式公债。凭证式公债是一种储蓄债,可记名、挂失,以"凭证式公债收款凭证"记录债权,不能上市流通,在持有期内,持券人如遇特殊情况需要提取现金,可以到购买网点提前兑取。无记名公债是一种实物债券,以实物券的形式记录债权,面值不等,不记名,不挂失,可上市流通。储蓄公债是面向个人投资者发行、以吸收个人储蓄资金为目的,满足长期储蓄性投资需求的不可流通记名公债。记账式公债是以记账形式记录债权,由财政部发行,通过证券交易所的交易系统发行和交易,可以记名、挂失,可上市转让。

二、公债发行与偿还

(一)公债发行

政府发行公债首先需要有人愿意认购,认购公债的人称为公债投资者。美国公债的主要购买者是美国的中央银行、商业银行、州和地方政府、国外机构及个人。为了吸引公债投资者,理解不同的公债投资者的动机是非常重要的,因为这些债主拥有公债的动机和考虑的风险因素往往不同。

中央银行一般不是为了获利而拥有公债,通常是为了实现对货币市场的操作和控制。公债市场是中央银行实施货币政策的一个重要场所。当中央银行想放松银根时,它会增加货币发行,此时它可在二级市场上购进一定数量的债券,以其对出售债券者的支付来构成货币发行;反之,若中央银行紧缩银根,便可把它拥有的部分公债在公债市场上出售,通过这样的方式就收回了一部分原来在社会上流通的货币。如果中央银行直接向财政部门购买公债,其直接经济结果是引起通货膨胀。在注重中央银行独立性的有些西方国家,每当政府出现财政赤字时,中央银行可自行决定是否向财政部直接购买债券。政府机构无权对中央银行施加压力。

其他国债投资者(如私人投资者、州和地方政府、商业银行)购买公债一般是追求投资收益。公债与其他投资形式相比,具有以下一些显著优点。第一,公债支付的利息一般高于银行存款。第二,公债投资的风险相对于股票和其他金融投资而言较小。拉美高债务国家发生过公债到期时政府拒绝偿付的情况,这种情况是极为少见的。当今世界占绝大多数国家没有拒偿过公债。第三,很多国家为公债投资提供免税等优惠条件,这是影响投资收益率的一个非常重要的因素。第四,公债具有良好的流动性,若持有公债时发生经济困难,可随时到证券市场将公债出售。

经过长期发展,西方国家的公债市场已具有相当规模,投资者可在市场上自由地买卖公债。对于商业银行与地方政府而言,它们也经常需要调节资金,公债的流动性对它们也非常重要。公债可在企事业机构、商业银行和地方政府由于现金周转不灵、需要互相拆借资金时作为抵押物,这样就避免了不必要的买卖费用和市场波动带来的损失。

国外公债购买者一般与国内公债购买者的动机相似,不过国外投资者面临汇率风险。投资者在购买公债时,还须考虑其将来出售或兑现公债时汇率的变动情况,这涉及升水、贴水的问题。如果预期对方国家的货币可能贬值,尽管公债现在支付的利率较高,或许投资者会放弃这笔购买。

公债的发行情况与利率的高低紧密相关。当对可贷资本的需求与供给相等时,就得到了市场的均衡利率。如果对可贷资本的需求大于供给,利率就会上升;反之,如果对可贷资本的供给大于需求,利率就会下降。引起利率变化的还有货币政策、财政政策的变动。货币政策和财政政策的变化直接影响一个经济周期中对可贷资本的需求与供给,进而引起利率的变化。若中央银行实行扩张性货币政策从而增加货币供给,则短期内对可贷资本的供给增加,利率会降低;而当中央政府奉行扩张性财政政策,财政预算连续出现赤字,若这一财政赤字又是用发行公债来弥补,则意味着在中长期内对可贷资本的供给会减少,利率便有可能因此而升高。

公债中各兑现期(长期、中期、短期)的债券所占比重(即兑现期结构)是政府在发行公债时应慎重考虑的一个问题。简单的理论模型指出,最优的兑现期结构取决于利率水平和利率结构。当利率(包括短期和长期利率)水平普遍上升或当短期利率不变,而长期利率与短期利率的差额增大时,政府应缩短债务的兑现期而发行更多的短期债券。这是因为在这两种情况下,发行更多的短期债券能减少利率普遍升高或长期利率升高而引起的利息支出。但同时应指出的是,在利率普遍上升的情况下,缩短债务兑现期的做法带有一定的风险性,表现为债务兑现期变得相对集中,使投资者对政府的偿债能力产生怀疑。特别是当一国的债务已积累得较多时,这一现象会愈加明显。此时,短期债务的发行也变得困难重重,甚至会引发金融危机。

政府在发行公债时还应考虑的另一个重要问题是公债积累到什么样的程度才算是到了上限。一般而言,公债的多少是不能只看绝对数额的,因为公债规模是与一国的经济规模紧密相关的。大国可以多借点债,小国只能少借些债。因此,只看公债绝对数量并没有多大意义,更有意义的是看公债利息与国民生产总值的比率及公债总额与国民生产总值的比值这两个指标。

国际上公债发行的方法可以归结为四类:公募法、包销法、公卖法和交付发行法。

1. 公募法

公募法是指政府在金融市场上通过公开招标的方式发行公债的方法。通常有三种具体方法。

(1)直接公募法:该方法是指由财政部门或其他政府部门(如邮政机关)直接推销公债。这里有两种可能:一是由财政部门或其他政府部门全额销售,由单位和个人自由认购;二是采用强制派购的形式,即在发行公债时,按地区、部门、企业单位和个人分配发行数,并要求按期完成。这两种方法都直接利用了政府部门的原有力量,免去了与银行等金融机构的交涉协调工作,可以普遍吸收社会上的资金,一般不会引起通货膨胀。但政府直接推销时间长,发行成本高,而且运用行政手段推销容易违反民意,降低公债声誉,造成后期债券推销困难,所以这种方法不宜多用。

(2)间接公募法:该方法是指由政府委托银行或其他金融机构代为推销公债。虽然由银行代售要收取一定的手续费,但至少有以下四个好处:① 简化了发行手续,减少了财政部门的公债推销费用,并使财政部门(或其他政府部门)的工作人员从烦琐的公债推销事务中摆脱出来;② 能用经济手段迅速顺利地推销公债,使公债收入及时入库和运用;③ 由金融机构经营政府公债,能较好地适应社会资金结构,较灵活地调节市场货币流量和流向;④ 金融机构本身并不认购政府债券,不会引起中央银行的变相发行货币。

(3)公募招标法:该方法是指在金融市场上公开招标发行公债。公募招标法是基于投资者自己的判断参加投标,通过竞争,依次排列中标者名单,让其认购公债。这种方法具体包括三种形式。第一,竞争投标与非竞争投标。竞争投标是指政府按投资者自报的价格和利率,从高价开始或从低利率开始,依次决定中标者名单,一直到完成预定的发行额为止。非竞争投标是指政府决定公债的发行价格和票面利率,使投资者就认购数额进行投标,当投标额超过预定发行额时,则按投标额来决定投标者的认购比例。第二,价格投标与利率投标。价格投标是指政府事先规定公债的票面利率,由投资者以不同的价格投标,从最高的投标价格开始,依次决定中标者名单,以达到预定发行额时的价格截止。利率投标是指事先规定认购价格,使投资者以各种利率投标,即由发行人从最低的投标利率开始,依次决定投标者的名单,以达到预定发行额时的利率截止。第三,多种认购条件和单一认购条件。多种认购条件是指中标者按投标时自报的价格(利率)来认购公债。单一认购条件是指中标者按投标后所形成的同一价格(利率)来认购公债。

2. 包销法

包销法又称承受法,是指由金融机构承购全部公债,然后转向社会销售,未能售出的差额由金融机构自身承担的方法。这种方式适用于金融市场利率较稳定的国家。包销法与间接公募法不同。实行间接公募法,银行只是代理发行权和发行事务,最终应向政府负责,并接受政府的指导和监督。实行包销法则是公债发行权的转让,在通常情况下,政府不再干预,银行可以自主执行发行权和发行事务。包销法有以下三种具体方法。

(1)中央银行承受:该方法是指中央银行对政府发行的公债,按一定的条件全部承购。这种方法手续简便,费用少,甚至无须推销费用,公债收入可以提早入库使用,但难免引起货币的非经济发行,容易引起或加剧通货膨胀。所以中央银行承受公债往往有一定限制条件,如限额承受,有的国家干脆不允许中央银行承受。

(2)商业银行承受:该方法是指商业银行对政府所发行的公债,按照一定的条件全部或部分承购。这种方法在西方一些国家较为盛行。商业银行承购的公债构成其自身的资产,在商业银行资金短缺的情况下,它可以将债券抛售出去,也可以在政策允许的条件下向中央银行贴现或再贷款。商业银行承受和中央银行承受有许多相似之处,不同的是对市场货币流通量的影响程度。

(3)金融集团包销:该方法是指由一个承销公司牵头,若干承销公司参与包销活动,以竞争的形式确定各自的包销数额,并按其包销额承担发行风险,收取手续费。银团包销是目前国际市场上最常见的包销方式。采用这种方式可以保证大规模公债发行任务的完成,有利于广泛吸收社会资金,满足国家需要。我国从 20 世纪 90 年代开始,部分公债的发行采用这种方法,获得了较好的效益。

3. 公卖法

公卖法是指政府委托推销机构利用金融市场直接售出公债的方法。公卖法与公募法的不同之处在于,发行价格是由证券市场上资金供求状况所决定的,而不是像公募法那样其价格由政府财政部门确定或选定。公卖法的优点是具有较大的灵活性，政府可以根据财政上的需要，随时到证券市场上推销公债，吸收大量的社会游资来获取所需资金，并且可以比前两种事先发行的公债少付部分利息，还能够调节社会资金的周转；但公债发行易受证券市场资金状况的限制，有时难以如数发行，也给证券交易造成较大的压力，或者受某些证券投机商的操纵，压低公债价格，抬高发行费用，致使政府受到损失。因而许多国家一般不采用这种方式发行公债。

4. 交付发行法

交付发行法是指政府把应支付现金的支出改为债券代付的方法。这是带有强制性色彩的一种特殊发行方法。例如，政府用新公债来换回到期的旧公债，政府用公债购买私人产业或土地使用权。采用此种发行方法如果不影响债权人的当前消费水平，又能给其带来一定的利息收入，则是可行的；但是若违背债权人意愿，影响债权人的资金使用，则会导致债权人的不满或反抗，对政府的信誉产生不良影响。因而交付发行法不能成为公债发行的主要方法。交付发行法一般在两种情况下使用：一是国家暂时无力筹集大量现金，二是受款者无法拒绝非现金。

（二）公债偿还

公债偿还是指国家依照信用契约，对到期公债支付本金和利息的过程，它是公债运行终点。公债的偿还主要涉及两个问题：一是公债偿还方法；二是公债偿还资金来源。

1. 公债偿还方法

公债的偿还方法大致有以下四种。

（1）买销法：买销法或称买进偿还法，是由政府委托证券公司或其他有关机构，从流通市场上以市场价格买进政府所发行的公债。这种方法对政府来说，虽然要向证券公司等支付手续费，但是不需要偿还花费的广告宣传费用，偿还成本低，操作简单，而且可以以市场时价买进债券，及时体现政府的经济政策。

（2）比例偿还法：该方法是指政府按照公债的数额，分期按比例偿还的方法。由于这种偿还方法是政府向公债持有者直接偿还，不通过市场，所以又称直接偿还法。比例偿还法包括平均比例偿还、逐年递增比例偿还、逐年递减比例偿还等具体做法。比例偿还法的优点是能够严格遵守信用契约；缺点是偿还期限固定，政府机动性较小。我国 20 世纪 50 年代发行的公债均采用逐年递增比例偿还法。

（3）抽签偿还法：该方法是指政府通过定期抽签确定应清偿的公债的方法。一般是以公债的号码为抽签依据，一旦公开抽签确定应清偿公债的号码之后，所有相同号码的公债都同时予以偿还，抽签偿还法也是一种直接偿还法。我国于 1981—1984 年发行的国库券,就是采用抽签比例偿还法。

(4)一次偿还法:该方法是指国家定期发行公债,在公债到期后,一次还清本息。我国自1985年以来发行的国库券就是期满后一次还本付息。

2. 公债偿还资金来源

政府公债的偿还,需要有一定的资金来源。偿还公债的资金主要来源于预算盈余、发行新债还旧债、预算直接拨款及偿债基金等。

预算盈余偿还是指以政府预算盈余资金作为偿债资金来源的做法。这种方法的前提是政府预算有盈余。从目前世界各国的财政收支状况看这个前提条件并不具备,因而这种方法不具有实践价值。政府通过发行新债偿还旧债的方法就是从每年新发行的公债收入中,提取一部分来偿还公债的本息。从本质上说,这并不是一种偿还方式,其副作用较大,必须严格控制,只有在国家财政困难、无力按期偿还原先的债务时才可采用。预算直接拨款,即从政府预算中安排一笔资金用来偿还当年到期公债的本息,预算拨款的具体数额决定于当年到期公债本息的数额。建立偿债基金,即从预算收入中每年划出一定数量的专款,作为清偿债务的基金,这部分基金逐年累积,专门管理,以备偿债之用。设置偿债基金偿还公债有其明显的优点:为偿还债务提供了一个稳定的资金来源;从长远看,可以平衡各年度的还债负担;设置偿债基金可以把政府的正常预算和债务收入、使用和偿还分离开来,有利于掌握各类不同来源的资金结构、投向和使用效果。但这种方法在现实操作中有种种困难,因此很难得到实施。

正确选择公债偿还方法和偿还资金来源,是公债制度建设的主要内容。从理论上讲,偿债方法和偿债资金的取得必须符合信用原则,必须对政府和认购者双方都有利。从实践上看,各国政府必须选择适合本国国情的偿债方法和偿债资金来源。发展中国家由于不具备完善的证券市场,往往采用直接偿还法。许多经济发达国家长期实行偿债基金制度,但由于奉行赤字财政政策,赤字连年不断,高居不下,不但原有偿债基金被挪用,而且不得不发行大量新债。因此,除日本等少数国家仍坚持偿债基金制度外,大都转而采用预算拨款和调换公债的办法。广大的发展中国家,由于资金匮乏和财政制度不完善,尽管有各种各样建立偿债基金的计划,但真正付诸实施的并不多见。大多数发展中国家现在实行的是预算拨款和预算盈余偿还制度,也有部分国家开始采用新债还旧债的方法。

我国目前大多数公债是实行一次偿还法,部分采用新债还旧债方法。随着证券市场的完善和公卖法的采用,也将会部分地采用买销偿还法。近年来,我国关于建立偿债基金的主张时有所闻,其主要论据是建立偿债基金可以提高公债信誉,确保还债的资金来源,有利于财政收支平衡。有人还将偿债基金制度与实行复式预算结合起来,从更高的层次论证其必要性。很显然,建立偿债基金的优点是无可否认的,但对于其现实性值得考虑。在我国当前财政状况十分困难而且将持续一段时期的环境下,要从预算收入中拿出一笔资金作为偿债基金几乎是不可能的。因此,从目前的情况看,建立偿债基金的现实意义并不大,而且有难度。现实的方法应是大力发展经济,提高债务资金的使用效益,提高整个经济效益。

三、公债市场

公债市场是指公债发行和流通的市场。公债市场是证券市场的重要组成部分,证券市场是有价证券进行交易的场所。政府通过证券市场来发行和买卖公债,就意味着公债进入了交易过程。公债市场的存在对于债券的发行和运营具有重要意义,它能增强政府债券的流动性,能为社会闲置资金提供良好的投资场所,是中央银行进行金融宏观调控的重要手段。

(一)公债市场的种类

公债市场按照公债交易的层次或阶段可分为一级市场和二级市场。一级市场是债券的发行市场,是以发行债券的方式筹集资金的场所。在此市场上需要具体决定公债的发行时间、发行金额和发行条件等,并引导投资者认购及办理认购手续、缴纳款项等。公债的发行市场是无形的观念性市场,没有集中的具体的场所,它由政府、投资人和中介人三方构成。公债的二级市场即政府债券的交易场所,也可以称为流通市场或转让市场,它是买卖已经发行的公债的场所。交易市场一般是有形市场,具有明确的交易场所、中介人和经纪商。它为公债所有权的转移创造了条件,提供了方便。在此市场上,投资人可以根据对政府债券行情的判断,随时买进和卖出公债。

公债的一级市场与二级市场是紧密联系、相互依存、相互作用的。一级市场是基础和前提,一级市场上债券的发行条件、发行方式等对二级市场上债券的价格及流动性都有着重要影响,只有发行市场具备了一定的规模和质量,二级市场的交易才有可能进行;而二级市场的交易又能促进一级市场的发展,二级市场为一级市场所发行的债券提供变现的场所,使债券的流动性有了实现的可能,从而增大投资者的兴趣,有利于新债的发行,而且二级市场上形成的债券价格及流动性是决定一级市场上新债的发行规模、条件、期限等的重要因素。

(二)公债市场的功能

公债市场一般具有以下两个方面的功能。

1. 实现公债的发行和偿还

国家可以通过公债市场完成公债发行和偿还的任务。

2. 调节社会资金的运行

在公债市场中,公债承销机构、公债认购者、公债持有者与证券经纪人从事的直接交易,公债持有者和公债认购者从事的间接交易,都是社会资金的再分配过程,最终使资金需要者和公债需要者得到满足,使社会资金的配置趋向合理。若政府直接参与公债交易活动,以一定的价格售出或收回公债,就可以发挥诱导资金流向和活跃证券交易市场的作用。

近年来,随着公债规模扩大和对社会资金运行调节的必要性增强,各国越来越重视公债市场的作用,并逐步建立了适应各国国情的公债市场。

第三节 其他收入

一、公有财产收入

(一)公有财产收入的概念和种类

公有财产收入又称国有财产收入,是指国家凭借其拥有的财产和资源取得的租金、利息或变价收入。在历史上,国家直接拥有的财产收入曾一度是财政收入的主要来源。

公有财产分为有形资产和无形资产两类。其中有形资产主要包括公债、储金、股票、基金和资金等;无形资产包括商标权、专利权、著作权等。

公有财产又可分为行政财产和财政财产两类。其中:行政财产仅供行政目的或作公共利益之用,如图书馆、道路、公园、机场;财政财产由政府利用,以取得财政收入,如公有土地、森林、矿山。

一般来说,各国公有财产的范围、种类、数量、保管、使用和处理方法及其收益各不相同,但各国政府在保护财产、坐收租息或收益的基础上积极对其加以经营或开发,谋取营业利润或投资收益。

(二)公有财产收入的内容

目前世界各国政府对公有财产都普遍采取积极态度,予以管理和利用,并以此获得较多的财政收入。这些公有财产主要是公有土地、森林、矿山等财政资产。

1. 公有土地收入

历史上,世界许多国家一直是依靠公有土地使用权的转让、出售等收入作为国家财政收入的主要来源。因此,加强对公有土地有偿使用的管理,既有利于政府获得财政收入,又有利于提高土地使用效果、调整土地使用中的经济利益关系、加快土地开发和城市建设的速度。

2. 公有森林收入

将森林全部收归国有或部分收归国有是世界各国的普遍做法。公有森林收入一般体现为森林伐木收入,也包括森林企业向国家缴纳的森林资源的使用费。此外,还有一些与森林相关的旅游、狩猎及其他副产品收入。对森林资源实行公有,除能增加国家财政收入外,还具有以下好处:一是有利于森林资源的均衡供应,避免乱砍滥伐,破坏森林资源;二是有利于系统管理森林资源,实现有关森林的地域分布、播种育苗、计划栽培、防火防虫、选材砍伐等工作的统筹规划;三是有利于保持良好的生态环境,造福子孙后代;四是有利于社会财富的合理分配,因为森林主要是天然长成的,与资本或劳动投入的关系不密切,森林公有就可以避免私人独占。

3. 公有矿山收入

20世纪50年代后,随着西方国有化的趋势,矿山公有制渐盛,许多国家纷纷将煤、铁、石油等矿山资源收归国有,由国家经营。公有矿山收入主要是国家自办采矿、加工选炼收入和将公有矿山租给民营所得收入、管理费或征税收入。

二、公有企业收入

公有企业收入也称国有企业收入,就是国家以法人资格运用市场规则经营企业所取得的收入。它包括公有企业利润收入和价格收入。对于收支独立核算、只需向政府上缴利润的公有企业,这类收入仅包括其利润收入;如果国家对企业的经营完全不干预,也可将其视为公有财产收入。不过,为了真正体现所有权,国家一般不可能对国有企业完全放任不管。公有企业既可以是政府独资企业,也可以是政府控股的合资企业或控股公司。国家作为公有企业主要的出资者,按投入企业的资本享有所有者权益,也享有按资产受益的权利。

一般来说,各国公有企业的产生和发展主要基于以下原因:一是供应公共产品或准公共产品,满足公共需要;二是防止私人垄断;三是获取营业收入,弥补税收不足;四是巩固政府信用,挽救经济危机;五是私人不愿经营或无力经营的企业或工程由政府承担;六是加速经济发展,抵补私营经济的不足。

公有企业按其经营方式,可以划分为垄断经营企业和自由竞争企业。自由竞争企业与私人企业处于同等的竞争地位;垄断经营企业是指国家控制某一生产部门的生产与流通,在该部门的经济活动中取得统治地位,操纵其产品或所经营商品的销售价格和某些生产资料的购买价格,以保证获得高额垄断利润和达到其他社会经济或政治的目的。这类垄断性公有企业按垄断方式可分为三种:财政垄断性公有企业、行政垄断性公有企业和经济垄断性公有企业。

（一）财政垄断

财政垄断的目的在于为取得财政收入而以政治和法律力量，对于某几种产品垄断经营。由于垄断，其所经营产品的价格可能高于或低于竞争价格，这时垄断利润（或亏损）中就包含税款（或补贴）。财政垄断还因对产品生产、销售环节的垄断范围不同而不同，最典型的财政垄断如各国政府的专卖制。

（二）行政垄断

行政垄断是为了有助于国家完成某种行政职能而垄断经营某种产品或服务，例如，创建铸币厂以铸造硬币。

（三）经济垄断

经济垄断的目的在于使有关公共利益的企业独立于市场竞争，将其置于国家的控制之下，以达到一定的社会目标。例如，政府经营邮政、铁路、电信，就属于经济垄断。

公有财产收入与公有企业收入的区别在于公有财产无须经常的经营管理，而公有企业则全靠经营管理。公有企业如果未利用垄断权力以获取高于竞争水平的价格，那就是自由的价格收入，在性质上与税收强制收入不同。如果公有企业利用垄断权力以实现其超过正常利润的垄断利益，那么这种价格收入本质上是属于所售商品的税收。

三、行政事业收入

行政事业收入是指各级政府行政机关或其他公共事业机构为公民提供特定服务、设施设备、某种特定使用权或行政管理的需要而向特定对象收取的费用。行政事业收入一般包括规费收入、特别课征收入、特许金收入和罚金收入。

（一）规费收入

规费收入是指各级政府或公共机关为个人或者企业提供某种特定劳务或实施行政管理时，依照有关部门规定向特定对象所取得的特定报酬。规费数额的确定通常有两个标准：一是报偿主义，即以公民从公共机关劳务所得到的利益为准；二是填补主义，即根据公共机关提供劳务所需的费用而确定规费的数额。各类规费通常可分为狭义规费和广义规费。其中，狭义规费仅指行政规费和司法规费。所谓行政规费，是指附属于政府部门各种行政活动的收费，包括外事规费（如护照费）、内务规费（如户籍规费）、经济规费（如商标登记费和商品检验费）、教育规费（如学杂费和毕业证书费）、其他行政规费（如会计师、律师执照费）。所谓司法规费，包括诉讼费（如民事诉讼费、刑事诉讼费)和非诉讼规费(如出生登记费、结婚登记费、财产转让登记费、遗产管理登记费)。广义规费除上述两类外,还包括学校、医院、道路、港湾、公园等一切公共设施的使用费收入。

税收与规费都是强制性收入,但征收规费的机关或机构需要为纳费人提供一定的劳务,是有偿征收的;而税收是政府加于公民的强制负担,政府无须对纳税人承诺任何报酬,是无偿征收的。

(二)特别课征收入

特别课征收入也称公共工程受益费,是指政府为公共目的新增设施或改良现有设施,根据受益区域内受益人所受利益的大小按比例进行课征,以补充工程费用的不足。根据受益程度的大小征收的特别课征,一般有三种标准:一是面积标准,即按受益范围大小而征收不同的费用;二是财产价值标准,即按受益区内各个产业的价值大小来确定征收的费用,如修建沟渠、公园等一切可以增加附近房地产等不动产价值的设施,其费用由房地产所有者分摊负担;三是距离标准,即以距离公共设施的远近作为征收费用的依据。

(三)特许金收入

特许金收入是指政府公共机关给予个人以某种行为或营业活动的特别权利所收取的一定金额。特许金起源于政府维护公共秩序的权力。例如,开设娱乐场所和在公路上行驶交通工具,当事人必须具备特别规定的条件,且需要在警察等部门的特别监护下才能正常进行,否则可能会造成社会秩序的混乱。未经特别许可,不得从事此类行为或活动,否则警察有权予以取缔;特许权的使用者必须按规定交纳特许金,不交纳者也会被取缔。

特许金含有税收和规费的性质。当公共机关给予特许权时,如果以特许权本身具有的价值为标准,则所征收的款项可称为特许税;如果政府需提供劳务,而所征收的特许金额又仅相当于公共机关开支的费用,则所征收的款项可称为特许费。

(四)罚金收入

罚金收入是指政府公共机关对于个人或单位违反法律法规,以致危害国家利益或公共利益的行为给予处罚,课以罚金所形成的财政收入。罚金可以分为行政罚金和司法罚金。行政罚金是指行政部门强制违反行政法规的当事人缴纳一定数额的罚金,司法罚金是指司法部门强制违法者缴纳一定数额的罚金。

与税收不同的是,罚金是以管制或禁止某种行为为主要目的。但又不尽如此,如税收中的惩罚性关税就具有禁止性。

第五章
财政预算编制及管理

第一节　一般公共预算

一、一般公共预算

（一）政府预算体系

政府一般公共预算、政府性基金预算、国有资本经营预算和社会保险基金预算构成的复式预算体系，从不同角度反映了政府的职能。本书中如没有特别说明，"公共预算"与"一般公共预算"意思相同。政府公共预算主要体现政府的政治职能，国有资本经营预算主要体现政府的经济职能，社会保险基金预算主要体现政府的社会职能，政府性基金预算主要体现政府的某些经济和社会职能。需要说明的是，四个单体预算不是简单地把政府预算分割为互不相关的独立板块，而是既相对独立又相互统一的平衡的预算体系。

第一，四个单体预算相对独立。与我国传统的单式预算相区别，四种预算之间是相互独立的。四种预算在各自承担的预算职能、遵循的编制原则、运用的编制方法等方面均存在较大的差异。实现四种预算的相对独立，有利于实现政府的多元职能，有利于提高预算管理的精细化程度，也有利于人大实现对预算的决策和监督。具体来说，四种预算的相对独立性主要体现在以下三方面：① 从形式上讲，政府性基金预算、社保基金预算和国有资本经营预算不再与一般公共预算混合编制，而是与一般公共预算共同构成预算体系；② 从平衡方式上讲，四种预算收支平衡要求不同，但都力求分别实现收支平衡，继而在此基础上实现整体平衡；③ 从收入来源与支出结构讲，不同的预算收支都有很大差别。以政府一般公共预算与国有资本经营预算为例，政府一般公共预算的收入来源主要是税收收入，相应地支出为满足社会公共需要；国有资本经营预算的收入主要来源于国家以国有资本所有者身份取得的各种国有资本收益，国有资本经营预算支出是用于国有资本的再投入、扩大投资，这些支出包括对新建项目的资本金投入、向不同所有制企业参股控股、对国家鼓励发展的建设项目进行贴息等。

第二,四个单体预算相互统一。四种预算的相对独立,是在坚持相互统一前提下的相对独立。在现阶段,改革与发展的双重任务决定了政府需要建立统一的预算体系,片面强调四种预算的独立性会削弱政府的综合平衡能力,破坏财政的统一性。具体而言,一般公共财政既要承接国有企业改革过程中剥离的社会职能,也承担着弥补社会保障基金缺口的责任。这种职能的交叉构成了四种预算实现统一的现实基础。四种预算的相互统一主要体现在三方面:从参与主体上讲,四种预算的编制、执行过程都要强调财政部门的参与,而不是由相关部门独立编制和上报;从协调机制上讲,要建立四种预算的信息通道和对接科目,实现信息共享和整体平衡;一般公共预算处于主导地位,是政府预算的基础,政府性基金预算、国有资本经营预算、社保基金预算应当与一般公共预算相衔接。

第三,政府预算实现平衡。在以四个单体预算为主体的复式预算运行模式下,既要追求各个单体预算自身的平衡,又要保证政府预算的总体平衡。具体做法是在四种预算之间建立信息通道和资金通道,以实现信息共享和资金调剂。

坚持一般公共预算、政府性基金预算、社保基金预算、国有资本经营预算的统一与平衡,就必须要通过系统化的制度安排,加强各个预算间的协调与平衡,构建职能清晰、分工明确、沟通顺畅、运转协调的科学预算体系。

(二)一般公共预算的特点

1.公共预算的活动具有非营利性

一般而言,为市场提供公共服务的部分,应归入公共预算体系,使之只涉及市场失灵领域,即公共预算涉及的活动具有非营利性特征。与之相对应地,公共预算的范围应该不再包括对私人部门和某些准公共部门的企业、事业单位的投资,而应该限于非经营性的财政支出和公共投资。

2.公共预算是保障政府政治职能和社会职能实现的基础

第一,公共预算是保障政府政治职能实现的基础。公共预算维系着国家机器运转及国防安全。国家机器运转和国防安全是政府履行职能的前提和基础,离开了国家机器运转和国防安全,国家的经济职能和社会保障职能会因此失去根基而被弱化甚至消亡。公共预算为保证国家机器运转和国防安全发挥着不可低估的作用。第二,公共预算主导着政府社会职能的履行。四种预算分离的基础是政府职能的多重性,其中,公共预算体现着政府的政治职能和社会职能。早在18世纪80年代,英国的经济学家、微观经济学的鼻祖亚当·斯密(Adam Smith)就明确指出了该由政府做的三件事:一是保护社会不受外国侵略,二是保护每一个社会成员免受社会中其他成员的不公正对待,三是建立和维护某些公共机构和公共工程。亚当·斯密提出的政府职能均可归结为政府的社会政治职能,这构成了政府最基本的职能,也是政府职能的核心部分。而政府的经济职能则是随着国家经济生活的日趋复杂化,客观上要求政府进行宏观调控而产生的,与政府的社会政治职能相比,处于次要地位。

3. 公共预算承担政府预算体系的托底责任

公共预算是政府预算体系的最后防线,承担着政府预算托底的责任。

第一,国有资本营利能力的不确定性决定了国有资本预算难于承担最终的平衡责任。尽管国有资本也追求利润,但是,国有资本的特殊所有者决定了国有资本不能像其他资本一样只追求利润,国有资本还要注重社会效益。事实上,国有资本往往需要进入那些经济效益较低甚至是负效益的行业,而社会效益很高的行业,而这部分国有资本难以通过自身的运营实现增值,从而也难以为国有资本预算提供收入。特别是在我国经济转轨时期,一些竞争性领域的国有企业由于自身机制不够顺畅而陷于困境,难以成为国有资本预算的稳定收入来源。

第二,社会保险基金薄弱的承载能力决定了社保基金预算,也难以为整体预算平衡提供资金支持。长期以来,中国社会保障的社会化程度较低,社保基金缺乏全盘的统筹规划,"空账"现象较为严重,加之缺乏良好的管理运作,基金的增值能力有限。人口老龄化、国企改革、农村社保以及构建和谐社会的客观要求将使社会保障体系今后的承载压力大大增加,社会保险基金预算在相当长时期内处于较为紧张的运行状态,难以为平衡预算做出太大贡献。

第三,从现代公共财政的要求看,政府性基金预算的规模有不断压缩的趋势,只能处于预算体系的辅助地位。

第四,公共预算稳定增长的收入能够承担政府预算的托底责任。与国有资本预算、社保基金预算和政府性基金预算不同,公共预算的主要收入来源是税收,税收的强制性、无偿性和固定性为公共预算提供了良好的资金保证。改革开放以来,伴随经济的发展我国税收收入持续快速增长,使公共预算具备了稳定增长的预算收入来源,为负起政府预算体系的托底责任打下坚实的基础。

4. 公共预算可以发挥政府预算的资源配置、收入分配和宏观调控功能

公共预算支出项目安排可以优化社会经济结构,实现对经济资源的再分配,具有资源配置功能。公共预算的收支计划本身就反映着政府宏观调控的意图。另外,公共预算收支项目的设置也影响着政府预算收入分配功能的实现。

5. 公共预算应该坚持收支平衡原则

公共预算与生产没有直接关系,公共预算的大多数活动属于公共消费,因此,基于政府预算的托底责任,理论上公共预算一般应遵守收支平衡的原则,债务收入一

般不得也不适于消费性支出。

二、我国 2007 年前一般公共预算管理

一般来说,管理是人们为了达到特定目标而进行的有组织的活动。预算管理作为政府对集中性财力的计划管理,目的是使政府掌握的资源得到合理、有效的利用,以利于经济稳定增长和社会和谐发展。公共预算的特点和内容决定了公共预算要服务于维持政府公共活动的正常运转,保障国家安全和社会秩序稳定,推动各项社会公益事业发展。为了实现公共预算的目标,应该加强对相应的财政资金管理。

(一)公共经常性经费预算管理

公共经常性经费主要是指以保证政府职能正常运转和维护社会公共利益的支出所形成的财力配置,是用于国家政权建设、国防建设、社会文教等方面的资金,属于社会公共消费性质。国家政权建设和国防建设是国家得以存在的必要条件,是国内安全稳定、对外独立的基本条件。国家也是社会管理者的代表,必须对社会、对人民负责。这就要求国家必须通过税收等方式来获取必要的资源,以满足其机构运行等经常性开支的需要。

1. 行政管理支出预算管理

(1)行政管理支出的性质如下。

行政管理支出是政府行政机关和类似行政机关的单位用于行政管理方面的支出,是政府为行使最基本的职能所需的支出,属于典型的社会公共消费性质。在我国,行政管理支出是政府公共支出中用于国家各级权力机关、行政管理机关、司法检察机关、外事机构履行其职能所需要的费用,包括人大、政协、政府机关、共产党机关、民主党派机关、社会团体等单位的行政管理经费。我国现行的预算科目并没有专门的行政管理支出科目,但是在一般公共预算支出科目中,一般公共服务支出以及其他类级科目中的管理事务支出(包括行政运行、一般行政管理事务、机关服务、其他管理事务支出等)基本上都属于行政管理支出。

一国政府为实现其基本职能,例如维护市场经济的正常运行、维护国家政权的存在、开展对外交往等,都必须花费一定的经费。如果行政管理支出不足,势必影响到国家行政机关的正常运作,降低服务效能。当然,行政管理支出也必须保持一个合理的限度,因为它毕竟只是消耗社会资源而不能直接创造社会财富。因此,对行政管理支出可采取"保证各级,厉行节约"的原则。对于行政管理支出的效率可通过民意调查或公民投票进行评价,并根据相关的财政财务制度,对行政管理支出进行考核。此外,还要综合考虑国家政治经济任务的要求。

（2）行政经费管理需要注意的问题如下。

行政经费管理需要注意的问题主要包括以下几个。

第一，行政管理支出要保持好几个比例关系。在政府履行职能的过程中，不可避免地会产生行政管理支出，即行政管理支出是必要的。但考虑到行政管理支出的消费性，有必要进行合理的约束和控制。因此，在行政管理支出的预算管理过程中，有必要把握好行政管理支出与相关经济指标的比例关系，包括行政管理支出与经济增长应保持适当的比例，行政管理支出应与财政总收支保持适当比例，行政管理支出与经济建设性支出应保持适当比例。

总之，行政管理支出应与各项指标保持适当的比例关系。在实际政府管理活动中，这些比例如何确定和核算，制定出的比例又通过何种制度安排使之有效地执行和被监督，也是值得关注的问题。

第二，行政管理支出要与政府行政效率相匹配。行政管理支出是政府在履行其职能过程中所耗费的社会资源，是全社会成员必须负担的社会成本，而政府提供的服务则可视作它的"产出"。据此，从理论上讲，可以通过对政府的投入－产出分析成本－收益，收益与成本之比即为政府的行政效率。在耗费相等社会资源的条件下，政府能够提供的服务越多、质量越高，则其行政效率越高；相反，政府提供的服务数量越少、质量越低，而消耗的社会资源越多，则其行政效率必定低下。在政府所能提供的服务的数量和质量既定的前提下，行政管理支出成本是决定政府效率的重要因素。伴随政府职能的转换，行政体制的改革，如何构建服务型政府、效率性政府，提高行政管理费的使用效率是预算管理应该考虑的问题。

第三，提高行政管理支出效率的途径。为了充分利用有限的财政资源，有必要提高行政管理支出效率。具体而言，可以从以下几方面入手。① 减少政府层级，精简机构，合理定编定员。积极推进行政体制改革，可考虑调减政府层次，精简机构和人员，做到根据政府职能设置机构和安排人员，坚持勤俭办事，节省财政开支。② 进一步完善预算管理体制。推进部门预算改革，科学测定政府行政支出需要，提高公共资金的使用效率；全面推行政府采购制度，扩大政府采购的范围，建立统一的信息管理系统，优化组合采购方式，以招标为主，辅之以其他采购方式；完善国库集中收付制度，优化政府收支行为，提高政府行政效率。③ 加大预算日常管理，严格控制行政管理支出。精简各种会议和活动，科学制定和严格执行各类会议和活动的经费标准。加强公务活动中的经费管理，合理使用接待、考察等公务活动经费，大力倡导厉行节约之风，严格财经纪律，保护国家资源不受侵犯。尤其加强对"三公经费"的管理。④ 建立健全行政经费支出绩效评价机制和监督制度。借鉴绩效管理方法，对政府行政支出预算规模进行控制，合理设计评估政府行政支出绩效的标准，全面分析政府支出行为的绩效,并将政府支出行为绩效的高低与政府部门预算挂钩,从而控制政府行政支出的规模。各级财政监督机关和审计部门应根据现实情况,制定和构建监督考核指标体系和绩效评价指标体系,就经费支出的合规性和有效性,定期对各部门的行政经费预算执行情况、经费支出使用效益做出评估和定性,其结论作为考核部门领导人工作的重要依据之一。同时,提高公共预算的透明度,加理人大和社会监督的力度。建立健全科学的评价机制和监督机制,有利于提高广大机关工作人员和领导干部的自觉性,提高行政管理支出费的使用效率。

2. 事业发展经费预算管理

(1)科教文卫经费预算管理如下。

科教文卫支出是用于文化、教育、科学、卫生、体育、通讯、出版和广播等事业单位的经费支出,其范围广泛、内容丰富,包括文化事业费、教育事业费、科学事业费、卫生事业费、体育事业费、通讯事业费、广播电视事业费、文物事业费、地震事业费、海洋事业费和计划生育事业费等。我国现行的教育支出、科学技术支出、文化体育与传媒支出、医疗卫生与计划生育支出都属于此类。科教文卫等事业的发展可以推动生产力发展和科技进步,普及和提高文化知识,为经济发展提供科研和人力支持。同时,科教文卫等事业的发展可以提高和丰富人民的文化生活水平,改善物质生产条件,预防和治疗各种疾病,增强人民的体质,培养有觉悟、知识过硬和身体素质过硬的综合人才。由于科教文卫等事业的发展在现代社会经济发展中发挥着越来越重要的作用,各国无不投入大量的资金,而且支出规模呈现日趋增长的趋势。因此,新时期加强科教文卫支出的预算管理,提高科教文卫支出经费的使用效率,对促进我国的科学、教育、文化和卫生等事业的发展有着重要的意义。

第一,科学研究支出的预算管理应区别科学研究的性质,采取不同的支持方式。从科学研究的消费方式来看,基础科学研究应由政府财政资金来支持;对于应用科学研究,政府的主要责任不是为其提供资金,而是用法律形式保障成果生产者的权益,并对专利加以保护。从科学研究的生产方式来看,政府参与科学研究的生产是必要的,但科学研究的生产方式应不拘一格,政府应鼓励和引导包括私人部门在内的各种社会力量参与基础科学及高风险的高新技术的研究与开发。

第二,政府教育支出应区别不同层次,给予差别保障。从教育的消费方式来看,义务教育的资金筹集应全部由政府财政拨款解决;非义务教育应采用市场提供为主、政府补贴为辅的筹集方式。从教育的生产方式来看,公立学校与私立学校并存,相互补充,共同发展是一种合理的选择。

第三,政府医疗卫生支出应根据医疗卫生的不同属性采取不同的支持方式。从医疗卫生的消费方式来看,公共卫生事业的资金筹集应主要靠财政拨款解决;基本医疗采用个人付费、企业和政府补贴是一种最有效的提供方式。特需医疗的资金来源应是消费者个人付费。从医疗卫生的生产方式来看,公立与私立医疗机构并存,相互竞争,共同发展是合理的选择。

科教文卫等事业单位与企业单位具有明显不同,且具有社会消费性和非生产性的特征。科教文卫的外部性决定其具有市场缺陷,完全由市场提供则会导致其供应不足。科教文卫市场的缺陷为政府干预提供了理论依据,也为政府预算收支范围提供参考。

总的来说,应该按照科教文卫的不同性质和特点,科学调整该类政府支出的规模和结构。与支出对应,科教文卫等事业资金的筹集也要注意其合理性。一是以公共性程度确定政府财政的资金支持力度,满足社会公共需要所需的资金应主要由国家财政来提供;对其他事业单位所需资金可考虑由国家供应部分经费或彻底推向市场,具体的提供方式和额度取决于该单位所提供服务的性质。二是考核支出绩效。主要考核支出的实际结果与目标之间的差距。事业发展支出除关注数量外,更应关注质量。

(2)农林水利气象部门的事业费管理如下。

该类事业费主要通过给相关农业事业单位提供补助费,促进农业技术和服务的推广和发展,从而达到提高农业生产力、减少农户生产成本、增加农民产出的目的。我国现行的农林水支出、国土海洋气象等支出都属于此类。

财政对农林水利气象部门的支出可采取以下方式:一是财政补贴制,例如,对农户所种粮食采取的财政直接补贴方式,对粮食流通企业实行的价格补贴;二是财政补助制,如对水利气象部门的事业费等采取财政拨款予以补助。农林水利气象部门事业支出的有些收益可以内在化,例如,科研成果可采取有偿形式转让,有些活动可进行企业化经营,用市场效率的方式予以评估,其所需经费可由部门自己负担。

3. 国防经费预算管理

国防支出用于国防建设、国防科技事业、各军兵种经常性开支、后备部队经常性开支、专项国防工程以及战时的作战费等。国防支出的性质:一是不直接用于生产,但消费社会财富,属于纯公共品;二是形成财富生产的社会条件,保护人民生产和生活的安全,保护国家主权不受侵犯;三是调节社会经济的循环周转,影响生产。与行政管理支出相类似,国防支出同样是为保障政府职能的正常运行所必需的,国防支出规模也要与有关经济指标保持适当的比例关系。

为了提高国防支出的效率,应广泛采用“成本-收益”分析法,适当调整国防建设中各军种之间、各兵种之间、传统兵器与高技术兵器之间、人员费用和技术装备费用之间、战斗部队经费和后勤保障经费之间、军事装备研制费用和军事装备生产费用之间、常备军和后备军之间等一系列比例关系,使国防资源得以适当配置。

一般而言,对国防支出的合理规模并没有一个明确的衡量指标,但国防支出的最低限度应能保证国家有足够的军事力量抵抗外来侵犯,保护国家领土和主权完整。习惯上,人们以国防支出占财政支出和国民收入的比例来衡量国防支出的规模,该比例应有一个适合本国国情的度。该比例不能太高,太高则会挤占其他财政支出项目,阻碍综合国力的提升;该比例也不能太低,太低则会影响到保家卫国的能力,满足不了全体社会成员对安全的消费需要。

另外,国防支出不仅具有政治、军事目的,还会对经济产生一些特殊的外部效应,如带动高新技术发展、拉动需求、刺激发展。因此,国防支出有时也是一种宏观调控手段。但是,国防支出增加的比例也应以不致使公私生产结构比例失调为原则。

总之,公共经常性经费是维持社会秩序、保障国家安全、保证政府职能运转和社会公共利益不断发展的必须支出。因此,加强公共经常性经费预算管理,对联络、协调和平衡各个分预算之间的关系起着重要的作用。

(二)公共建设性经费预算管理

1. 公共建设性经费支出管理

公共建设性经费主要用于公共基础建设项目,相应地公共建设性经费管理主要是公共基础建设项目预算管理。具体来说,公共建设性经费支出主要包括行政事业单位的基本建设支出、重大公共工程建设支出和公用事业固定资产投资等。基础设施和基础产业是国民经济的基础,大部分基础设施和部分基础产业都具有外部性与自然垄断性的特点。该类设施和产业一般投资规模大、建设周期长。其中,基础设施不仅能够促进国民经济发展,还会影响收入分配,缩小贫富差距,所以基础设施属于政府支出支持的重点范围。我国现行预算中的交通运输支出、国有资本经营预算支出基本属于此类。在一般公共预算、政府性基金预算、国有资本经营预算中,都会涉及此类支出。

在现实工作中,依据基础设施类型和区域的不同,强化政府对基础设施建设的预算管理,对降低建设性投资项目的成本、提高预算资金的效率,有重要意义。基础设施包括公共设施(电力、电信、自来水、卫生设施与排污、固体废弃物的收集与处理、管道煤气等)、公共工程(公路、大坝、灌溉及排水用的渠道工程等)、其他交通部门(城市及农村的交通、港口、内河航道、机场等),等等。基础设施为整个社会的生产、消费提供"共同的生产条件"和"共同的流通条件",其效率的提高,不仅可以促进整个国家的经济发展,还可以直接影响社会的收入分配。鉴于大部分基础设施属于混合公共产品,而且在排斥性、竞争性和外部性的表现上也有很大不同,因此,要根据基础设施的不同性质和性质上的不同差异,在基础设施的成本确认、成本补偿方式等方面确立不同的政府支出政策。

第一,对道路及交通的成本补偿方法可采用收费、收税及其他方法。在收费中要考虑对拥挤道路征收拥挤费,同时要考虑道路之间的替代性。在利用税收弥补交通道路成本时要注意利用普通税和使用者税的混合税收形式。

第二,对电信等基础设施有两种经营方式:国有化或政府管制下的自然垄断和竞争。对自然垄断的基础设施要进行以价格管制为主要内容的政府管制;对可以进行竞争经营的基础设施,可考虑采用两种方式:一是分解经营业务,二是增加新的“全能一体化”的经营者。

第三,对基础设施的筹资可以采用财政拨款、设立专用基金、利用外资、股份制方式融资、建立政策性银行、设立普通长期信用银行和个人投资等形式。因为政府财政支出十分有限,所以对非经营性基础设施主要应通过财政拨款,而对经营性基础设施则主要采用发行国债、向国外政府及国际金融机构低息借款、部分预算内拨款、各种基金等有偿资金转让的形式。政府支出也可通过设立各种基金强化对基础设施建设的财政支持力度。当前,尤其要加强 PPP 模式的使用,通过公共部门和私人部门在公共建设领域的合作,共同提供公共产品和服务。

公共建设性预算的主体——公共基础建设项目的投资性支出不仅体现在发生支出的当期,还在以后各期继续发挥效用,具有跨期受益的特点。因此,在政府公共预算体系中,通常使用超过一年并且单位价值超过规定标准的支出项目做公共建设性支出。

2. 公共建设性经费收入管理

公共建设性经费的收入来源主要有经常预算的结余、专项建设性收入、各类专项建设税类、公债等。公共建设性经费的资金来源,既可以是具有跨期特点的收入,也可以是当期收入。当当期收入有结余时,这部分结余可全部用作当期的公共建设性支出,或者也可以规定全部当期收入的一定金额或一定比例用于公共建设性支出。

三、我国 2007 年后一般公共预算管理

(一) 政府收支分类改革

为进一步改革和完善政府预算管理制度,建立和完善公共财政体制,推动从源头上治理腐败和促进社会主义民主政治建设,政府收支分类改革定于 2007 年全面实施。新的政府收支分类体系主要包括以下三方面内容。

一是收入分类。按照全面、规范、细致地反映政府各项收入的要求,对政府收入进行统一分类。将原一般预算收入、基金预算收入、社会保障基金收入和预算外收入等都统一纳入政府收入分类体系,使政府的各项收入来源都能得到清晰的反映。

二是支出功能分类。就是按照政府的职能和活动设置支出科目。通过支出功能分类可以清楚地了解政府的各项支出都具体做了些什么事。

三是支出经济分类。主要是反映各项支出的具体经济构成,反映政府的每一笔钱具体是怎么花的,它是财政预算管理和财务经济分析的重要工具和手段。改革完全到位后,结合财政收支的部门属性,通过财政信息管理系统,可对任何一项财政收支进行"多维"定位,清楚地说明政府的钱是怎么来的、做了什么事、谁做的、怎么做的,为预算管理、统计分析、宏观决策和财政监督等提供全面、真实、准确的经济信息。

(二)一般公共预算

支出功能分类不再按基本建设费、行政费、事业费等经费性质设置科目,而是根据政府管理和部门预算的要求,统一按支出功能设置类、款、项三级科目,分别为17类、170多款、800多项。类级科目综合反映政府职能活动,如国防、外交、教育、科学技术、社会保障和就业、环境保护等;款级科目反映为完成某项政府职能所进行的某一方面的工作,如"教育"类下的"普通教育";项级科目反映为完成某一方面的工作所发生的具体支出事项,如"水利"款下的"抗旱"、"水土保持"等。新的支出功能科目能够清楚地反映政府支出的内容和方向,可有效解决原支出预算"外行看不懂、内行说不清"的问题。

2022年政府收支分类科目中一般公共预算支出科目分为以下几个。

(1)一般公共服务支出。包含人大事务、政协事务、政府办公厅及相关机构事务、发展与改革事务、统计信息事务、财政事务、税收事务、审计事务、海关事务、纪检监察事务、商贸事务、知识产权事务、民族事务、港澳台事务、档案事务、民主党派及工商联事务、群众团体事务、党委办公厅及相关机构事务、组织事务、宣传事务、统战事务、对外联络事务、其他共产党事务支出、网信事务、市场监督管理事务、其他一般公共服务支出。

(2)外交支出。

(3)国防支出。

(4)公共安全支出。包含武警部队、公安、国家安全、检察、法院、司法、监狱、强制隔离戒毒、国家保密、缉私警察、其他公共安全支出。

(5)教育支出。包含教育管理事务、普通教育、职业教育、成人教育、广播电视教育、留学教育、特殊教育、进修及培训、教育费附加安排的支出、其他教育支出。

(6)科学技术支出。

（7）文化旅游体育与传媒支出。

（8）社会保障和就业支出。包含人力资源和社会保障管理事务、民政管理事务、补充全国社会保障基金、行政事业单位养老支出、企业改革补助、就业补助、抚恤、退役安置、社会福利、残疾人事业、红十字事业、最低生活保障、临时救助、特困人员救助供养、补充道路交通事故社会救助基金、其他生活救助、财政对基本养老保险基金的补助、财政对其他社会保险基金的补助、退役军人管理事务、财政代缴社会保险费支出、其他社会保险和就业支出。

（9）卫生健康支出。包含卫生健康管理事务、公立医院、基层医疗卫生机构、公共卫生、中医药、计划生育事务、行政事业单位医疗、财政对基本医疗保险基金的补助、医疗救助、优抚对象医疗、医疗保障管理事务、老龄卫生健康事务、其他卫生健康支出。

（10）节能环保支出。

（11）城乡社区支出。包括城乡社区管理事务、城乡社区规划与管理、城乡社区公共设施、城乡社区环境卫生、建设市场管理与监督、其他城乡社区支出。

（12）农林水支出。包含农业农村、林业和草原、水利、巩固脱贫衔接乡村振兴、农村综合改革、普惠金融发展支出、目标价格补贴、其他农林水支出。

（13）交通运输支出。

（14）资源勘探工业信处等支出。包括资源勘探开发、制造业、建筑业、工业和信息产业监管、国有资产监管、支持中小企业发展和管理支出、其他资源勘探工业信息等支出。

（15）商业服务业等支出。

（16）金融支出。

（17）援助其他地区支出。

（18）自然资源海洋气象等支出。

（19）住房保障支出。

（20）粮油物资储备支出。

（21）灾害防治及应急管理支出。

（22）预备费。

（23）其他支出。

（24）转移性支出。

（25）债务还本支出。

（26）债务付息支出。

（27）债务发行费用支出。

第二节　社会保险基金预算

社会保障预算是政府预算体系的重要组成部分,是政府编制的全面反映各项社会保障资金收支规模、结构和变化情况的计划。社会保险基金预算是社会保障预算的重要组成部分。目前我国建立社会保障预算的条件还不成熟,必须先行建立社会保险基金预算。条件成熟后,研究逐步过渡到编制社会保障预算。

一、社会保险基金预算

社会保险基金预算是指社会保险经办机构根据社会保险制度的实施计划和任务编制的、经规定程序审批的年度基金财务收支计划。社会保险基金预算是对社会保险缴款、一般公共预算安排和其他方式筹集的资金,专项用于社会保险的收支预算。

二、社会保险基金预算编制的原则

社保基金预算编制原则是政策性原则、可靠性原则、合理性原则、完整性原则、统一性原则。

(1)政策性原则:事业单位编制预算要正确体现和贯彻国家有关方针、政策和规章制度,在坚持适度从紧财政政策的前提下,既要保证国家确定的重点,又要兼顾一般。

(2)可靠性原则:事业单位编制预算要稳妥可靠、量入为出、收支平衡,并略有结余。收入预算要留有余地,对没有把握的收入项目和数额,不能打入收入预算;必要的支出预算要打紧打足,不能预留硬缺口。

(3)合理性原则:事业单位编制预算时要做到合理安排各项资金,尤其是要合理安排各项支出项目。对人员工资等刚性支出,必要的公务费、业务费和设备购置支出,必须优先予以保证。

(4)完整性原则:在编制预算时,必须将单位的一切财务收支全部反映在预算中,不得"打埋伏"或在预算之外另留收支项目。

(5)统一性原则:各类事业单位在编制预算时,要按照国家统一设置的预算表格、口径、科目、程序和计算依据,填列有关收支数字指标。

三、社会保险基金预算作用

(1)便于对各项社会保险基金收支活动进行统一安排,合理规划,以实现基金收支平衡。

（2）便于维护各项社会保险基金的安全，防止挤占、挪用基金等现象的发生。

（3）便于合理安排社会保险基金的投资，更好地实现社会保险基金的保值增值。

（4）便于节省管理成本，防止社会保险基金的流失。

四、社会保险基金预算的主要内容

社会保险基金预算的主要内容包括社会保险基金收入计划、社会保险基金支出计划以及社会保险基金预算编制说明。

（一）社会保险基金预算收入计划

现阶段，我国的社会保险基金预算收入包括单位缴纳的社会保险费收入、职工个人缴纳的社会保险费收入、基金利息收入、财政补贴收入、转移收入、上级补助收入、下级上解收入、其他收入。

上述基金收入项目按规定分别形成基本养老保险基金、基本医疗保险基金和失业保险基金。

（二）社会保险基金预算支出计划

社会保险基金预算支出项目包括社会保险待遇支出、转移支出、补助下级支出、上解上级支出和其他支出。

（三）社会保险基金预算编制说明

预算编制说明的内容包括编制预算草案的政策依据、各项数字的计算依据、比上年预算及其执行增减变化的主要原因。

五、社会保险基金预算方式

（一）将社会保险基金的收支纳入政府的经常性预算

此种预算模式将社会保险收支与政府财政预算融为一体，当社会保险基金收大于支时，政府可将其用于安排其他支出甚至用于弥补财政赤字，当社会保险基金收不抵支时，则通过财政预算予以弥补。其优点在于国家的社会保险收支计划直接体现政府的意志，便于政府控制社会保险事业的进程。其弊端主要表现在以下两个方面：第一，由于社会保险预算与政府经常性预算混在一起，难免造成社会保险收支与经常性收支之间相互挤占资金，造成社会保险预算收入来源不稳定，特别是经济低增长和通货膨胀时期，更是如此；第二，在福利刚性的作用下，社会保险支出膨胀，导致财政不堪重压，企业竞争力下降。

（二）将社会保险基金收支纳入政府的专项预算

此种模式的特点是在政府的总预算中单独编制社会保险预算，强调社会保险预算与政府的经常性预算项目分离。作为专项预算,社会保险预算在政府预算中保持相对独立性,在社会保险基金收大于支时,政府不得直接动用社会保险基金弥补财政赤字,而当社会保险基金收不抵支时,由政府财政予以弥补。此种模式既可以实现政府对社会保险事业的控制,又可以体现财政对社会保险事业的支持。其缺点在于一方面加重了财政的负担,另一方面则导致社会保险基金缺乏内在的增值机制,不利于基金的保值增值。

(三)社会保险基金收支不纳入政府预算

社会保险基金收支不纳入政府预算即社会保险的收入和支出均独立于政府预算之外,由社会保险经办机构进行单独管理。此种模式的最大特点是政府不直接参与社会保险的收支管理,财政对社会保险的负担相对较轻,而且对社会保险基金实行单独核算,有利于基金的保值增值,其缺点在于政府对社会保险的干预作用太小,政府利用社会保险进行宏观调控的作用明显减弱。

(四)单独编制社会保险基金预算

单独编制社会保险基金预算即由社会保险经办机构对各项社会保险收支单独编制预算,而在政府的一般性支出中单列一项"对社会保险的补助支出",从而既实现社会保险基金预算与政府的预算分开,又能够体现政府财政对社会保险的最终责任。此种模式的特点在于:第一,将各项社会保险的收支计划全部汇集在一起,可以全面、完整地反映整个社会保险的全貌;第二,所有社会保险收支与一般性预算收支分开,不会造成资金相互之间的挤占,在一定程度上切断了社会保险对财政的依赖;第三,有利于基金的独立运营和保值增值;第四,可以清晰地反映出财政对社会保险的贡献程度。

六、国外模式

当前,世界各国社会保障预算的编制主要有以下几种模式:一是政府公共预算模式,二是社会保障专项基金预算模式,三是一揽子社会保障预算模式,四是政府公共预算下的二级预算模式。

(一)政府公共预算模式

政府公共预算模式是将社会保障收入与支出作为政府经常性收支的内容,都直接列示在政府的经常性预算中,以社会保障税的方式取得收入后将其纳入经常性税收入中,其支出由政府一般预算收入安排。同样对待社会保障收支和政府经常性收支。政府可以直接参与社会保障支出的具体管理,比较方便。这种模式在欧洲比较多见,北欧的"福利国家"将社会保障资金全部纳入预算内,同政府其他收支混为一体,政府全面担负社会保障事业的财政责任。在这种预算模式下,并不存在名副其实的社会保障预算。

政府公共预算模式的优点是在于可以切实保障每一位公民的基本生活,体现了较高的福利水平。社会保险支出直接体现了政府的政策和意图,政府能够控制社会保险事业的发展进程,直接参与其具体的管理工作。

政府公共预算的缺点在于导致政府参与过多,担负的责任自然就大,具体来说,社会保障支出和经常性支出混在一起,两者难免会相互挤占,在"福利刚性"的影响下,容易给政府财政带来较大的负担。这一弊端在一些"福利国家"日益显露,并给政府造成较大的财政困难。此外,由于这些国家的高福利政策,从另一个侧面给经济带来了负面影响,一定程度上延缓了国家经济发展的进程。目前,从现实情况来看,我国现在还不适合采取这种预算模式。

(二)社会保障专项基金预算模式

社会保障专项基金预算模式下,社会保障事业的财务状况以基金的形式来反映,游离于政府的公共预算外。社会保障的收入和支出与政府的经常性收入和支出分开或相对独立,单独编制社会保障专项基金预算,予以专门反映。具体来讲,这种模式下,筹集到的社会保险基金可以由专门机构管理,这些机构依法运营,并向公众发布信息,接受监督,这样对于基金的保值、增值有很大好处。也可以把总额列入政府预算,但收支独立,避免财政压力过大。目前,美国、德国和日本的社会保障预算的编制都可以归入这种社会保障预算模式。

社会保障专项基金预算模式的优点:一是独立于国家预算之外,接受社会公众的监督,依照法律独立运营,透明度高,政府财政直接参与的程度小,所担负的责任小,有利于财政运行;二是总额列入政府财政预算内的社会保障信托基金,在其收支、投资管理等方面与政府经常性预算收支分开,单独成体系,避免财政对社会保障的大包大揽,减轻了财政负担。

社会保障专项基金预算模式的缺点:政府预算中仅反映社会保障信托基金收支总额,对于各项基金的收支情况等不能详细反映,在一定程度上削弱了政府对社会保障事业的控制,使其成为独立性很大的单纯的社会福利事业,实际上政府却承担着对社会保障事业的总担保责任,因此可能对政府的运转构成潜在威胁。在里根政府时期美国试图大幅度削减福利性开支,结果遭到社会公众的反对,只好用增加政府补贴的办法来挽救社会保障事业的信誉。通常,政府过分干预社会保障事业,对自身并不利,但如果过分脱离管理,弊端也很多。

(三)一揽子社会保障预算模式

一揽子社会保障预算模式是把来自社会保障基金的收支和来自政府公共预算

安排的收支合为一体,编制独立、完整的社会保障预算,与政府的经常性预算脱离,由财政部门按照政府预算收支管理方式统一编制,全面反映社会保障收支、结余投资及调剂基金的使用情况。一揽子社会保障预算模式的优点体现在以下方面:一是能够全面反映社会保障资金的收支情况和资金规模,体现国家社会保障整体水平;二是可以对社会保障的资金需求做出全面、统一的安排,有利于社会保障事业的协调发展;三是既体现国家对社会保障事业的投入和管理程度,又体现社会公众对社会保障事业的监督管理,国家对社会保障事业的财政负担也在合理的承受限度内。

这种模式的缺点在于涉及部门利益的重新调整,实施难度很大;具体编制方法比较复杂,技术处理有一定的难度。此外,当前社会保障事业多头管理,容易造成预算编制权限的割裂,影响社会保障预算的编制与执行。

(四)政府公共预算下的二级预算模式

政府公共预算下的二级预算模式是指在编制政府公共预算时,把社会保障资金收支单独划出来,保留政府预算内原有社会保障收支项目,将其作为社会保障基金预算的二级预算,其总额过录到社会保障基金预算中,并同目前财政专户社会保障基金统一收支结余,进而编制专门的社会保障基金预算。

政府公共预算下的二级预算模式的优点在于较政府公共预算形式有了一定的独立性,能够相对完整地反映社会保障资金收支情况。其缺点是由于没有完全独立,造成社会保障预算管理权限不明,未根本解决社会保障基金管理体制的弊端,使社会保障预算的编制流于形式。

(五)"两板块"社会保障预算模式

"两板块"社会保障预算模式基本遵循现有社会保障预算的状况,将其分成两部分,一部分是财政专户社会保险基金预算,另一部分是政府一般预算中的社会保障支出项目以及政府基金预算中的有关收入项目。这种预算模式符合我国现有的情况,也具有可操作性,但该种预算模式不能全面地反映社会保障的面貌,管理相对来讲比较分散。

"两板块"社会保障预算模式最大的优点就是与现实紧密结合,变动小,将社会保险同社会福利、社会救济、社会优抚安置等社会保障内容区分开来,体现了不同性质和资金来源。当然这种模式还没有从根本上解决社会保障资金"两板块"分立的问题。为了反映整个社会保障资金的全貌,"两板块"相加应是可能的选择。

七、加强社会保险基金预算管理的措施

今后一个时期,在总结试编社会保险基金预算经验的基础上,要以提高基金预

算编制水平为龙头,以加强基金预算执行管理为抓手,以健全信息化管理为基础,进一步完善管理制度,规范工作程序,推进社会保险基金预算科学化精细化管理。

一是提高基金预算编制水平。将基金预算编报时间提前。逐步将编报时间提前,做到基金预算编报时间与公共财政预算同步。逐步扩大基金预算编报范围。本着积极、稳妥的原则,研究逐步将《社会保险法》规范的各项社会保险基金纳入社会保险基金预算管理。完善基金预算编制方法。增强社会保险基金预算编制的科学性和准确性。

二是加强基金预算执行管理。研究制定加强执行管理的绩效考评办法,密切跟踪各地基金预算执行情况,对于预算编制与预算执行差异较大的地区,应要求其按规定予以调整。

三是加强社会保险基金预算的管理基础工作。以修订基金财务制度为重点,不断完善社会保险基金管理的制度建设。建立健全有利于社会保险基金财务可持续发展的机制体制,如完善基金收付管理机制,规范开户银行选择认定,统一计息办法,加强基金投资管理。建立和完善社会保险基金预算信息管理系统,实现地方各级财政部门、人力资源社会保障部门和社会保险经办机构等部门预算编制、审批、执行、调整和决算编报的规范化和科学化管理。不断推进社会保险精算工作,继续开展精算研究和试点推广,并逐步将精算工作日常化、规范化、制度化,指导各地以建立年度精算报告制度为契机,积极推进包括统计分析、监测预警、预测分析、风险评估和精算在内的多层次宏观决策系统建设,将社会保险基金运行分析从以事后评估为主逐步转向事前预警、实时监控与事后评估相结合,为合理编制社会保险基金年度预算提供数据支撑。

四是努力增强基金预算透明度。在试编社会保险基金预算期间,鼓励地方根据本地实际适时向本级人大报告社会保险基金预算,逐步编制全国社会保险基金预算。同时,探索建立社会保险基金预算信息披露制度,接受社会监督。

五是进一步提高统筹层次,适当提高保障水平,将基金结余保持在合理规模内。坚持安全第一的审慎原则,在完善法规、严格监管的前提下,适当拓宽基本养老保险基金投资渠道,实现保值增值。

第三节　国有资本经营预算

一、国有资本经营预算意义

国有资本经营预算,是指国家以所有者身份依法取得国有资本收益,并对所得收益进行分配而发生的各项收支预算,是我国政府预算体系的重要组成部分。在我国转型经济条件下,国有经济发挥着至关重要的作用。建立国有资本经营预算制度,对增强政府的宏观调控能力,完善国有企业收入分配制度,规范国家与企业的分配关系,推进国有经济布局和结构的战略性调整,集中解决国有企业发展中的体制性、机制性问题,具有重要意义。

(一)确保政府双重经济职能的分离,强化国有资产所有者职能

市场经济条件下的公共财政,原则上要求政企分开:政府负责对企业实行有效的产权制约、引导和监控,维护国有资产的合法权益;企业按照国家有关国有资本与财务管理的规章制度,承担国有资本保值增值的法律责任。政府预算作为反映政府活动范围和方向、保障国家发挥其职能的工具,必须使政府以不同身份行使的职能反映为预算上不同性质的支出,即要分别建立公共预算和国有资本经营预算。然而,长期以来,我国对国有资本经营收支没有单列预算和进行分类管理,而是与经常性预算收支混合在一起,这种做法无法体现政府作为社会管理者和国有资产所有者的职能及其两类收支活动的运行特征。随着政府职能的转变,通过单独设立国有资本经营预算,集中管理国有资本运营,将国家作为国有资本所有者所拥有的权利与作为社会管理者所拥有的行政权力相分离,从而强化政府作为国有资产所有者的职能。国有资本经营预算的建立和运行,有助于深化国有企业改革,推动国有企业转变发展方式,推进政府改革,促进国民经济又好又快发展。

(二)增强政府的宏观调控能力,推进国有经济布局和结构的战略性调整

1. 国有资本经营预算有助于增强政府的宏观调控能力

目前,为了提高教育和医疗卫生等许多社会服务的公平性和效率,我国政府逐步调整公共支出重点,而国有企业向政府上缴红利为这些问题的解决提供了一个思路。通过建立国有资本经营预算,区分国有资产出资人职能与政府公共管理职能,公共财政体制也可以对具有公共性领域的国有企业提供合法和持续的补充资本金,特别是对关系国计民生的重要行业和关键领域进行投入,体现政府行使公共管理职能的需要,切实增强国家的宏观调控能力。

2. 国有资本经营预算有助于推进国有经济布局和结构的战略性调整

国有资本经营预算是国家以所有者身份对依法取得国有资本收益进行收支分配的预算,反映了国家对国有经济布局和结构的全盘掌控和运用。

20世纪90年代中期后,国有企业发展走出低谷,整体竞争力日渐增强,营利能力不断提高,但国有经济结构布局和国有企业资产质量仍存在很多问题,例如,企业

小、散、乱的局面没有得到根本改善,实现利润主要集中在少数垄断性企业,多数企业效益低下,低水平重复建设等现象屡见不鲜。为了解决当时国有经济结构布局和国有企业资产质量存在的问题,必须积极推进经济布局和产业结构的调整,其中尽快建立国有资本经营预算制度就是解决当时存在问题的方法之一。

第一,通过国有资本经营预算,可以在全面掌握国有资产运营状况的基础上,根据产业政策的目标和国有经济结构调整的需要,通过财政预算的再分配职能,有计划地组织政府资本性投资,调整和引导资金投向,有效控制、引导国有资本投向国家鼓励发展的行业、产业或领域,提高国有资本增量投入与存量调整相结合,实现政府对国有经济的宏观调控和国有资产的优化配置,实现国有资本优化组合及经济布局和产业结构的有序调整,改善国有经济结构,推动产业升级,推动国有经济整体效益的不断提高。

第二,建立国有资本经营预算有助于有效实施国有资本经营的战略。国有资本预算的起点是国有资本经营的战略目标和阶段性目标。国有资本经营的目标可以指导国资委和国有资产经营公司的具体工作,是编制国有预算的起点。没有目标,预算无从编起,因此,国有资本经营预算是实施国有资本经营战略目标的有效手段,国有资本经营的战略目标只有落实到每个预算、每个国有资本的经营主体完成的财务指标上,才能够落到实处。换言之,推进国有资本预算完成的过程也就是国有资本经营目标逐渐实施的过程。

另外,建立国有资本经营预算可以加强政府对国有资产经营的监督管理,提高政府配置资源的效率和水平。

(三)健全和完善政府预算体系

国有资本经营预算是政府预算体系的重要组成,实行国有资本经营预算有利于健全我国复式预算制度,完善和规范政府预算体系。我国政府预算的目标是建立包括公共预算、政府性基金预算、国有资本经营预算和社会保障预算在内的复式预算体系,以利于进一步转变和增强国家财政职能,增强财政宏观调控能力,强化预算约束。可见,建立国有资本经营预算是深化我国财政体制改革,促进我国复式预算制度不断完善发展的需要。

预算是管理的重要职能。国有资本经营预算是从现有政府预算中分列出来,专门以国有资本收益为主要来源,有计划地进行国有资本投资经营的财政计划。具体而言,国有资本经营预算是政府以国有资本所有者身份,在进行国有资本存量分析、国有资本营运预测和决策的基础上,对国有资本投资、国有资本收益、国有资本产权交易及国有资本收支进行的规划,与公共预算、社会保障预算和其他预算共同构成社会主义市场经济体制下的政府预算体系。

很长一段时间里，考虑到我国一些国有企业的效率不高、效益不好，国家没有把国有企业的利润收缴上来，虽然有一些地区也在进行国有资本经营预算的试点工作，但是大部分的地区国有资本这一部分的预算还基本属于空白。因此，加快建设国有资本经营预算，完善国家预算制度体系的任务十分迫切。进一步完善国有资本经营预算，可以推动我国政府预算体系的完善，真正发挥国有资本经营预算的约束作用。

（四）有利于加强对国有资本经营与约束，提高国有资本的运营效率

国有资本所有权和经营权随着国有企业的改组和改制实现了分离后，政府与国有企业经营者之间就形成了一种"委托—代理"关系。由于信息不对称，可能存在代理人损害所有者权益的"道德风险"。从根本上讲，国有资本整体运作效率低下的原因在于其所有权的代理链过长，这导致了国有资本经营运作过程中激励与约束机制的不足。即便是在健全的公司治理结构中依然存在着"道德风险"和逆向选择问题，在国有企业中表现得更为严重。为了预防这种"道德风险"的发生，必须建立国有资本经营预算。通过设立完整的国有资本经营预算，对国有资本经营活动进行统筹规划，对国有企业经营者的业绩进行考核和评价，审批和监督各种资产的最终去向，将大大缩短代理链条，使监督和控制变得更加直接、有力，从而最大限度地减少"道德风险"，确保国有资本的保值增值。

同时，通过国有资本经营预算的收支管理可以更加合理、有序、透明地实现国有资本的战略性重组。抓大放小，将有限的国有资金投入更具竞争力的大公司、大企业中去，加快国有资本产权的合理流动和优化配置，提高国有资本金的整体使用效率。

（五）建立国有资本经营预算有利于减轻财政支出的压力

近年来，我国财政支出持续增长，财政压力依然较大。我国财政支出任务繁重的重要原因在于，国有资本经营收支严重不配比。长久以来，一方面国家基本上放弃了国有资本经营收益，即政府投资举办国有企业，进行资本性投资，但未收取资产收益；另一方面国有企业生存、改革和发展的一系列支出都是国家财政来承担，几乎包括了从国有企业的资本投入到企业经营的亏损补贴等支出内容，特别是对这些支出没有在财政预算上建立专项预算来进行有效约束。在政府以经济建设为中心工作的指导思想下，财政预算工作长期以来处于非常被动的局面，经济建设支出往往挤占公共支出。因此，可以通过国有资本经营预算进行以收定支、量入为出的预算约束，减轻政府财政的压力。

总之,我国的国有资本经营预算还处于起步阶段,也是国企改革的新探索。国有资本经营预算的建立和实施将进一步丰富和发展政府预算管理的内涵,推动政府预算体系的健全和完善,增强政府的宏观调控能力,提高国有资本整体运营效率和效益,逐步解决国有企业发展中的体制性障碍,推进国有经济结构战略性调整和支付改革的必要成本,最终促进国民经济实现可持续发展。

二、国有资本经营预算原则

(一)"统筹兼顾,适度集中"原则

国有资本经营预算要统筹兼顾企业自身积累、自身发展和国有经济结构调整及国民经济宏观调控的需要,适度集中国有资本收益,合理确定预算收支规模。

国有资本经营预算:一方面要站在国家的角度,考虑国有经济结构调整和国民经济宏观调控的需要;另一方面需要站在企业的立场,考虑其所处行业营利水平、自身经济实力和未来发展的实际情况。国有资本经营预算应以国有资本收益这一特定的预算收入来源保证推进国有经济布局和结构的战略性调整,适度集中国有资本收益,集中解决国有企业发展中的体制性、机制性问题。即既要考虑国有资本经营的长远规划,又要考虑国有资本经营的近期目标,统筹兼顾,量入为出,适度集中,合理确定收支规模,努力实现收支平衡。

(二)"相对独立,相互衔接"原则

"相对独立,相互衔接"原则即国有资本经营预算应单独编制,预算支出按照当年预算收入规模安排,不列赤字。与政府公共预算保持相对独立,既保持国有资本经营预算的完整性和相对独立性,又保持与政府公共预算(指一般预算)的相互衔接。

国有资本经营预算是政府预算的组成部分,但与公共预算、社会保障预算在预算基础、资金来源及支出方向、编制的原则等方面有着很大区别。国有资本经营预算不同于一般的公共预算。国有资本经营预算的依据是国家作为企业出资人对企业的出资权及其派生出来的收益管理权,追求的目标是国有资产保值增值和经济效益最大化,收支范围限于所出资企业,收入以所出资企业国有资本收益为主,支出一般以资本性投资为主。公共预算则是依据国家行政管理的公共权力及其派生对国民经济收入的再分配权,其追求最佳社会效益,编制各方主体处于不平等的行政隶属关系,相关的收支行为具有强制性和无偿性。社会保障预算则是国家为保证社会成员的基本生活权利而提供救助和补给,以便实现国家社会保障职能,建立社会保障制度而编制的预算。

然而,国有资本经营预算的建立,不但要着眼于国有资本的保值增值,而且要承

担弥补改革成本的责任。这些改革成本包括国企改制重组向地方政府卸交所承担的社会职能从而给地方财政增加的支出;国有企业破产、改制和主辅分离等将一部分失业职工推向社会,各级社保基金压力加大。这些改革成本都与国企改革存在着密切关系,最终要表现为公共财政预算和社会保障基金预算潜在和现实的缺口,需要通过国有资本经营预算划拨来实现四种预算的统一平衡。

因此,既要保持国有资本经营预算的相对独立性,又要保证四个单体预算之间的合理衔接。

(三)"分级编制,逐步实施"原则

目前,我国的国有资本经营预算正处于试行阶段,国有资本经营预算应实行分级管理、分级编制,根据条件逐步实施的原则。

(四)规范透明原则

国有资本经营预算工作是一项政策性很强的工作。规范与透明是保证国有资本经营预算工作实现公平与效率的重要条件,只有制度和办法规范透明,才能最大限度地提高工作效率。规范就是要有制度依据和明确程序,透明主要是指制度和程序的公开透明。

(五)注重效益原则

国有资本经营预算具有资本运营的最基本属性,投资必须要有回报,除特殊阶段需要安排一些改革成本等费用性开支外,主要应以市场运作为原则,以效益为目标,有助于协调国有资产运营局部与整体、眼前利益与长远利益的矛盾,是国有资产监督管理机构对所出资企业进行调控的有效手段。

从收入角度讲,注重效益预算,就是在确定国有资本收益上缴比例和实际收取过程,应结合我国国有企业改革和发展的实践以及不同行业国有企业的资本收益情况,区分不同行业、不同情况,根据企业当年的发展实际情况,通过国家行政立法的方式规定合理的收取比例。收取的前提和出发点是确保国家出资企业的持续健康发展和注重其经济效益和社会效益。

从支出角度讲,注重效益预算,就是在确定相关考核指标时,经济效益自然成为主要因素之一。在普遍强调企业经济效益与社会效益并重的今天,追求经济效益和社会效益成为国家出资企业经营发展的目标。注重效益原则成为国有资本经营预算工作应当坚持的一项基本原则。

在目前情况下,应当通过国有资本经营预算的集中,加大对一些重要行业和关键领域的再投资力度,注重经济效益和社会效益,确保国有企业持续健康发展。

第四节 政府性基金预算管理

一、政府性基金界定

(一)政府性基金概念与特征

目前,对政府性基金尚无法理层面的准确定性,人们对其的认识也存在分歧。政府性基金,是指各级人民政府及其所属部门根据法律、行政法规和中共中央、国务院文件规定,为支持特定公共基础设施建设和公共事业发展,向公民、法人和其他组织无偿征收的具有专项用途的财政资金。政府性基金是政府财政收入的重要形式,对各级政府筹集资金、加快经济建设和社会事业发展起到了一定的积极作用。可以看出,政府性基金是政府凭借权力强制性无偿征收的、具有特定目的和专项用途的收入,一般不直接与被征收主体发生管理或服务关系,具有"准税收"性质。

一般来说,政府性基金具备如下特征:第一,财政性,政府性基金是政府财政收入的重要形式,具备财政资金的一般特征,必须要纳入政府预算管理;第二,政府主体性,政府性基金分配的主体是政府,由政府依据法律法规强制征收;第三,专用性,政府性基金有专门的资金来源,有特定的使用方向,主要为特定公共基础设施建设和公共事业发展提供资金支持。

(二)政府性基金与税、费的区别与联系

税收是国家为实现其公共职能而凭借其政治权力,依法强制、无偿地取得财政收入的一种活动或手段。狭义层面上的收费则是指基于受益负担理论,以现实和潜在的对待给付为要件,在政府与公民之间形成的价格关系和债权债务关系,具体而言,一般包括规费和受益费。前者是指政府为社会成员提供了一定的服务或进行了特定的行政管理活动而收取的工本费和手续费,如工本费;后者则是指政府对使用公共设施的社会成员按照一定标准而收取的费用,如高速公路使用费。

税与费都是现代国家重要的财政收入形式,征税和收费是重要的行政行为,但二者有重要区别。第一,税收不具有对特别给付的反给付性质,国家与纳税人之间不存在交换关系,纳税人交税的多少与其可能消耗的公共物品数量无直接对等关系,在特定时空内,征税是无偿的。公共收费的有偿性则表现为受益与支出的对应,缴费人通过交费得到政府的某种服务、资源或资格。第二,税收是提供公共产品的主要资金来源,费则是对国家提供的受益范围确定、受益水平差异明显的准公共物品的成本补偿。第三,税收强调更强调量能课税原则,收费则更遵循受益负担原则。第四,税收相对稳定,必须基于法律才能征收,即税收法定主义。在我国,费的收取相对灵

活,政府及其相关部门根据实际情况变更费的项目和标准。此外,二者在征收主体、使用范围等方面也有差异。

通常意义上说,基金就是具有特定目的和用途的资金。政府和事业单位只要按照法律规定和出资者的意愿把资金用在指定用途上,就形成了基金。政府性基金与税的共同性是其具有的资金财政性、征收的强制性和无偿性。二者之间的最大区别在其用途上,税收用来满足一般公共产品需要,而政府性基金是为确保专项事业或特定产业的发展而设立的。不过,政府性基金也不使缴费人直接受益,所以其具有"准税收"性质。我国近年来推行的"费改税",主要是将政府性基金改变为特定目的税。例如,燃油税是以养路费等公路收费为基础的,车辆购置费被改为车辆购置税。所以,政府性基金与税并非不可能相互转化。政府性基金与行政收费的内在沟通性很强,都属于政府的非税收入。

在很长一段时间内,政府性基金也被作为广义的收费来对待,二者在适用中存在交叉领域。但政府性基金与行政事业性收费有以下不同:其一,前者不与被征收主体发生直接管理或服务关系,后者与提供具体服务或形式管理职责相联系;其二,前者是无偿、强制的,后者是对准公共物品的成本补偿;其三,前者收入来源和形式多样,后者只来源于被管理和被服务的对象;其四,前者数额较大,严格实行专款专用,后者数额相对较小,用于相关管理和服务;其五,前者具有政府支持重大项目建设的特别目的,后者并无此种特别目的性。

二、政府性基金预算编制与审批

政府性基金预算是将依照法律、行政法规的规定在一定期限内向特定对象征收、收取或者以其他方式筹集的资金,专项用于特定公共事业发展的收支预算。政府性基金预算应当根据基金项目收入情况和实际支出需要,按基金项目编制,做到以收定支。政府性基金预算是指政府通过向社会征收基金、收费、以及土地出让金、发行彩票等方式取得收入,专项用于支持特定基础设施建设和社会事业发展等方面的收支预算,是政府预算体系的重要组成部分。编制政府性基金预算,对于提高政府预算的统一性和完整性,增强预算的约束力和透明度,更好地接受人大和社会监督,具有十分重要的意义。

(一)政府性基金预算编制遵循的原则

由于政府性基金的性质与税收等收入的性质有所不同,资金的使用领域也有很大不同,政府性基金预算编制主要遵循"以收定支、专款专用、收支平衡、结余结转下年安排使用"的原则。

1. 以收定支

政府性基金主要用于支持特定基础设施建设和社会事业发展等方面,涉及的领域很多,项目很多,需要的资金规模巨大,政府性基金预算编制必须坚持以收定支,有多少钱办多少事。

2. 专款专用

专款专用应包括两层意思,一是政府性基金预算资金作为一个整体,应该做到专款专用;二是分项基金收入也应该做到专款专用。政府性基金收入类型比较多,包括各种对社会征收的基金、收费以及土地出让、发行彩票收入等,这些分项收入也应做到专款专用。

3. 结余结转

结余结转下年安排使用也是专款专用的基本要求,但是必须对结余结转资金加强预算管理,在结转的资金规模、使用进度等方面必须提出明确要求,否则可能会出现相关部门或项目资金使用积极性不高、资金长期滚存,影响基础设施建设和社会事业发展。对政府性基金预算资金应加强绩效考核力度。在必要的情况下,对结余资金要加大一般公共预算统筹的力度。

(二)政府性基金预算编审

1. 政府性基金预算收支范围

政府性基金预算、国有资本经营预算和社会保险基金预算的收支范围,按照法律、行政法规和国务院的规定执行。政府性基金预算收入科目中的类级科目包括非税收入、债务收入、转移性收入。其中非税收入包含的政府性基金收入共包括农网还贷资金收入、铁路建设基金收入、民航发展基金收入、城镇公用事业附加收入、国有土地使用权出让收入、彩票公益金收入、车辆通行费、烟草企业上缴专项收入等项级科目。债务收入主要是指地方政府债务收入中的专项债务收入,如港口建设费债务收入、污水处理费债务收入。转移性收入主要包括政府性基金转移收入、上年结余收入、调入收入、债务转贷收入等。

按照政府性基金预算支出功能分类,其项级科目主要包括农网还贷资金支出、铁路建设基金支出、民航发展基金支出、旅游发展基金支出、国有土地使用权出让收入及对应的专项债务收入安排的支出、彩票公益金及对应的专项债务收入安排的支出、烟草企业上缴专项收入安排的支出、政府性基金转移支付等。

2. 政府性基金预算编审

现行的《预算法》主要对预算的编制提出了一般要求,对一般公共预算的编制提出了具体要求,但并没有对政府性基金预算编制提出具体要求。因此政府性基金预算编制在遵循《预算法》的一般要求下,主要根据国务院、财政部的相关制度办法。《政府性基金管理暂行办法》对政府性基金预算编制提出了一些具体规定:政府性基金收支纳入政府性基金预算管理;政府性基金支出根据政府性基金收入情况安排,自求平衡,不编制赤字预算;各项政府性基金按照规定用途安排,不得挪作他用;各级财政部门应当建立健全政府性基金预算编报体系,不断提高政府性基金预算编制的完整性、准确性和精细化程度。

政府性基金使用单位、各级财政部门都需要基金预算。政府性基金使用单位应当按照财政部统一要求以及同级财政部门的有关规定,编制年度相关政府性基金预算,逐级汇总后报同级财政部门审核。

各级财政部门在审核使用单位年度政府性基金预算的基础上,编制本级政府年度政府性基金预算草案,经同级人民政府审定后,报同级人民代表大会审查批准。

财政部汇总中央和地方政府性基金预算,形成全国政府性基金预算草案,经国务院审定后,报全国人民代表大会审查批准。

三、政府性基金预算完善

我国的政府性基金最初从预算外资金演化而来。与公共预算资金管理相比,政府性基金预算管理具有先天不足的特点。今后一个时期,政府性基金预算完善的重点应该主要放在以下几个方面。

第一,完善政府性基金及其预算管理的法规。由于国家目前还没有一项完善的基金管理法规,缺乏必要的监管手段,一些地方政府和部门存在越权设立基金的问题,或者擅自将基金变为收费来规避将基金报中央审批的规定。国务院所属部门、地方各级人民政府及其所属部门申请征收政府性基金,必须以法律、行政法规和中共中央、国务院文件为依据。实际上有些基金的征收依据不充分。有些基金征收没有期限,没有规模限制,管理不透明,这些问题的出现,都与基金管理的法律法规不完善有密切关系。我国政府性基金的法律定位还不清晰。面对巨额的政府性基金的规模,客观需要在更高的层面出台政府性基金预算管理的法规,对政府性基金预算的收支项目、预算的编制和执行、决算、法律责任做出明确规定,保证政府性基金预算的法治性、规范性。

第二,需要进一步明确政府性基金预算的功能定位。完善政府预算体系。明确一般公共预算、政府性基金预算、国有资本经营预算、社会保险基金预算的收支范围,建立定位清晰、分工明确的政府预算体系,把政府的收入和支出全部纳入预算管理。目前还确实存在政府性基金定位不清晰,与其他基金或公共预算的某些专项资金存在征收对象相同、资金用途交叉重复的问题,有些基金就是"准税收",长期征收。因此,完善政府预算体系,必须要进一步明确政府性基金预算的功能定位。

第三,加大政府性基金预算与一般公共预算的统筹力度。与税收相比,基金的规范性、透明度要低很多。从长期看,压缩政府性基金预算,规范基金预算管理是必然趋势。政府性基金预算、国有资本经营预算、社会保险基金预算应当与一般公共预算相衔接。近年我国明显加大了政府性基金预算与一般公共预算的统筹力度。统筹将会进一步提高政府预算的规范性,提高一般公共预算的调控能力。

第四,进一步加大对政府性基金项目进行清理的力度。应该在综合考虑我国宏观税收负担和收入分配格局的前提下,以"正税清费"的思路对现有政府性基金进行及时清理,坚决控制其总规模。凡是那些事实上已具有税收性质的基金,可通过一定程序归并,纳入税收的整体管理之中;对于价外加收的"费"和具有使用者付费性质的"费",应归并到价格之中,通过价格来体现;属于一般性收费的,则应经过严格审批的程序,该留则留,该去则去。政府性基金项目的调整也会对完善政府性基金预算起到促进作用。

第六章 »
预算执行管理

第一节　政府预算执行概述

一、政府预算执行的目标与任务

（一）政府预算执行的目标

政府预算执行的目标应该包括两个层次。一是政府预算执行的直接目标,就是要把预算收支的计划通过合理的组织安排变为现实,实现预算安排的各项指标。从收入角度看,要根据计划保证收入及时、足额入库,并实现收入入库成本最低;从支出角度看,要根据计划保证及时、合理拨付财政资金,并实现资金拨付成本最低;从管理角度看,实现制度严明,体制合理,管理高效。二是政府预算执行的间接目标,即通过政府预算执行的组织工作,在实现政府预算执行的直接目标的同时,促进和保障国民经济和社会事业发展目标的实现。可见,在组织政府预算执行时,不能简单地就预算论预算,还应站在国民经济和社会事业发展的高度,协调好政府预算执行与国民经济和社会事业发展计划之间的关系。

（二）政府预算执行的任务

政府预算执行的基本任务概括起来可以分为五个方面。

1. 完善制度

预算执行的时间周期比较长,涉及的环节比较多,各项工作的开展需要以制度作保证。这就需要预算执行的相关部门从实际出发,在各自权限范围内,制定政府预算执行的政策、法令和制度,提出完成预算的措施和办法,以保证预算规范、有效地执行。

2. 收入执行

根据国家政策、财税法律制度,按照收入预算安排,把各地区、各部门和各单位应缴的收入,及时、足额地收缴入库,这是预算执行的首要任务。同时,在预算收入的组织过程中,要监督检查企事业单位的经营活动和财务收支状况,促进企业不断提高经济效益,为收入计划的完成打好基础。

3. 支出执行

按照政府制订的支出计划和各项经济事业发展计划,及时、合理地拨付预算资金,保证各项经济事业发展的资金需求,是预算执行的又一重要任务。在预算资金的拨付构成中,要严格按照预算拨款的原则,及时、合理地拨付资金。预算执行管理部门应该对用款单位的资金使用情况加强监督,提高资金的使用效益。

4. 调整平衡

预算的执行经过从平衡到不平衡,再达到新的平衡的过程。在预算执行过程中,可能由于主观或客观的原因预算与实际情况发生比较大的偏离。这就要求根据国家或地区经济形势的变化、政策的调整,针对预算执行过程中出现的问题,采取有力的措施,对预算进行必要的调整,不断地组织新的预算收支平衡,保证收支任务的完成。

5. 监督管理

加强预算执行的监督管理,一方面,要监督、检查各地方、各部门、各单位预算执行情况,促使其正确贯彻执行国家的各项方针、政策及财税、财务的法令和制度;另一方面,要将监控的重心转向预算绩效,要求支出部门和单位对预算资源使用的结果负责。通过监督管理,要防止和纠正预算执行中的各种偏差,维护财经纪律,提高财政资金的使用效率。

二、政府预算执行的组织体系

(一)领导机构

负责政府预算执行的组织领导机构是国务院及各级地方人民政府。它们分别承担不同的职责。

国务院领导全国政府预算的执行,其主要职责:一是制定和执行国家预算法律、法令,制定预算管理方针、政策;二是核定政府预算、决算草案;三是组织、领导政府预算的执行;四是颁发全国性的、重要的财政预算规章制度;五是审查、批准总预备费的动用。各级政府应当加强对预算工作的领导,定期听取财政部门有关预算执行情况的汇报,研究解决预算执行中出现的问题。

地方各级地方人民政府领导地方政府预算的执行,其主要职责:一是颁发本级预算执行的规定、法令,二是批准本级预备费、机动财力的动用,三是按规定执行预算调剂权和按规定安排使用本级预算结余,四是审查本级预算的执行和决算。

（二）管理机构

各级政府财政部门是国家预算执行的具体负责和管理机构,是执行预算收支的主管机构。财政部在国务院的领导下,具体负责组织政府预算的执行工作,执行中央预算并指导检查地方预算的执行工作;提出中央预算预备费的动用方案;具体编制中央预算的调整方案;定期向国务院报告中央和地方预算的执行情况;负责制定与预算执行有关的财务会计制度。

地方各级政府财政部门主要任务职责包括以下方面:研究落实财政税收政策的措施,支持经济社会健康发展;制定组织预算收入和管理预算支出的制度和办法;督促各预算收入征收部门和单位、各有预算收入收缴职责的部门和单位依法履行职责,征缴预算收入;根据年度支出预算和用款计划,合理调度、拨付预算资金,规范库款和国库单一账户体系管理,监督、检查各部门、各单位预算资金使用管理情况,建立覆盖预算执行全过程的动态监控机制,厉行节约,提高效率;统一管理政府债务的举借、支出、偿还,对使用单位和债务资金使用情况进行监督、检查和绩效评价;指导和监督各部门、各单位建立健全财务制度和会计核算体系,规范账户管理,健全内部控制机制,按照规定使用预算资金;汇总、编报分期的预算执行数据,分析预算执行情况,按照本级政府和上一级政府财政部门的要求定期报告预算执行情况,并提出相关建议;指导和监督各部门、各单位建立健全资产管理制度,监督检查各部门、各单位资产使用情况;组织和指导预算资金绩效监控、绩效评价,充分应用绩效评价结果;协调预算收入征收部门和单位、国库和其他有关部门的业务工作。

（三）执行机构

1. 收入的征收机构

政府预算收入的执行工作,由财政部门统一负责组织,并按各项预算收入的性质和征收方法,分别由财政部门、税务机关、海关及其他收入征收机构征收。

税务机关主要负责征收和管理各项税收,同时负责办理国家交办的其他有关预算收入的征收管理。税务机构分设国家税务总局和地方税务局,因此其职能范围有所不同。国家税务总局主要负责征中央税和中央地方共享税。地方税务局主要负责征收地方税。税务机关除按规定范围组织征收外,还应研究制定税收政策、法令、规章制度,检查税收计划执行情况,依法审批税收减免等。

海关主要负责关税的征收管理,另外还应对进口货物代征增值税、消费税等有关税收对海关罚没收入等进行征收管理。

各项纳入预算管理的政府性基金主要由税务或财政部门负责征收管理,其余各项基金由财政部驻各地专员办事机构与同级财政部门或经同级财政部门委托的部门负责征收管理。

各级财政、税务、海关等预算收入征收部门和单位，必须依法组织预算收入，按照财政管理体制、征收管理制度和国库集中收缴制度的规定及时将预算收入缴入国库，按照《中华人民共和国社会保险法》规定将社会保险基金收入存入依法设立的财政专户。

2. 政府预算支出的执行机构

财政部门是国家预算支出的管理机构，此外，还有其他职能机构配合。

一是银行等金融机构，主要包括中央银行、商业银行、政策性银行。银行是资金结算中心，也是政府资金的清算系统，以银行存款为切入点联动绝大部分社会资金的结算业务，关系到政府资金的安全和效率。中央银行经理国库，政府预算一切收入都由国库收纳，一切支出都要通过国库拨付。中央银行作为"银行的银行"，还要履行相应管理职能；各商业银行分工协作，通过财政部门、预算单位的账户分别对各项财政的购买支出、转移支出资金进行结算、划转、清算；政策性银行主要负责国家重点建设的贷款及贴息业务、农业政策性贷款和进出口政策性贷款等。

二是各部门、单位。各个支出预算部门和单位具体负责执行预算支出和预算资金的使用，预算收入主要来自国民经济各部门，预算支出都要通过各部门、各单位进一步分配和使用。各部门、各单位预算执行中的主要任务职责包括：制定本部门、本单位预算执行制度，建立健全内部控制机制；依法组织收入，严格支出管理，实施绩效监控，开展绩效评价，充分应用绩效评价结果，提高资金使用效益；对单位的各项经济业务进行会计核算；编制财务报告，汇总本部门、本单位的预算执行情况，定期向本级政府财政部门报送预算执行情况报告和绩效评价报告。

3. 国库

国库是办理预算收入的收纳、划分、留解和库款支拨的专门机构，分为中央国库和地方国库。中央国库业务由中国人民银行经理。未设中国人民银行分支机构的地区，由中国人民银行商财政部后，委托有关银行办理。地方国库业务由中国人民银行分支机构经理。未设中国人民银行分支机构的地区，由上级中国人民银行分支机构商有关的地方政府财政部门后，委托有关银行办理。我国的国库体系由五级国库组成：总库、分库、中心支库、支库和乡镇国库。中央国库与地方国库应当按照有关规定向财政部门编报预算收入入库、解库及库款拨付情况的日报、旬报、月报和年报。各级国库和有关银行必须遵守国家有关预算收入缴库的规定，不得延解、占压应当缴入国库的预算收入和国库库款。各级国库必须凭本级政府财政部门签发的拨款凭证于当日办理库款拨付，并将款项及时转入用款单位的存款账户。中央国库业务应当接受财政部的指导和监督,对中央财政负责。地方国库业务应当接受本级政府财政部门的指导和监督,对地方财政负责。

中央国库业务经理机构和地方国库业务办理机构要履行下列国库管理职责:按照财政部规定及时、准确地办理预算收入的收纳、划分、留解、退付、更正和预算支出的拨付;按照财政部门指令及规定时间,办理国库单一账户与零余额账户资金清算业务;按规定监督代理国库集中收付业务的银行业金融机构的资金清算业务;对国库库款收支有关凭证要素的合规性进行审核;按照财政部规定向财政部门编报预算收入入库、解库及库款拨付情况的日报、旬报、月报和年报及明细情况;建立健全预算收入对账制度。

(四)监督机构

强有力的监督管理是预算执行的重要保证。监督机构主要涉及各级人民代表大会及其常务委员会、各级政府、各部门单位、各级审计机关等。按照《预算法》及实施条例的规定,各机构的监督职责主要包括以下几个方面。

全国人民代表大会及其常务委员会对中央和地方预算、决算进行监督。县级以上地方各级人民代表大会及其常务委员会对本级和下级政府预算、决算进行监督。乡、民族乡、镇人民代表大会对本级预算、决算进行监督。各级人民代表大会和县级以上各级人民代表大会常务委员会有权就预算执行、决算中的重大事项或者特定问题组织调查,有关的政府、部门、单位和个人应当如实反映情况和提供必要的材料。

各级政府应当加强对下级政府预算执行的监督,对下级政府在预算执行中违反法律、行政法规和国家方针政策的行为,依法予以制止和纠正,对本级预算执行中出现的问题,及时采取处理措施。下级政府应当接受上级政府对预算执行的监督,根据上级政府的要求,及时提供资料,如实反映情况,不得隐瞒、虚报,严格执行上级政府做出的有关决定,并将执行结果及时上报。

各级财政部门应当加强对本级各部门、各单位预算编制、执行的监督、检查。

各部门及其所属各单位应当接受本级财政部门有关预算的监督、检查,按照本级财政部门的要求,如实提供有关预算资料,执行本级财政部门提出的检查意见。

各级审计机关应当依照《中华人民共和国审计法》以及有关法律、行政法规的规定,对本级预算执行情况、对本级各部门和下级政府预算的执行情况和决算,进行审计监督。

另外,在预算执行中还应充分发挥新闻媒体和社会公众的监督力量,不断推进我国预算工作的民主化进程。

第二节　政府预算收入执行

一、政府预算收入的缴库

国家实行预算收入"国库集中收缴制度",是指预算收入按照规定的程序,通过国库单一账户体系缴入国库的办法。

(一)政府预算收入缴库的依据

政府预算收入执行基本要求:一是组织预算收入与坚持政策法规相结合。征收机构必须应收尽收,不收过头税费;缴款单位应缴尽缴,及时、足额上缴入库,不能直接作为单位收入;取得的各项收入要及时入账,不得坐支;主管部门和财政部门对单位应缴未缴资金要督促催缴。二是组织预算收入与促进生产发展相结合,充分调动各方面的积极性,为更多地组织预算收入创造条件。三是加强预算收入执行的日常管理,提高预算收入执行的质量。

按照政府预算收入执行的基本要求,无论是收入征收机关征收的收入,还是缴款单位上缴的各项预算收入,都要有一定的依据,即主要按照各种缴款计划进行。

1. 税收收入计划

目前我国税收收入计划中涉及增值税、消费税、营业税、企业所得税、个人所得税等款级科目。各级税务机关根据政府预算确定的工商等税收任务按季编制分月的税收执行计划,作为税务机关组织工商税收入库的依据以及考核税收工作的基本指标。按旬掌握收入进度,按月进行分析,并发出收入计划执行情况的通报,按季做出收入计划执行情况的分析检查报告,层层分析,逐级汇总上报,保证各项税收及时、有序地入库。

2. 非税收入计划

非税收入是指除税收以外,由各级政府、国家机关、事业单位、代行政府职能的社会团体及其他组织依法利用政府权力、政府信誉、国家资源、国有资产或提供特定公共服务、准公共服务取得并用于满足社会公共需要或准公共需要的财政资金,是政府财政收入的重要组成部分,是政府参与国民收入分配和再分配的一种形式。政府非税收入管理范围包括行政事业性收费、政府性基金、国有资源有偿使用收入、国有资产有偿使用收入、国有资本经营收益、彩票公益金、罚没收入、以政府名义接受的捐赠收入、主管部门集中收入、政府财政性资金产生的利息收入等。我国政府非税收入实行计划管理,每年各执收部门和单位都要根据财政部门关于编制政府非税收入计划的要求,编制执收范围的政府非税收入计划。该计划经财政部门审核汇总后上报同级人民政府批准,作为财政预算的一部分提请同级人民代表大会审查;人民代表大会批准后,由财政部门下达各单位执行。非税收入计划为非税收入征缴的依据。

3. 企业财务收支计划

企业财务收支计划由企业根据财务会计制度和有关法律法规及企业生产经营状况编制,企业年度收支计划中向国家缴款的部分构成了政府预算收入的内容。国有资本经营预算有关国有企业利润上缴的部分,构成了政府预算收入的一项来源。

4. 社会保险基金收入计划

社会保险是由政府举办的主要由单位和职工缴费筹资的社会保障计划,其缴费收入是政府重要的财政收入。社会保险基金收入是一种强制性的专款专用的财政收入形式,其收入要专项用于政府社会保险计划的开支。为加强社会保险基金管理,规范社会保险基金收支行为,2010年1月,《国务院关于试行社会保险基金预算意见》出台,国务院决定试行社会保险基金预算。所谓社会保险基金预算是根据国家社会保险和预算管理法律、法规建立,反映各项社会保险基金收支的年度计划。目前,我国社会保险基金预算按险种分别编制,包括企业职工基本养老保险基金、失业保险基金、城镇职工基本医疗保险基金、工伤保险基金、生育保险基金等内容。社会保险基金收入计划构成社会保险基金收入缴库的依据。

5. 债务收入计划

债务收入是财政收入的重要来源。按照行政级次,债务收入包括中央政府债务收入和地方政府债务收入;按照收入来源,可分为国内债务收入和国外债务收入。债务是财政收入的重要来源,也是政府调节经济的重要杠杆。

(二)政府预算收入缴库方式

预算收入缴库方式是指政府将部分国民收入转化为预算资金的形式、程序、手续和过程。在确定预算收入缴库方式时应遵循以下原则:便利,方便缴款单位或纳税人向国库缴款;合理,符合财政、财务管理的体制;及时,有利于政府预算收入及时入库。

适应财政国库管理制度的改革要求,我国将过去预算收入缴款的就地缴库、集中缴库和自行缴库三种方式,调整为直接缴库和集中汇缴两种方式。

1. 直接缴库

直接缴库是由缴款单位或缴款人按有关法律法规规定,直接将应缴收入缴入国库单一账户或预算外资金财政专户。它是我国预算收入缴库的主要方式,既方便了缴款者,又可保证政府预算收入及时入库,减少了层层汇总缴款的烦琐手续,提高了收入入库效率。

直接缴库程序:对直接缴库的税收收入,由纳税人或税务代理人提出纳税申请,经征收机关审核无误后,由纳税人通过开户银行将税款缴入国库存款账户。对非税收入,除批准实行集中汇缴的项目外,比照税收入库程序,由缴款人直接缴入国库存款账户或预算外资金财政专户。

2. 集中汇缴

集中汇缴是由征收机关按有关法律法规规定,将所收的应缴收入汇总,缴入国库单一账户或财政专户。实行这种缴库方式的收入,包括小额零散税收和非税收入中的现金缴款,即小额零星税收和经批准必须实行现场执收、执罚的非税收入和预算外收入,由征收机关在收入的当日汇总缴入国库存款账户或预算外资金财政专户。这种缴款方式既体现了预算收入缴库的灵活性,又方便了相关缴款人缴款,可减少收入流失。

非税收入集中汇缴的程序:执收单位向缴款人开具财政部门统一监(印)制的收款收据,直接向缴款人收取款项后,由执收单位按日汇总填制《非税收入一般缴款书》,每日到代理银行将所收应缴款项及时缴入国库单一账户或财政专户。

二、政府预算收入库款的划分和报解

(一)预算收入划分和报解的含义

预算收入划分是指国库对收纳入库的预算收入,根据国家预算管理体制规定的各级预算固定收入的划分范围和中央与地方、地方上下级之间共享收入的分成比例,划分和计算中央预算收入和地方预算收入。

预算收入报解是指在收入划分的基础上,按照规定的程序和手续将各级预算收入的库款分别报解各级国库,相应增加各级财政金库存款,以保证各级财政及时取得预算收入。其中,"报"是指国库通过编报"预算收入统计表",向各级财政机关报告预算收入的情况,使各级财政机关及时掌握预算收入进度和情况;"解"是指各级国库在对各级预算收入进行划分后,将库款按其所属关系逐级上解到所属财政机关在银行的存款账户。

(二)预算收入划分和报解的要求

及时、准确地办理预算收入的划分和报解关系到政府各级财政预算资金的灵活调度和对经济社会事业发展所需资金的及时供应,也关系到预算资金信息的及时传递和反馈。预算收入划分和报解的基本要求包括以下三点。第一,及时、准确。为了保证各级预算及时取得收入,各级国库办理库款的划分和报解工作,原则上应当于收到预算收入的当日办理,最迟不得超过次日上午,不得积压拖延库款。个别边远的基层金库收入很少的,可适当延长期限,但报解期限不得超过五天。但月终日收纳的预算收入,则必须当日结清报解,不能延至下月。第二,库解报表按规定的方式报解。第三,严格进行对账。每当月终和年度决算时,各级国库要分别预算级次按照规定要求编制预算收入对账单,同财政部门、征收机关互相核对,上级国库和同级主管收入机关进行汇总对账,以确保预算收入及其划分报解的完整与准确。

(三)预算收入划分和报解的程序

预算收入划分和报解是由基层国库(支库)自上而下逐级分别进行的,其程序如下。

1. 分清级次

国库对于每天收纳入库的预算收入,首先分清预算级次,按照中央、省、地区、县四个级次,及时办理预算收入和库款的划分和报解。

2. 编制收入日报表

国库对预算收入缴款书审核无误后,按照预算收入科目分"款"进行统计,编制预算收入日报表,同时根据预算收入日报表中属于分成收入项目的会计数,按确定的分成比例编制分成收入日报表,作为分成收入报解的依据。

3. 办理各级预算收入的划分

中央和地方实行分税制,预算收入划分为中央预算收入、地方预算收入、中央和地方预算共享收入。中央预算收入部分按统计报表的数额逐级报解中央总金库;地方预算收入部分按统计报表的数额逐级报解同级地方金库;中央和地方预算共享收入按照财政部规定的收入留成比例,分别报解中央总金库和地方各级金库,并相应增加中央财政国库存款和地方各级财政国库存款。

三、政府预算收入的退库管理

预算收入退库,是指财政及征收机关根据财税体制的有关规定,在政策允许的范围内,将已经入库的预算收入退还给原缴款单位或缴款人。入库的预算收入即构成国家财政收入,一般情况下是不能退还的,如果由于特殊原因需要退库,要根据预算收入退库的权限、手续、规定的退库范围,按照规定的程序,认真审核,严肃对待。

(一)预算收入退库的审批权限

各级预算收入退库的审批权属于本级政府财政部门。中央预算收入、中央和地方预算共享收入的退库,由财政部或者财政部授权的机构批准。地方预算收入的退库,由地方政府财政部门或者其授权的机构批准。涉及中央预算收入退库的办法,由财政部制定,地方预算收入退库的办法,由省、自治区、直辖市财政部门制定。

退库的审批管理由财政部门或财政部门委托的征收机关(税务或海关)和国库密切配合,共同负责。各级财政、征收部门和国库在退库工作中应当紧密配合,严格按国家有关文件规定办理,防止收入流失。

(二)预算收入退库的范围

属于下列情况,可以办理预算收入退库:现行政策规定在一定期限内对某些企业实行先征收后退付的税款;企业按规定预缴税收收入,经年终汇算清缴或结算对超缴部分需要办理的退库;由于调整税率,需要退还多缴预算收入办理的退库;改变企业隶属关系,办理财务结算需要退库的;由于技术性差错,错缴、多缴的预算收入;各种税款的代扣代征手续费、征管费、业务费的退库;其他按规定应予退库的项目。

凡不符合规定范围的预算收入退库,任何部门、单位和个人不得办理退库审批手续,各级国库不得办理退库。

第三节 政府预算支出执行

一、政府预算支出执行的基本要求和任务

(一)预算支出执行的基本要求

为了保证预算支出的正确执行,及时、合理地供应和使用财政资金,以保证经济社会各项事业的发展,预算支出执行应坚持如下基本要求。

1. 坚持按支出预算执行

各级预算是经过各级人民代表大会审查批准的,具有法律效力,是预算执行的依据。各项支出必须严格控制,不得突破支出预算,如因特殊原因确需调整的,应该按照法定程序进行支出预算调整。

2. 严格预算支出管理

预算支出管理是政府预算管理的重要内容,首先,要完善预算支出管理的制度并严格执行制度;其次,要根据不同性质的支出采用不同的管理方式,划清各类资金的界限,不得相互挤占。

3. 推进预算绩效管理,提高资金使用效益

预算绩效是指预算资金所达到的产出和结果,预算绩效管理就是一个由绩效目标管理、绩效运行跟踪监控管理、绩效评价实施管理、绩效评价结果反馈和应用管理共同组成的综合系统。预算绩效管理的推行,有利于完善公共财政体系,推进财政科学化、精细化管理,强化预算支出的责任和效率,提高财政资金使用效益。

为此,各级政府、各部门、各单位应当加强对预算支出的管理,严格执行预算和财政制度,不得擅自扩大支出范围、提高开支标准,严格按照预算规定的支出用途使用资金,建立健全财务制度和会计核算体系,按照标准考核、监督,提高资金使用效益。各级国库和有关银行不得占压财政部门拨付的预算资金,各级国库必须凭本级政府财政部门签发的拨款凭证于当日办理库款拨付,并将款项及时转入用款单位的存款账户。

(二)预算支出执行的基本任务

政府预算支出执行由预算执行的领导机关、管理机关、执行机关及相关部门单位共同完成,而由各个支出预算机关具体负责实行,它们的共同任务就是要遵照预算支出计划,采取各种有效措施,按照预算支出的原则,及时、合理地供应经济社会事业发展所需要的资金,最大限度地提高资金的使用效益,保证高质量完成支出预算。其中财政部门的基本任务是制定管理预算支出的制度和办法;根据年度支出预算和季度用款计划,合理调度、拨付预算资金;监督、检查各部门、各单位管好、用好预算资金,节减开支,提高效率;编报、汇总分期的预算支出执行数字,分析预算支出执行中出现的新情况、新问题。

二、政府预算拨款的原则

政府预算拨款即财政部门根据核定的预算办理预算支出的拨付,拨款给用款单位。办理政府预算拨款应该遵循如下原则。

(一)坚持按预算拨款

办理预算拨款要按核定的年度支出预算和季度分月用款计划拨款,不能办理无预算、无计划拨款,也不能办理超预算、超计划拨款。

(二)坚持按进度拨款

根据事业进度和上期用款单位的资金结存情况合理拨付资金。既要保证资金需要,又要防止资金分散积压;既要考虑本期资金需要,又要考虑上期资金的使用和结余情况,以保证国家预算资金的统一安排、灵活调度和有效使用。同时,还应考虑国

库库款情况。

（三）坚持按核定用途拨款

坚持按核定用途拨款即按照一般公共服务、外交、国防、社会保障、农林水利事务等支出拨款的不同用途，分别拨付。各级财政部门办理预算拨款时，应根据预算规定的用途拨付，不得随意改变支出用途，以保证国民经济和社会事业发展计划正确地执行。

（四）坚持按预算级次和程序拨款

坚持按预算级次和程序拨款即根据用款单位的申请，按照用款单位的预算级次和审定的用款计划，按期核拨，不得越级办理预算拨款。各级主管部门一般不能向没有支出预算关系的单位垂直拨款，同级主管部门之间也不能发生支出预算的横向拨款关系。

三、政府预算支出的支付方式

预算单位收到财政或上级部门批复的用款计划后，即可以进行资金支付。伴随着以国库单一账户体系为基础、资金缴拨以国库集中收付为主要形式的现代财政国库制度的改革，我国对预算支出的支付方式和支付程序进行了调整。国家对预算支出实行"国库集中支付制度"，即是指预算支出通过国库单一账户体系，采取财政直接支付或者财政授权支付方式，将资金支付到收款人的办法。县级以上各级政府财政部门应当设立专门的财政国库支付执行机构，让其承担国库集中支付有关具体工作。国库集中收缴制度和集中支付制度统称国库集中收付制度。

（一）支出类型

财政支出总体上分为购买性支出和转移性支出。根据支付管理需要，具体分为：工资支出，即预算单位的工资性支出；购买支出，即预算单位除工资支出、零星支出之外购买服务、货物、工程项目等支出；零星支出，即预算单位购买支出中的日常小额部分，除《政府采购品目分类表》所列品目以外的支出，或列入《政府采购品目分类表》，但未达到规定数额的支出；转移支出，即拨付给预算单位或下级财政部门，未指明具体用途的支出，包括拨付企业补贴和未指明具体用途的资金、中央对地方的一般性转移支付等。

（二）支付方式

按照不同的支付主体，对不同类型的支出，分别实行财政直接支付和财政授权支付。

1. 财政直接支付

财政直接支付是指由政府财政部门开具支付令,通过财政零余额账户支付到收款人,财政零余额账户再与国库进行资金清算的支付方式。实行财政直接支付的支出包括以下两方面。

第一,工资支出、购买支出以及中央对地方的专项转移支付,拨付企业大型工程项目或大型设备采购的资金等,直接支付到收款人。

第二,转移支出(中央对地方专项转移支出除外),包括中央对地方的一般性转移支付中的税收返还、原体制补助、过渡期转移支付、结算补助等支出,对企业的补贴和未指明购买内容的某些专项支出等,支付到用款单位(包括下级财政部门和预算单位,下同)。

2. 财政授权支付

财政授权支付是指预算单位根据本级政府财政部门授权,自行开具支付令,通过预算单位零余额账户支付到收款人,预算单位零余额账户再与国库进行资金清算的支付方式。实行财政授权支付的支出包括未实行财政直接支付的购买支出和零星支出。

(三)支付程序

1. 财政直接支付程序

预算单位按照批复的部门预算和资金使用计划,向财政国库支付执行机构提出支付申请,财政国库支付执行机构根据批复的部门预算和资金使用计划及相关要求对支付申请审核无误后,向代理银行发出支付令,并通知中国人民银行国库部门,通过代理银行进入全国银行清算系统实时清算,财政资金从国库单一账户划拨到收款人的银行账户。

财政直接支付主要通过转账方式进行,也可以采取"国库支票"支付。财政国库支付执行机构根据预算单位的要求签发支票,并将签发给收款人的支票交给预算单位,由预算单位转给收款人。收款人持支票到其开户银行入账,收款人开户银行再与代理银行进行清算。每日营业终了前由国库单一账户与代理银行进行清算。对工资性支付涉及的各预算单位人员编制、工资标准、开支数额等,分别由编制部门、人事部门和财政部门核定。支付对象为预算单位和下级财政部门,财政部门按照预算执行进度将资金从国库单一账户直接拨付到预算单位或下级财政部门账户。

2. 财政授权支付程序

预算单位按照批复的部门预算和资金使用计划,向财政国库支付执行机构申请授权支付的月度用款限额,财政国库支付执行机构将批准后的限额通知代理银行和预算单位,并通知中国人民银行国库部门。预算单位在月度用款限额内,自行开具支付令,通过财政国库支付执行机构转由代理银行向收款人付款,并与国库单一账户清算。

上述财政直接支付和财政授权支付流程,以现代化银行支付系统和财政信息管理系统的国库管理操作系统为基础。

第四节 政府预算执行中的调整

一、政府预算调整

在预算执行过程中,经济形势的变化、政策的调整或者一些突发性的重大事件等客观情况的影响,会导致政府的预算计划赶不上情况的变化,为了避免预算收支与客观实际情况脱节,有必要根据实际情况对预算进行动态调整,以实现预算在执行中的平衡。

(一)政府预算调整的含义

预算调整是指经全国人民代表大会批准的中央预算和经地方各级人民代表大会批准的地方各级预算,在执行中需要增加或者减少预算总支出、调减预算安排的重点支出、调入预算稳定调节基金或需要增加举借债务数额而造成的预算部分变更。根据《预算法》应当进行预算调整的情况包括需要增加或者减少预算总支出的,需要调入预算稳定调节基金的,需要调减预算安排的重点支出数额的,需要增加举借债务数额的。从形式上看,政府总预算、部门预算、单位预算、国有资本经营预算、社会保险基金预算等都会涉及预算调整问题。

(二)政府预算调整的方法

政府预算调整实际就是通过调整预算收支的规模或改变收入来源和支出用途,来组织新的预算平衡的重要方法。按照预算调整的程度不同,预算调整的方法可分为全面调整和局部调整。

1.全面调整

全面调整是一种在盘子外的大调整,这种情况并不总是发生。全面调整的背景条件:遭遇特大自然灾害、战争等事件;国民经济发展出现严重危机,经济大幅波动;国家对原定国民经济和社会发展计划做重大调整等。此时,政府往往相应对预算收支的总盘子进行大调整,其特点是涉及面广、工作量大,实际上等于重新编制国家预算。

全面调整一般是在第三季度或第四季度初进行。其基本程序如下:首先,由财政部提出调整预算计划,经国务院审核同意,上报全国人民代表大会常务委员会审查批准。其次,下达各地区、各部门执行。在预算调整的过程中,财政部门和主管部门,要经过上下协商,反复平衡。再次,确定政府预算收支的新规模,以适应形势变化的需求。

2. 局部调整

局部调整是对政府预算做出的局部变动。在政府预算执行中,为了适应客观情况的变化,这种重新组织预算收支平衡的情况是经常发生的。

各级财政预备费一般是财政总预算中安排的预备资金,在预算执行中,由于发生自然灾害等突发事件,必须及时增加预算支出的,应当先动支预备费。各级预算预备费的动用方案,由本级政府财政部门提出,报本级政府决定。预备费不足支出的,各级政府可以先安排支出,属于预算调整的,列入预算调整方案。

(1)预算追加追减。

在原核定预算收支总数不变的情况下,追加追减预算收入或支出数额。各部门、各单位需要追加追减收支时,均应编制追加、追减预算,按照规定的程序报经主管部门或者财政部门批准后,财政机关审核并提经各级政府或转报上级政府,审定通过后执行。政府财政办理追加追减预算时须经各级人大常委会批准,方可执行。

(2)经费流用。

经费流用也称"科目流用",是在不突破原定预算支出总额的前提下,由于预算科目之间调入、调出和改变资金用途而形成的预算资金再分配,而对不同的支出科目具体支出数额进行调整。

为了充分发挥预算资金的使用效果,可按规定在一些科目之间进行必要的调整,以达到预算资金的以多补少,以余补缺。资金用途和物资的计划供应情况密切结合。经费流用的原则:一是调剂只能此增彼减,不能突破预算总规模和收支平衡;二是调剂要有利于提高资金使用效益,不能影响各项建设事业的完成;三是遵循流用范围,一般要求基建资金不与流动资金流用,人员经费不与公用经费流用,专款一般不与经费流用;四是通过一定的审批程序,不同科目间的预算资金需要调剂使用的,审批上必须按照国务院财政部门的规定报经批准。

(3)预算划转。

由于行政区划或企事业、行政单位隶属关系改变,在改变财务关系的同时,相应办理预算划转,将其全部预算划归新接管地区和部门。预算的划转应报上级财政部门;预算指标的划转由财政部门和主管部门会同办理;企事业单位应缴的各项预算收入及应领的各项预算拨款和经费,一律按照预算年度划转全年预算,并将年度预算执行过程中已经执行的部分——已缴入国库的收入和已经实现的支出一并划转,由划出和划入的双方进行结算,即划转基数包括年度预算中已执行的部分。一般来说,预算划转在中央预算和地方预算之间、地方之间及部门之间进行。预算划转要做到及时、准确,既要保证财权与事权的统一,又要保证预算任务的完成。

(三)政府预算调整的程序与权限

政府预算调整的程序与权限要通过有关法律、法规及规章确定,在我国主要由《中华人民共和国预算法》《中华人民共和国预算法实施条例》《中央本级基本支出预算管理办法》《国务院关于试行社会保险基金预算的意见》等规定。

1. 政府总预算的调整

各级政府对于必须进行的预算调整,应当编制预算调整方案。预算调整方案应当列明调整的原因、项目、数额、措施及有关说明,经本级政府审定后,提请本级人民代表大会常务委员会审查和批准。中央预算的调整方案必须提请全国人民代表大会常务委员会审查和批准。县级以上地方各级政府预算的调整方案必须提请本级人民代表大会常务委员会审查和批准。乡、镇政府预算的调整方案必须提请本级人民代表大会审查和批准。未经批准,不得调整预算。地方各级政府预算的调整方案经批准后,由本级政府报上一级政府备案。

未经批准调整预算,各级政府不得做出任何使原批准的收支平衡的预算的总支出超过总收入或者使原批准的预算中举借债务的数额增加的决定。对违反规定做出的决定,本级人民代表大会、本级人民代表大会常务委员会或者上级政府应当责令其改变或者撤销。

2. 部门预算调整

中央部门要严格执行批准的基本支出预算,对执行中发生的非财政补助收入超收部分,原则上不再安排当年的基本支出,可报经财政部批准后,安排项目支出或结转下年使用;发生短收,中央部门应当报经财政部批准后调减当年预算,对当年的财政补助数不予调整。如遇国家出台有关政策,对预算执行影响较大,确需调整基本支出预算的,由中央部门报经财政部批准后进行调整。

定额标准的执行期限与预算年度一致;定额标准的调整在预算年度开始前进行;定额标准一经下达,在年度预算执行中不做调整,影响预算执行的有关因素,在确定下一年度定额标准时,由财政部统一考虑。

中央部门应当按照批复的项目支出预算组织项目的实施,并责成项目单位严格执行项目计划和项目支出预算。项目支出预算一经批复,中央部门和项目单位不得自行调整。预算执行过程中,如发生项目变更、终止的,必须按照规定的程序报批,并进行预算调整。政府有关部门以本级预算安排的资金拨付给下级政府有关部门专款,必须经本级政府财政部门同意并办理预算划转手续。

3. 单位预算调整

各部门、各单位的预算支出,必须按照本级政府财政部门批复的预算科目和数额执行,不得挪用;确需做出调整的,必须经本级政府财政部门同意。

各部门、各单位的预算支出不同预算科目间的预算资金需要调剂使用的,必须按照国务院财政部门的规定报经批准。

年度预算确定后,企业、事业单位改变隶属关系,引起预算级次和关系变化的,应当在改变财务关系的同时,相应办理预算划转。

4. 国有资本经营预算调整

国有资本经营预算资金支出,由企业在经批准的预算范围内提出申请,报经财政部门审核后,按照财政国库管理制度的有关规定,直接拨付使用单位。使用单位应当按照规定用途使用、管理预算资金并依法接受监督。

国有资本经营预算执行中如需调整,须按规定程序报批。年度预算确定后,企业改变财务隶属关系引起预算级次和关系变化的,应当同时办理预算划转。现行国有资本经营预算调整应该按照《预算法》的规定执行。

5. 社会保险基金预算调整

社会保险基金预算不得随意调整,在执行中因特殊情况需要增加支出或减少收入,应当编制社会保险基金预算调整方案。社会保险基金预算调整由统筹地区社会保险经办机构提出调整方案,经人力资源社会保障部门审核汇总,财政部门审核后,由财政和人力资源社会保障部门联合报本级人民政府批准。社会保险费由税务机关征收的,社会保险费收入预算调整方案由社会保险经办机构会同税务机关提出。现行社会保险基金预算调整应按《预算法》规定执行。

二、政府预算执行检查分析

(一)预算执行检查分析的主要内容

1. 检查分析党和国家相关经济和预算政策的贯彻执行情况

一是要分析是否贯彻了党和国家的方针政策和重大措施。二是要分析贯彻相关方针政策对预算收支执行的影响,以便于及时调整预算,组织预算新的平衡。三是从贯彻方针政策方面检查各级预算收支情况,做到收入按政策,支出按计划;追加追减符合规定程序;各项收支管理制度切实遵守执行等。

2. 检查分析预算收支项目的完成情况

一是各项收入是否及时、足额地纳入国库。分析检查预算收入的报解是否及时,科目使用是否正确,预算级次的划分有无差错等。二是预算拨付是否合理。有无违反国家财经纪律和制度的现象,各项预算支出进度同各项生产建设以及事业行政计划的完成情况是否相适应;检查资金使用效果和定员定额情况以及存在的问题;分析检查预算资金的使用效果是否达到预期目标等。

3. 分析影响政府预算执行完成情况的原因

一定时期影响预算执行完成情况的因素很多,可从国内与国外、宏观与微观、内部与外部等多层面、多角度进行分析,包括国际经济形势、国内经济运行、国民经济重要指标的完成情况、国家宏观经济政策的变化与重大经济措施的出台、企业经营状况等。

4. 预算收支平衡和综合平衡的态势

预算、信贷、外汇和物资之间有着密切的联系,涉及商品可供量与社会购买力之间的平衡。以预算收支平衡为核心的综合平衡是国家预算是否顺利执行的重要标志,因而是预算检查分析的工作重点。不仅要分析检查预算收支本身的平衡,还要根据国家政治、经济等形势发展的客观需要,结合银行信贷、外汇收支组织综合平衡。

(二)政府预算执行检查分析的方法

政府预算执行检查分析方法是指在深入调查研究、充分掌握各种预算执行的调查资料、各种报表的基础上,对相关信息进行归纳、整理、分析,进而得到预算执行情况结论的手段和工具。预算收支指标表现的经济现象之间具有一定的因果关系。预算执行检查分析不仅对预算资金的运动进行定性分析,还应进行定量分析。常用的分析方法包括比较法、因素分析法、逻辑推理法、动态分析法等。

1. 比较分析法

比较分析法是实际工作中一种常用的方法,主要以本期实际数与有关各期指标数进行比较分析。其包括将预算指标和实际完成指标对比,本期实际完成指标和前期实际完成指标对比,地区、部门、企业之间实际完成指标对比等。

比较分析法简单易用,使用广泛,但只能用于同质指标间数量对比,无法分析诸多变化因素对预算和实际差异的影响程度,因而限制了检查分析的广度和深度。

2. 因素分析法

采用比较法确定了各种差异之后,还应分析引起差异的因素,衡量诸因素对差异的影响程度,如果某项差异是受多种因素交叉作用影响的结果,则需用因素分析法确定各因素对差异的影响程度。

因素分析法也称连环替代法,是从影响收支的诸多因素中分别测定每项因素对收支影响程度的一种方法。它通过分析组成某一经济指标诸因素的顺序,用数值来测定诸因素动作对产生差异的影响程度。只要顺次地把其中一个因素视为可变,把其他因素视为不变,就会得到任何一种可能的组合结果。因素分析法的基本原理可概括为"依次替换,顺序分析,得出结论"。

在实际操作时,事先要严格规定诸因素的排列顺序,并在不同时期均按既定排列顺序分析,才具有可比性,才能得到正确的组合结果,否则,因素失真,得到的是错误的组合结果。

3. 逻辑推理法

逻辑推理法是指通过对有关财经信息资料、预算执行资料的分析研究,根据以往的经验,分析预测预算收支发展变化趋势及其规律性的方法。

4. 动态分析法

动态分析法是指分析研究预算收支在时间上的变化及其规律性的方法。

所有执行政府预算的机关都必须对本地区、本部门、本单位预算执行情况进行认真的检查分析。政府财政部门应当每月向本级政府报告预算执行情况,具体报告内容和方式由本级政府规定。

省、自治区、直辖市政府财政部门应当按照下列期限和方式向财政部报告本行政区域预算执行情况:按照财政部规定的内容编制预算收支旬报,于每旬终了后3日内报送财政部;按照财政部规定的内容编制预算收支月报,于每月终了后5日内报送财政部;将每月预算收支执行情况的文字说明材料,于每月终了后10日内报送财政部,将每季预算收支执行情况的全面分析材料于季度终了后15日内报送财政部;年报即年度决算的编报事项,对其依照《预算法》和本条例的有关规定执行。各级财政、税务、海关等预算收入征收部门应当每月按照财政部门规定的期限和要求,向财政部门和上级主管部门报送有关预算收入计划执行情况,并附说明材料。

第五节 "收支两条线"管理

一、"收支两条线"管理改革的背景

改革开放以后,随着经济体制改革的进展,社会分配格局发生了很大变化。由于经济处于转轨时期,新旧体制存在冲突,各项规章制度不完善,监督缺位,一些地方和部门在利益驱动下乱罚款、乱收费、乱摊派,或是通过各种非法手段将部分预算

内资金划为预算外,导致国家财政收入流失,预算外资金迅速膨胀。20世纪90年代前后,一些年份的预算外资金甚至超过了预算内资金的规模。这既分散了国家财政资金,削弱了政府宏观调控能力,扰乱了市场经济秩序,加重了企业和人民群众的负担,又造成私设"小金库"、贪污浪费等问题突出,损害了政府形象,助长了不正之风。为此,中央决定对行政事业性收费和罚没收入等预算外资金实行"收支两条线"管理改革。

二、"收支两条线"管理改革的主要内容

经过多年的改革,"收支两条线"管理改革的内容得到不断的充实和完善,主要体现在以下几个方面。

(一)收入必须依法取得

首先,收入来源必须合法。所有的行政事业性收费、政府性基金必须被依法批准,具有法律、行政法规依据。行政事业性收费项目、收费标准必须依法经过批准。其次,取得收入必须出具相应凭证。如需持有《收费许可证》《罚款许可证》。收取行政事业性收费、政府性基金、罚没收入须使用财政部门统一印制的票据。

(二)收入必须全额上缴国库或财政专户

政府非税收入属于财政资金,任何单位不得截留、坐支或挪用。全面实行罚缴分离,全面推进政府非税收入收缴制度改革。

(三)单位账户开设必须符合国家规定

单位开设账户须经财政部门批准,须取得中国人民银行核发的开户许可证,还要严格账户管理。

(四)单位财务收支由财务部门统一归口管理

单位财务收支由财务部门统一归口管理,包括申请立项、调整收费标准、购领票据、账户开设、收入收缴、支出拨付、预决算编制等。

(五)部门和单位支出由财政部门统筹安排

部门和单位的支出与其取得的有关收入不得直接挂钩,有关收入须按财政部门批复的预算和用途使用,财政部门要及时核拨部门和单位所需的资金。

三、"收支两条线"管理改革的主要成效

(一)有效制止"三乱"行为,理顺政府收入分配秩序

"收支两条线"管理改革规范了政府的收费行为,遏制了"三乱"现象,切实减轻

了企业和社会的负担,减少了市场的不确定因素;"收支两条线"管理要求按照公共产品和公共服务的内在属性,理清行政性收费和经营性收费的范围,这将在很大程度上协调政府与市场的分工;有效解决财政资金体外循环的问题,提高了财政资金管理的透明度。

(二)集中国家财力,增强宏观调控能力

"收支两条线"将所有公共性质的收入,按照公共财政的要求纳入预算或财政专户管理,通过编制综合预算,实现了预算内外资金的统一管理,既增强了政府的可控财力和综合平衡能力,又为科学的宏观调控决策提供更为准确的信息,从而最大限度地增强了政府的宏观调控能力。

(三)强化权力监督制约,从源头上防治腐败

一是"收支两条线"明确了各部门行政事业性收费是财政资金的属性,为各执法部门的相关人员设立了一道法规界限。二是实行"收支两条线",收入全部上缴国库和财政专户,支出由预算安排,部门的一切收支行为均要受到财政预算的制约与监督,规范了政府收支行为,有助于从制度上消除贪污浪费、权钱交易、私设"小金库"等腐败现象滋生的土壤。三是深化"收支两条线"管理,弱化了部门违规收费的动机,大大减少各种违法违规行为。

(四)有利于推进财政改革,建立公共财政框架体系

实行"收支两条线"管理制度改革,推行财政综合预算,推进了国库集中收付制度、政府采购制度改革,有利于建立公共财政框架体系,也为最终实现把预算外资金纳入预算内管理奠定了基础。

第七章
预算绩效管理

第一节　政府预算绩效管理内涵

一、绩效预算及相关概念界定

绩效是业绩与成效的综合,是一定时期内的工作行为、方式、结果及其产生的客观影响。绩效是组织为实现其目标而开展的活动在不同层面上的有效产出和结果,具体表现为完成工作的数量、质量、成本费用以及其他贡献等。20世纪70年代末80年代初,西方国家引入私营企业管理中的绩效理念、方法和制度,借鉴市场经济中微观经济主体管理运行中有益经验,强调政府支出的效率问题,并使之成为以提高政府行政效率为目的的新公共管理运动的一个重要组成部分。

预算绩效是指预算资金所达到的产出和结果,强调政府预算支出与所获得的有效公共服务的对比关系。它主要从两个方面来反映:一是产出,反映主观的努力情况,即是否按期实现了预先设定的目标,主要任务是否完成,做了哪些工作;二是结果,反映政府预算活动带来的客观后果和影响,即完成任务的效率、资金使用的效益、预算支出的节约等。

预算绩效管理是政府绩效管理的主要组成部分,是一种以支出结果为导向的预算管理模式。预算绩效管理把市场经济的一些理念,尤其是绩效的理念融入公共管理之中,从而有效降低政府提供公共品的成本,提高政府与财政支出的效率。它强化政府预算为民服务,强调预算支出的责任和效率,要求在预算编制、执行、监督的全过程中更加关注预算资金的产出和结果,要求政府部门不断改进服务水平和质量,花尽量少的资金,办尽量多的实事,向社会公众提供更多、更好的公共产品和公共服务,使政府行为更加务实、高效。

预算绩效管理又不仅仅强调支出结果导向,它实际是一个管理系统,是一个把制定明确的公共支出绩效目标、建立规范的绩效评价指标体系、对绩效目标实现情况进行跟踪问效,对绩效目标实现程度进行评价,对评价结果有效使用等环节紧密结合的综合过程,是指一种适应服务型政府要求的,以财政效率为核心、以支出结果为导向的预算管理模式。预算绩效管理客观要求实施绩效预算。

人们对绩效预算有不同的理解,通常有两种解释:一是指预算管理模式,在较早时期人们将预算绩效管理称为绩效预算;二是指预算方式,作为预算方式,绩效预算应是预算绩效管理中的重要方式。国际通行的绩效预算一般是指预算方式,本书也主要在这个意义上来使用本概念。

绩效预算是一种以绩效目标为导向、以预算成本为衡量、以业绩评估为核心的一种预算方式,具体来说就是把资源分配的增加与绩效的提高紧密结合的预算系统。换句话说,绩效预算就是把绩效理念贯穿预算管理全过程的预算方式。绩效预算是市场经济条件下预算改革的方向,是政府部门按所完成的各项职能,将政府预算建立在可衡量的绩效基础上,把市场经济的一些基本理念融入公共管理之中,旨在有效降低政府提供公共品的成本,提高财政支出效率的现代财政预算管理方法。

绩效预算这一概念,最早出现在 20 世纪 50 年代。20 世纪 90 年代,绩效预算已经在西方很多国家获得实施,并取得了很成功经验。目前绩效预算已经成为各国政府预算改革的发展趋势。绩效预算不是一种关于预算的理论,更不是一种全新的预算编制方法,而是一种预算管理方式,它包含了以绩效为核心的预算理念和整个预算过程的重要变化。

综合来看,预算绩效管理与绩效预算有许多相通之处。预算绩效管理的方式方法有很多种,预算绩效管理不一定要实施绩效预算,只要是在预算的编制、执行、评价等环节引进绩效的理念与方法,提高了预算的产出与效率,都可以说是实施或在某种程度上实施了预算绩效管理。但只有实施了绩效预算,才可以说实现了高级形态的预算绩效管理,才能真正全面提高预算的绩效,这时,绩效预算与预算绩效管理的含义应是等同的。

由此可以看出,预算绩效管理框架是绩效预算成功的先决条件。也就是说一个国家只有实施预算绩效管理,才能谈到实施绩效预算。绩效预算是基于预算绩效管理方式下的一种预算管理方式,且侧重于把绩效等一些理念贯穿于预算管理之中。

二、绩效预算特点

绩效预算是借鉴现代管理理论重新安排和利用公共预算资源的过程,是一种强调绩效引导资源分配、使用、管理的预算管理新模式。同传统的预算相比,绩效预算具有以下特征。

(一)强调对预算进行系统的评价

绩效预算更注重预算执行结果的管理。在传统预算管理体制和预算资金分配模式下,部门和财政主要关注钱要投到哪里,怎么投入,预算一经批复即成定局,对于预算执行过程要完成什么、要达到什么样的效果,却问得很少,对资金没有追踪问效。

(二)预算资源的配置与政府绩效评价直接挂钩

绩效预算不是预算制度的全盘更新,而是要以绩效为导向编制预算、评价预算执行效果并建立相应的操作体系。

(三)绩效预算更注重对事的管理

传统的预算管理方式,是按"人员—职能—经费"的模式进行安排的,是因人设事的制度安排,很难真正实现财政资源的高效配置。而绩效预算的"提供公共品及服务—绩效—预算"的模式体现了以结果为导向的预算约束机制。

(四)绩效预算更注重客观、公正、公开的预算编制模式

由于对财政支出的绩效评价在一定程度上是由政府的服务对象——社会公众进行的,这就赋予了绩效预算公开透明、民主化的功能。无论是财政部门,还是用款单位,必须在公众的监督下,实现有效的公共服务、提供有效的公共产品,才能取得政府预算的支持。

三、预算绩效管理的意义

加强预算绩效管理,提高财政科学化精细化管理水平,有利于进一步完善政府绩效管理制度和加强财政预算管理工作,有利于强化预算支出的责任和效率,提高财政资金使用效益,有利于推动政府职能转变和公共财政体系建设,对于加快经济发展方式的转变,促进高效、责任、透明政府的建设具有重大的政治、经济和社会意义。

(一)加强预算绩效管理,是建立现代财政制度的必然要求

所谓建立现代财政制度就是要健全有利于优化资源配置、维护市场统一、促进社会公平、实现国家长治久安的科学的可持续的财政制度。而把预算制度作为财政制度的核心,加强预算绩效管理,全面深化预算管理制度改革,实施全面规范、公开透明的预算制度,是深化财税体制改革,建立现代公共财政制度的必然选择。

(二)加强预算绩效管理,有利于建设高效、责任、透明政府

预算绩效管理注重支出的责任,加强预算绩效管理,强化部门的支出责任意识,履行好经济调节、市场监管、公共服务、社会管理等政府职能,推进预算绩效信息公开,有利于促进政府部门提高管理效率,改善决策管理和服务水平,提升公共产品和

服务的质量,进一步转变政府职能,增强政府执行力和公信力。

(三)加强预算绩效管理,有利于推进财政科学化精细化管理

预算绩效管理是财政科学化精细化管理的重要内容,是效率观念的拓展和提升。加强预算绩效管理,要求预算编制时申报绩效目标,实施绩效运行监控,加强绩效监督和结果问责,建立预算安排与绩效评价结果有机结合机制,把绩效理念融入预算编制、执行、监督管理全过程,既可有效缓解财政收支紧张的矛盾,又可提高财政资金的使用效益,是进一步提升财政科学化精细化管理水平的有力抓手。

(四)加强预算绩效管理,是现代预算管理的发展趋势

预算绩效管理更加关注公共部门直接提供服务的效率。加强预算绩效管理,促进财政工作从"重分配"向"重管理""重绩效"转变,解决财政资金使用的绩效和支出责任问题,是市场经济国家财政管理发展的一般规律,也是我国财政改革发展到一定阶段的必然选择。因此,以支出绩效评价为手段、以结果为导向的绩效预算在美国、英国等国家运用后,在许多国家得到推广。加强预算绩效管理,提高了财政资金使用效益,顺应了现代政府预算管理的潮流。

第二节 政府预算绩效管理发展

一、规划预算

规划预算是根据消费者的需求或财政支出对于公共目标的实现所做出的贡献,来对预算所建议的支出活动进行组织。规划的设立是以实现公共目标的贡献程度为基础的,而不考虑具体提供服务的是哪些行政管理组织。从本质上来说,规划框架要求政府机构明确自己所要提供的是什么样的产品和服务,然后根据提供这些产品或服务的流程来组织预算申请和预算执行。这种预算管理模式会将预算的重点重新从财政支出的购买对象(政府所要购买的物品)转移到支出的目的(政府向社会提供服务)上来。在一个完整的规划预算中,会有很多为了实现类似目标的规划。这样,为了得到实现类似目的的唯一资金,各个替代性规划之间会展开竞争。

规划预算与传统预算中的情况截然相反。在传统预算中,就像在政府机构或者部门内部对规划的竞争一样,对资金的竞争也是在政府部门或者政府机构内部展开的。如果由不同的政府机构来实施这些规划,即使规划本身是类似的,也会出现不同的实施方法。在规划预算中,竞争是在相似的规划之间展开的,而不是在一个行政

机构的不同规划之间展开的。它可促使所有参与者将其注意力集中转向公共支出结果。这些参与者包括部门管理者、部门领导、立法机关代表与公众。在预算系统中，"规划"特指公共组织从事的、旨在促进相同目标的若干活动的集合。

需要注意的是，"规划"与我们平常使用的"项目"不是一个概念。规划预算是按照特定规划（活动）归集投入的预算资源，而不是按照组织机构来归集预算资源。这是规划预算的主要特征不同于基于组织本位配置资源的传统投入预算的主要特征。引入规划预算可以保留传统预算的内在优势，同时克服其弱点，将预算资源的配置本位从传统的"组织"和"项目"本位转向"规划"本位，从而加强预算系统的绩效导向，并为有效地开展支出绩效评估和最终转向绩效预算奠定基础。

二、零基预算

（一）零基预算的由来及发展

零基预算始于 20 世纪 60 年代，是由美国得州仪器公司开发的。它要求管理者重新论证他们的预算申请，而不管以前是否有过拨款。零基预算专门用来克服增量预算的缺点，即活动一旦开始就永远进行下去。零基预算过程包括三个步骤：第一，将每一个独立的部门活动作为一个决策包；第二，按照决策在预算期间给组织带来的效益对决策包进行排序；第三，按照优先秩序将预算资源分配给各个决策包。零基预算适合于管理日益减少的资源，当组织面临紧缩和财政困难时，管理者急需有效的手段来分配有限的资源，而零基预算正是这种手段。决策包是一个识别和描述特定活动的文件，通常由部门管理者负责制定。它包括对活动的陈述、活动的费用、人员需求、绩效考核标准、被选择的行动方案以及对直接效益和间接效益的评价。

在零基预算制度下，预算过程不再只是单纯关注于支出项目或计划，而是就所有的预算资金需求（不论是正在进行中的还是新增的），从其出发点开始审议（所谓"零基"）。因此，一些不必要或过时的预算活动将有可能被终止。鉴于此，零基预算制度往往不受以前年度预算资源配置格局的约束，可以重新确立支出项目的优先顺序，将有限的预算资源配置到使用效率更高的项目中，从而使得预算决策更具有弹性。

零基预算编制方法于 20 世纪 70 年代初期异军突起，尤其是 1977 年开始在美国联邦政府所有部门与机关推广，使得其名声大噪；但旋即如昙花一现，于 20 世纪 80 年代初期以后逐渐销声匿迹。根据西方学者对零基预算效果的调查，零基预算只有在很小的范围内和特定的情况下才是有效的。零基预算失败的原因在于，其增加的工作量远远超过可能带来的收益，因此，零基预算只能适应政府支出结构调整的一时之需，而难以作为一种长期安排上的预算决策方式。

（二）中国的零基预算改革

在始于 20 世纪 90 年代的中国政府预算改革中,零基预算带有某些非常耀眼的色彩。早在 20 世纪 90 年代中期,安徽省(1994)、河南省(1996)、云南省(1995)、深圳市(1995)等省市结合自身财政预算管理的现状,借鉴国外经验,突破了传统的采用"基数法"编制预算的框架,实行了零基预算改革。时至今日,在众多地方政府的预算编制原则中,实行零基预算仍旧具有非常突出的重要性。应该说,在我国社会经济转型的特殊历史时期,适度采用零基预算的管理模式,对于革除原来不合理的预算基数,重新确认政府各部门的职能,具有一定的积极作用。但当社会转型基本结束时,为了避免采用零基预算所花费的巨额成本,则应适时将预算管理模式转换为"基数法"的"渐增预算"。

三、产出预算

（一）产出预算的内涵

产出预算是以财政活动的产出为重心,重视财政和政府活动的效率。产出预算把反映预算支出合规性和对预算金额进行控制等传统目标放在次要位置,将公共资源的优化配置和合理利用以及对公共部门的绩效考核作为政府受托责任的核心。

近几年,世界范围内兴起的公共管理改革浪潮中,许多国家已将公共支出管理的重点由投入转向产出,并通过将管理和运作财政资源的权力下放给各部门和支出单位来提高运作效率。产出预算要求各支出机构按照政府设计的产出指标来加强对预算执行结果的考核。目前,新西兰对产出预算的研究和实施最为深入。

（二）产出预算的特征

相对于投入预算而言,产出预算有三个基本特征:以产出指标作为编制预算的基础,各支出部门的预算拨款以特定产出的成本费用为基础,各部门负责人在议会批准的拨款限额内可以自由地分配财力。在产出预算模式下,对预算投入的控制已经大为放松,各部门和支出机构有很大的权限,可以自主管理预算中的各种投入要素,包括人力资源和货币资金。产出是测度政府部门和支出单位的财政绩效的主要指标,因此产出预算是绩效预算的一种典型模式。

四、新绩效预算

（一）新绩效预算的产生

20 世纪 90 年代,在继承以往预算改革的一些有价值成分并进行新的探索的基础上,以美国、澳大利亚和新西兰为代表的 OECD(经济合作与发展组织)成员国纷纷推行了以绩效为基础的新绩效预算。其核心是主张政府预算必须与政府的中长期战略计划相结合,强调以政府职能的整体目标为导向,用绩效目标作为约束手段,以绩效责任换管理自由,在强调高层机构对支出总量进行控制的同时,将自由使用预算资金的权力赋予了中、低层管理者,在预算制度中实现了政策(目标和结果)与管理(产出和激励)的有机融合。从 OECD 成员国推行新绩效预算的实践来看,新绩效预算在有效地促进政府改革、制止财政资金浪费、实现财政收支平衡等方面的效果是相当明显的。

新绩效预算将资源配置效率的改进与公共部门的重新构造结合起来,与以前的预算改革相比,新绩效预算是一次更为全面和彻底的改革。20 世纪 80 年代以前的预算改革都是纯粹的预算改革,并没有配套改革公共部门,而新绩效预算则是整个公共部门重新构造的一个部分,这样就可能解决一些以前改革所不能解决的问题。

(二)新绩效预算的特征

1. 新绩效预算构建"目标—结果—产出—预算"的逻辑关系

明确各项预算支出的绩效目标,有利于提高公共资金的使用效益。传统预算招致最大的批评在于预算支出缺乏明确的目标与结果指标,导致公共资金使用效益低下。新绩效预算的逻辑起点是政府意欲实现的某一方面的公共利益目标,该目标实现需要由若干量化的公共服务结果加以支持,而公共服务结果的实现则需要政府部门提供若干公共服务产出,公共服务产出提供需要公共资金的支持。由此可见,新绩效预算不仅阐述了传统预算所描述的"花了多少钱""钱花在何处",还明确了纳税人最为关心的"政府花钱所产生的结果如何"的问题。

2. 新绩效预算以"成本"为预算分配、预算考核的基础

传统预算管理中预算分配、预算考核是以"支出"为基础的。从会计专业角度而言,成本属于权责发生制信息,而支出属于现金收付制信息。客观地说,权责发生制与现金收付制各有千秋。但是相较于现金收付制的权责发生制优点在于它更有利于分清各届政府、政府部门、政府项目、政府所提供的产品或服务的绩效(相较于权责发生制现金收付制的最大优点在于有利于预算执行控制)。权责发生制下的成本信息是通过成本归集、成本分配等一系列较为科学的程序而生成的,更有利于界定实现绩效目标所耗费的代价。

3. 新绩效预算是一项全面的改革

新绩效预算继承了绩效预算的成果,并把预算改革同政府机构改革、财政体制改革等结合起来。因此,新绩效预算不仅是预算的变革,还是政府架构重新塑造。

第三节　预算绩效管理改革

一、预算绩效管理改革的主要内容

（一）总体目标

预算绩效管理改革的长期目标就是要逐步建立以绩效目标实现为导向，以绩效评价为手段，以结果应用为保障，以改进预算管理、优化资源配置、控制节约成本、提高公共产品质量和公共服务水平为目的，覆盖所有财政性资金，贯穿预算编制、执行、监督全过程的具有中国特色的预算绩效管理体系。而近期的目标则是，按照建设高效、责任、透明政府的总体要求，积极构建具有中国特色的预算绩效管理体制，牢固树立"讲绩效、重绩效、用绩效""用钱必问效、无效必问责"的绩效管理理念，进一步增强支出责任和效率意识，全面加强预算管理，优化资源配置，提高财政资金使用绩效和科学化精细化管理水平，提升政府执行力和公信力。具体表现为绩效目标逐步覆盖，评价范围明显扩大，重点评价全面开展，结果应用实质突破，支撑体系基本建立。

（二）基本原则

1. 统一领导，分级管理

各级财政部门负责预算绩效管理工作的统一领导，组织对重点支出进行绩效评价和再评价。财政部负责预算绩效管理工作的总体规划和顶层制度的设计，组织并指导下级财政部门和本级预算单位预算绩效管理工作；地方各级财政部门负责本行政区域预算绩效管理工作。各预算单位是本单位预算绩效管理的主体，负责组织、指导单位本级和所属单位的预算绩效管理工作。

2. 积极试点，稳步推进

各级财政部门和预算单位要结合本地区、本单位实际情况，勇于探索，先易后难，优先选择重点民生支出和社会公益性较强的项目等进行预算绩效管理试点，积累经验，在此基础上稳步推进基本支出绩效管理试点、单位整体支出绩效管理试点和财政综合绩效管理试点。

3. 程序规范，重点突出

建立规范的预算绩效管理工作流程，健全预算绩效管理运行机制，强化全过程预算绩效管理。加强绩效目标管理，突出重点，建立和完善绩效目标申报、审核、批复机制。

4. 客观公正，公开透明

预算绩效管理要符合真实、客观、公平、公正的要求，评价指标要科学，基础数据要准确，评价方法要合理，评价结果要依法公开，接受监督。

（三）推进预算绩效管理改革的主要内容

推进预算绩效管理，要将绩效理念融入预算管理全过程，使之与预算编制、预算执行、预算监督一起成为预算管理的有机组成部分，逐步建立"预算编制有目标、预算执行有监控、预算完成有评价、评价结果有反馈、反馈结果有应用"的预算绩效管理机制。

1. 绩效目标管理

（1）绩效目标设定。

绩效目标是预算绩效管理的基础，是整个预算绩效管理系统的前提，包括绩效内容、绩效指标和绩效标准。预算单位在编制下一年度预算时，要根据国务院编制预算的总体要求和财政部门的具体部署、国民经济和社会发展规划、部门职能及事业发展规划，科学、合理地测算资金需求，编制预算绩效计划，报送绩效目标。报送的绩效目标应与部门目标高度相关，并且是具体的、可衡量的、一定时期内可实现的。

（2）绩效目标审核。

财政部门要依据国家相关政策、财政支出方向和重点、部门职能及事业发展规划等对单位提出的绩效目标进行审核。审核内容包括绩效目标与部门职能的相关性、绩效目标的实现所采取措施的可行性、绩效指标设置的科学性、实现绩效目标所需资金的合理性等。绩效目标不符合要求的，财政部门应要求报送单位调整、修改；审核合格的，进入下一步预算编审流程。

（3）绩效目标批复。

财政预算经各级人民代表大会审查批准后，财政部门应在单位预算批复中同时批复绩效目标。批复的绩效目标应当清晰、可量化，以便在预算执行过程中进行监控和预算完成后实施绩效评价时对照比较。

2. 绩效运行跟踪监控管理

预算绩效运行跟踪监控管理是预算绩效管理的重要环节。各级财政部门和预算单位要建立绩效运行跟踪监控机制，定期采集绩效运行信息并汇总分析，对绩效目标运行情况进行跟踪管理和督促检查，纠偏扬长，促进绩效目标的顺利实现。跟踪监控中发现绩效运行目标与预期绩效目标发生偏离时，要及时采取措施予以纠正。

3. 绩效评价实施管理

预算支出绩效评价是预算绩效管理的核心。预算执行结束后，要及时对预算资金的产出和结果进行绩效评价,重点评价产出和结果的经济性、效率性和效益性。实施绩效评价要编制绩效评价方案,拟定评价计划,选择评价工具,确定评价方法,设计评价指标。预算具体执行单位要对预算执行情况进行自我评价,提交预算绩效报告,要将实际取得的绩效与绩效目标进行对比,如未实现绩效目标,须说明理由。组织开展预算支出绩效评价工作的单位要提交绩效评价报告,认真分析研究评价结果所反映的问题,努力查找资金使用和管理中的薄弱环节,采取改进和提高工作的措施。财政部门对预算单位的绩效评价工作进行指导、监督和检查,并对其报送的绩效评价报告进行审核,提出进一步改进预算管理、提高预算支出绩效的意见和建议。

4.绩效评价结果反馈和应用管理

建立预算支出绩效评价结果反馈和应用制度,将绩效评价结果及时反馈给预算具体执行单位,要求其根据绩效评价结果,完善管理制度,改进管理措施,提高管理水平,降低支出成本,增强支出责任;将绩效评价结果作为安排以后年度预算的重要依据,优化资源配置;将绩效评价结果向同级人民政府报告,为政府决策提供参考,并作为实施行政问责的重要依据。逐步提高绩效评价结果的透明度,将绩效评价结果,尤其是一些社会关注度高、影响力大的民生项目和重点项目支出绩效情况,依法向社会公开,接受社会监督。

二、预算绩效管理改革成效

我国自 21 世纪初推行部门预算改革以来,一些基层政府在绩效管理方面做了大量、积极的探索,为丰富绩效管理理论,推进全国的绩效管理改革奠定了理论基础和实践基础。

最早尝试绩效管理改革的是广东佛山市南海区财政局,2004 年年初,该区在全国最先推行了绩效预算。其核心内容如下:首先,由技术专家针对单位的预算申报材料进行技术性评价,主要解决部门单位申报专项资金中的技术上是否可行,申报预算资金数额是否合理,技术性问题等,由技术专家提出预算申请报告的各项问题;其次,对经过技术专家评价通过后的专项资金项目,再由政策专家就申报项目按照设定的评价指标打分,结果形成申报项目的排序;再次,根据排序来确定项目的轻重缓急及资金安排。南海区财政局的绩效预算改革是一次大胆、有益的尝试,它解决了申报项目资金需求与财政资金有限供给的矛盾,但它不是真正意义上的绩效预算,因为这种只有专家评定的绩效缺乏广泛的民意基础。

河南焦作市政府出台了《焦作市人民政府关于开展财政支出绩效评价的通知》,成立了"市财政支出绩效评价工作领导小组"。焦作市财政局制定并印发了《焦作市财政支出绩效评价实施意见》,从评价目的、评价方法、评价程序、评价指标等方面对开展绩效评价工作做了具体规定。该市采取预算编制、执行、监督和绩效评价四权分离的新型财政管理模式，并制定了《焦作市财政支出绩效评价指标体系》《财政支出绩效评价专家管理办法》《中介机构参与财政绩效评价办法》《财政支出绩效评价内部协调制度》等，引入第三方评价机制，为进一步做好财政绩效评价工作提供制度保障。焦作实施的预算绩效评价引入第三方评价机制，并让财政支出项目的直接受益人参与评价，这样的评价具有较高的公信力，但这种评价侧重于事后评价，只对下一年度预算调整相关，不影响当年的预算安排。

上海浦东也开展了绩效预算的研究和探索并且出台了《浦东新区绩效预算改革试点方案》，该方案提出：按照公共财政的要求，把绩效管理理念和方法引入财政管理，稳步推进绩效预算改革。制定《浦东新区财政预算绩效管理办法（试行）》，该办法规定，在预算编制时，各部门要组织专家对纳入绩效预算管理的支出专项进行严密论证，设定年度绩效目标，设计绩效评价指标，测算完成目标所需要的资源，提出项目用款计划；财政部门按照"两上两下"的预算编制方式，核定下达预算；预算下达后，预算部门在执行预算中按照相关的财政财务制度规定组织实施；预算执行完毕，由第三方对专项资金的预算完成情况进行绩效评价，将项目预算的实际执行情况与年度绩效目标进行比较分析，撰写绩效评价报告；评价报告完成后，向社会公开评价结果，接受公众的监督；财政及主管部门将绩效评价结果作为下一年度预算的重要参考依据，及时调整和优化部门（单位）下一年度预算的方向和结构，合理配置资源。上海浦东的预算改革探索提高了百姓的参与度，使政府的预算管理过程更加透明。

在试点的基础上，预算绩效管理改革逐步在全国推行。近年来，各级财政部门和预算单位按照党中央、国务院的要求和财政部的部署，积极研究探索预算绩效管理工作，开展预算绩效管理改革，取得了明显成效。

三、"十三五"预算绩效管理改革收获

尽管我国预算绩效管理工作取得了一定的进展，但整体上仍处于起步阶段，政府预算绩效管理存在不少问题，主要包括：预算绩效管理机制尚不健全、预算绩效管理推进仍不平衡、预算绩效管理层级依然不深、预算绩效管理质量有待提高、绩效评价结果应用尚有不足；"重分配、轻管理，重支出、轻绩效"的思想还存在，全过程预算绩效管理的机制尚未真正建立，突出表现为预算编制中、预算执行中、财政决算里对预算绩效的忽视等；预算绩效管理方面的法律法规相对缺失，制度体系仍不健全，对预算绩效管理的保障支撑作用不强，等等。

"十三五"时期，按照深化财税体制改革的总体要求，通过构建中国特色的预算

绩效管理体系,全面提升财政预算管理水平,为国家治理体系和治理能力现代化提供了有力支持。

"十三五"时期,预算绩效管理改革的重点在以下几个方面:全面扩大预算绩效管理范围。覆盖各级预算单位和所有财政资金,将绩效目标管理和绩效评价拓展到部门整体支出、财政政策、财政管理等方面,逐步扩大第三方参与绩效管理工作的范围;建立和完善预算绩效评价制度,以重大专项资金、财政政策等为重点,积极推进重点绩效评价和中期绩效评价试点,建立和完善相应的再评价和定期绩效评价制度;加强绩效评价结果应用力度。完善评价结果与预算的结合机制,研究向人大的绩效报告机制、向社会公开绩效情况,将评价结果作为调整支出结构、完善财政政策和科学安排预算的重要依据;加快预算绩效指标和标准体系建设,逐步形成涵盖各类支出、细化量化的绩效指标体系,完善预算绩效管理信息系统,提升绩效信息质量,发挥社会各方监督力量,健全监督制衡机制,合力推进预算绩效管理工作;推进实施政府绩效报告制度,逐步引入权责发生制会计,以便更加正确、全面地反映一定时期内政府提供产品和服务所耗费的总资源成本,同时探索实行部门绩效报告制度。在年度终了时由各部门根据年度预算执行情况向政府和人大提交部门绩效报告,通过建立部门绩效报告制度,可以从根本上强调执行主体的责任,提高部门预算资源使用的透明度,为实现政府绩效报告制度奠定基础;建立健全预算绩效管理的法律法规制度,在新《预算法》加入预算绩效管理的相关条款的基础上,进一步健全绩效导向型预算管理的法律法规制度,适时制定和不断完善有关规范绩效导向型预算编制、执行和管理的行政法规,规定绩效导向型预算的目标、原则、主体、内容、方法和程序以及预算绩效评价体系的相关制度内容,明确实行绩效导向型预算及预算绩效评价涉及的各方主体的权利和义务,完善绩效导向型预算的管理监督机制,逐步健全完善预算绩效管理法律制度体系。

四、地方实践——青岛西海岸新区构筑预算绩效管理新机制状况调查[①]

党的十九大报告中提出,要全面实施绩效管理,全面实施预算绩效管理是政府治理方式的深刻变革,2018 年 9 月 25 日,中共中央、国务院印发了《关于全面实施预算绩效管理的意见》。为此,青岛西海岸新区不断提高绩效管理意识,创新预算管理方式,突出绩效导向,落实主体责任,健全绩效管理机制,在加强预算绩效管理方面开展了积极探索,初步构建了"预算编制有目标、预算执行有监控、预算完成有评

---

① 此文章于 2019 年 2 月发表于 CSSCI 中文社会科学引文索引来源期刊(扩展版)、全国中文核心期刊《地方财政研究》。

价、评价结果有应用"的预算绩效管理新机制,通过全方位、全过程、全覆盖的预算绩效管理,实现预算和绩效管理一体化,全面预算绩效管理工作成效明显。

(一)青岛西海岸新区预算绩效管理现状

2015年以来,青岛西海岸新区牢固树立正确政绩观,不断提高绩效管理意识,创新预算管理方式,突出绩效导向,落实主体责任,健全绩效管理机制,在加强预算绩效管理方面开展了积极探索,初步构建了"预算编制有目标、预算执行有监控、预算完成有评价、评价结果有应用"的预算绩效管理新机制,预算和绩效管理有效融合,预算绩效管理工作成效明显。

1.建章立制,构建预算绩效管理体系

2015年以来,青岛西海岸新区为保证预算绩效管理工作正常运作和有序发展,从建章立制入手,构建了预算绩效管理的"四梁八柱"。一是设立机构,配备人员。设立了预算评审管理科,配备两名工作人员,明确科室职责,构建了政府主导,财政牵头,预算部门具体执行,社会各方面共同参与,分工明确、各尽其责、协力推进的工作机制。二是建立预算绩效管理制度体系。制定印发了《青岛市黄岛区预算评审管理实施办法》《青岛市黄岛区部门整体支出绩效评价暂行办法》《青岛西海岸新区产业及招商引资扶持政策后评估暂行办法》,明确了预算绩效管理的主体、基本原则和职责分工,阐述了绩效评价的主要依据,提出了绩效目标管理、评价指标、评价标准、评价方法及评价结果应用等完整的评价体系,初步构建起了事前、事中、事后全过程的预算绩效管理制度框架,为实施项目评价提供了制度依据,改善了"重争取、轻管理,重分配、轻绩效,重支出、轻责任"等问题,压实绩效管理机构和各资金管理科室的管理责任,通过考核、绩效信息公开等手段,督促预算单位把各项改革要求落到实处。

2.改革创新,推行预算项目前评审机制

从2018年编制部门预算开始,创新推行预算项目前评审机制,对预算项目进行了"横到边纵到底"的全覆盖评审。对2019年部门预算编制进行了完善,根据财力情况下达"一下控制数",在控制数内申报的项目再进行第二阶段综合评审,经过一个多月的评审,共评审了149家区级预算单位1000多个项目(4000多个具体支出事项),压减支出1.02亿元。

(1)细化预算编制,提高预算编审的准确性。

一是要求预算提报项目可行性报告,详细阐述项目的依据、必要性、可行性、合理性、前期工作情况、下步打算,并将项目细化到商品服务种类、数量、价格等,使用简单数学公式就可推导出项目总额,解决了"是什么、为什么、怎么办"的问题。二

是凡是能安排到单位的项目必须安排到单位，不能预留。将招商经费根据上年数预列到各招商单位部门预算中；将城维费、教育费附加（含地方）等资金来源性质的项目按具体项目列入预算。

（2）强化预算依据，提高预算编审的规范性。

预算项目必须有中央、省、市的文件、会议纪要、批示件等依据，已采购项目必须有中标通知书、合同、协议等，对于没有依据的项目一律不安排预算。按照"保运转、保民生、保重点"的原则评审预算项目。

（3）深化预算审查，提高预算审查的约束性。

2018年青岛市黄岛区（西海岸新区）人大常委会制定了《关于预算审查前听取区人大代表和社会各界意见建议的办法（试行）》，有力地促进了预算编制工作全面、规范、公开、透明。2018年11月，区人大组织人大专门委员会、人大代表、社会各界代表等30多人次对2019年部门预算项目进行综合评审，切实提升了预算审查质量和约束。

（4）优化评审流程，提高预算编审的公平性。

一是制定了《关于财政预算编审财政部门内部工作安排的通知》《部门预算项目审核评估原则》《部门预算项目综合审核评估工作规程》《保密协议及工作纪律》等配套文件。二是成立了第二阶段综合审核评审A、B小组，两组评委实行每周轮换制，评委由区人大预算委、人大代表、部分预算单位、财政内部工作人员组成，评委根据预算单位提供的可行性报告、依据材料、详细的测算数据，通过投票的方式，客观、公正地评审。三是建立回避制度，评审小组成员不参与所在科室、单位预算项目评审工作。四是建立保密制度，与评审小组成员签订保密承诺书，参与评审的评委于评审前一天晚上抽签产生。五是根据五名评委的意见按照项目确定原则，当场出示评审结果。

（5）深化督查通报，加快推进预算编审进度。

一是采用"挂图作战"的模式，对部门预算编制工作进行督战，实行周中调度、周末评比、期末总结。二是建立工作日通报制度。撰写工作简报，对每天综合审核评估的预算单位情况、评审情况、预算项目增减变化、需重新明确的审核原则和下一步需注意问题等进行通报。

3. 注重目标管理，奠定预算绩效管理基础

项目绩效目标是建设项目库、编制部门预算、实施绩效监控、开展绩效评价等的重要基础和依据。美国心理学家弗鲁姆在《工作与激发》一书中首先提出"期望理论"，该理论主要研究需要与目标之间的规律，人总是渴求满足一定的需要和达到一定的目标，此目标又对激发人的动机有影响，加强目标管理，抓住绩效管理的"牛鼻子"。一是严格审核绩效评价项目的绩效目标。2018年度超过300万元的财政预算

项目共计 323 个 69.9 亿元(剔除财政部门预留项目,不含政府实事和纳入政府固定资产投资计划的项目),在预算单位申报、财政部门审核的基础上,2018 年纳入预算绩效管理的项目共计 61 个 16.34 亿元;2019 年度超过 300 万元的财政预算项目共计 263 个 67.9 亿元(剔除财政部门预留项目、应急项目、涉及国家安全和秘密项目、化解历史债务项目、归还银行借款本息项目,不含政府实事和纳入政府固定资产投资计划的项目),纳入预算绩效目标管理。二是扩大绩效目标填报范围。在项目属性上,由原来的不含上级专项、有具体支出标准等项目扩大到所有 300 万元以上的项目;在资金性质上,由原来的一般公共预算扩展到政府基金。三是加大绩效目标约束力度。将绩效目标设置为预算安排的前置条件,对于不填报绩效目标的项目不能进入预算编制下一环节,不予批复预算。

4. 完善绩效评价,构建全过程预算绩效管理

一是探索开展政策绩效前评估试点工作。2018 年对万达影视产业等"独角兽"企业招商引资扶持政策进行前评估,提出合理化建议,并被区政府采纳。二是开展整体支出绩效评价试点工作。2018 年完成了 26 个试点单位的整体支出绩效评价工作,公布各单位预算执行率、整体支出绩效评价得分情况。三是开展绩效后评价工作。2018 年完成了 12 家预算单位的 2017 年度 18 个项目绩效后评价工作,发现 106 个问题,提出了 122 条合理化建议。四是开展预算控制价结算审核工作。2018 年完成了预算控制价审核 306 项,审减 2.76 亿元;完成审核结算 47 项,审减 0.36 亿元;完成附着物评估、土地前期费用及海域回填审计复核 107 项,审减 3.09 亿元。

5. 加强结果应用,助推预算绩效管理改革

绩效评价结果应用,既是开展预算绩效评价工作的基本前提,又是加强财政支出管理、增强资金绩效理念、合理配置公共资源、优化财政支出结构、强化资金管理水平、提高资金使用效益的重要手段。一是建立评价结果反馈机制,将项目绩效评价结果及时反馈给业务主管部门和资金使用单位,作为进一步完善管理制度,改进管理措施,提高管理水平的重要依据。二是建立绩效评价信息公开机制,按照政府信息公开有关规定,公开绩效目标和绩效评价结果。三是建立绩效评价结果与加强财政预算管理相结合机制,2016 年度小型微型企业贷款风险准备金项目绩效评价不合格,收回资金 1000 万元。

6. 注重平台建设,消除预算绩效信息"孤岛"

"工欲善其事,必先利其器。"各财政业务系统数据平台存在条块分割,纵向上与上下级形成"数据烟囱",横向上与各业务系统形成"信息孤岛",信息资源的存储彼此独立、管理分散。2015 年与用友公司合作建设了项目绩效目标管理系统,并与部门预算系统融合在一起,实现无缝连接,消除"信息孤岛"。

(二)预算绩效管理工作中存在的问题

青岛西海岸新区预算绩效管理工作总体上还处在起步和爬坡阶段,仍然面临着不少矛盾和问题。

1.预算绩效管理理念尚未树牢

一些预算部门甚至财政部门内部"重投入、轻管理,重支出、轻绩效"的意识普遍存在。"各部门各单位就是预算绩效责任主体"的认识未到位,存在"预算绩效只是财政的事"的意识,导致项目部门单位对预算绩效管理认识不够,重视不够,用力不够,有些部门甚至把绩效管理当成额外负担,工作被动应付。全社会特别是许多预算单位对预算绩效管理并不太了解,推进预算绩效管理的基础很薄弱。

2.预算绩效管理制度体系和管理机制尚不健全

从制度体系看,顶层的综合性制度框架虽已初步健全,但一些具体的操作规程、工作流程方面的制度仍有较大缺失。从管理机制看,财政部门、主管部门、资金使用单位及其内部在预算绩效管理工作中的职责还不够具体和明确,分工不够清晰,责任落实不到位,工作中有推诿扯皮现象,影响工作开展。

3.预算绩效评价结果应用欠缺,绩效激励约束作用不强

财政内部工作未形成合力,忽视了预算绩效管理的事前性,预算编制与预算绩效不能深度融合,预算绩效管理工作的组织协调职能未充分发挥。预算绩效工作的激励约束机制没有真正发挥作用,绩效问责机制没有真正建立起来,部门预算绩效工作综合考评结果与部门公用经费没有真正挂钩,部门单位在既无内部动力又无外部压力的情况下,很难开展好预算绩效管理工作。

4.预算绩效管理工作进度参差不齐

预算绩效管理工作无论是与财政部的要求比,还是与先进地区比,都有不小的差距。从绩效管理的范围看,中央部门预算项目都编制了绩效目标,开展了绩效评价,实现了绩效管理的部门全覆盖,而青岛西海岸新区只是编制300万元以上项目的绩效目标。从绩效管理的领域看,只注重支出绩效评价,尚未开展招商引资项目纳税等收入项目的综合评估工作;青岛西海岸新区只开展了部门整体支出绩效评价、产业及招商引资扶持政策后评估试点,2017年对26个预算部门的整体支出进行绩效评价试点,2018年才扩展到47个预算部门。从绩效管理的资金来源看,只对一般公共预算、政府基金的绩效评价,尚未对政府和社会资本合作(PPP)、政府购买服务、政府债务项目等各项政府投融资活动实施绩效管理。

5. 预算绩效管理系统缺少统一标准,仍存在"数据烟囱"问题

预算绩效管理系统建设起步晚,各地建设工作进度不一致,实际情况也不相同,也没有统一的开发标准,预算绩效管理系统一直在升级完善中,升级后的系统接口不能完全兼容,无法实现信息共享,与局内各业务、上下级的业务系统形成新的"数据烟囱",产生新的"信息孤岛"。

6. 预算绩效管理基础薄弱

一是人员配备不到位,绩效管理人员的专业水平和业务能力也需要进一步提高。二是评价指标体系亟待建立。完善的评价指标体系是开展绩效评价的基础,但由于绩效评价开展时间不长,评价项目不多,缺乏评价参考指标及标准值的积累,建立完善的评价指标体系面临较大困难。三是缺乏第三方机构和专家。目前以会计师事务所、资产评估机构和高校为主的第三方机构,对预算绩效评价工作了解不多,高校的专家教授对绩效评价的研究大多停留在理论层面,实际操作能力强的专家非常缺乏。四是预算绩效管理公开力度不够,没有信息公开的统一标准、统一要求,公开项目绩效目标、项目绩效评价结果太过粗放。

(三)预算绩效管理工作建议

1. 加强领导,提高认识,树立绩效理念

全面实施预算绩效管理是推进国家治理体系和治理能力现代化的内在要求,是深化财税体制改革、建立现代财政制度的重要内容,是优化财政资源配置、提升公共服务质量的关键举措。一是对照《关于全面实施预算绩效管理的意见》要求抓紧制定贯彻落实方案,明确各阶段工作重点,统筹推进全面实施绩效预算管理各项措施扎实落地。二是领导的重视和支持是推进预算绩效管理工作的关键和重要保证。要定期主动向党委、政府及人大汇报绩效管理工作开展情况,积极争取各方支持。三是要牢固树立绩效理念,明确工作职责,压实主体责任,实施全方位、全过程、全覆盖的预算绩效管理。

2. 进一步完善绩效管理制度体系

一是探讨、拟订预算绩效管理办法、绩效评价操作规程、工作流程和第三方评价机构的选取、管理、考核办法等。二是进一步明确财政部门、业务主管部门、资金使用单位及其内部在预算绩效管理工作中的职责,进一步强调各部门各单位就是预算绩效管理责任主体。

3. 运用大数据思维,构建绩效评价指标库

绩效指标是衡量绩效的"尺子",要加快绩效指标研究设计,尽快形成包括各类支出、细化量化的绩效指标体系,打造预算绩效评价的"尺子"。一是探索"互联网＋"绩效评价模式,实现中央、省、市绩效评价指标体系的共建共享。二是要强化业务主管部门和预算单位在建立绩效指标体系方面的责任意识,督促和指导其结合工作实际,根据项目支出特点,逐步建立适合本部门(单位)实际工作需要的个性绩效指标体系。三是要根据项目特点建立适合实际的共性指标体系。

4. 稳妥开展试点工作,推动预算绩效管理"提质扩围"

一是扩大评价范围和规模。在继续加强财政重点评价的基础上,努力形成"预算单位自评,主管部门与财政部门重点评价相互补充",各有侧重的评价机制;由300万元以上项目的绩效评价扩大到所有项目的绩效评价。二是拓展绩效评价领域。要积极探索,不断拓展评价领域,将评价重点由项目支出、部门整体支出拓展到转移支付、招商引资项目纳税评估等收入方面;由一般公共预算、政府基金的绩效评价,拓展到政府和社会资本合作(PPP)、政府购买服务、政府债务项目等各项政府投融资活动的绩效评价。

5. 加强机构和队伍建设,引入第三方参与绩效评价

一是配齐专业工作人员专门从事预算绩效管理工作。二是共享中央、省、市的专家库和第三方机构库,实现资源共享,提高工作效率,提升预算绩效评价水平。三是要着力加强专家库和第三方机构库建设。要通过调研了解当地各方面专家和第三方机构的情况,积极开展相关业务培训和指导,逐步建立预算绩效管理专家库和第三方机构库,建立第三方评价质量监控机制,规范第三方评价行为,建立绩效评价报告质量的评审、考核和通报制度,营造"专家敢说、中介真评"的绩效评价氛围,提高评价结果的权威性和公正性。

6. 探索建立绩效公开、问责机制,补齐结果应用"短板"

抓好评价结果应用,重点是建立结果通报、报告、公开以及与预算安排挂钩等机制。一是建立项目绩效评价结果报告制度,将绩效评价结果向同级人民政府、人大常委会报告,为政府决策、人大审查提供参考。二是建立绩效评价结果公开机制,要逐步向社会公开财政政策、制度和重大民生项目的绩效评价结果,通过社会力量倒逼预算单位不断强化预算绩效管理。三是建立绩效评价结果与部门公用经费预算安排挂钩机制,根据评价结果奖惩相应的公用经费,发挥预算绩效工作的激励约束作用。四是建立问责机制,真正做到"花钱必问效、无效必问责"。

7. 顶层设计开发建设预算绩效管理系统

根据预算绩效管理要求,建议由财政部统一开发建设预算绩效管理系统,与金财工程应用支撑平台建设并轨,实现与预算编制、预算执行、动态监控、资产管理、政

府采购等系统无缝对接,从绩效目标申报、审核、批复到绩效目标监控、专家评审、绩效报告生成等环节均在平台上运行,实现预算绩效信息化管理。

8.进一步加大宣传培训力度

一是要充分利用广播、电视、手机、报纸、网络等媒体,大力宣传推进预算绩效管理工作的必要性、重要性,介绍预算绩效管理改革取得的进展成效,引导全社会关注、监督和促进预算绩效管理改革。二是要充分利用部门预算编制部署、项目审核、业务沟通等时机,向预算部门和单位深入宣传绩效管理工作,提出管理要求,争取理解支持。三是要大力开展多种形式的业务培训。加大对财政部门业务科室工作人员的培训,使其能更好地指导预算部门和单位开展绩效管理工作;加强对预算部门财务人员的培训,使其熟练掌握绩效目标编报及绩效评价相关政策规定。

第八章 »
财政监督管理

第一节　财政监督的内容与形式

一、财政监督概述

（一）财政监督的含义

财政监督，是财政机关对行政机关、企事业单位及其他组织执行财税法律法规和政策情况，以及对涉及财政收支、会计资料和国有资本金管理等事项依法进行的监督检查活动。财政监督是确保财政业务管理活动及相关的财政分配秩序符合既定的规范与目标所必需的。财政监督与财政筹集资金、供应资金、调节经济这三大职能共同构成财政活动的统一体。有效的财政监督是国民经济实现良好循环的重要保证。可以从以下几个方面来对财政监督进行分析。

1. 实施主体

财政监督是一种政府监督行为，其实施主体是各级人民政府的财政机关，是财政机关内部各业务机构的共同职责。与财政监督直接有关的监督主体是全方位、多层次的：各级人民代表大会、审计机关、预算收入征收机关、国库以及会计师事务所等社会中介机构，都负有监督的责任，共同构建了现行经济监督体系，确保了国家实现其宏观经济目标的需要。财政监督作为财政管理的重要组成部分，与整个财政活动密切相关，其实施主体，从整体上讲是财政机关，具体而言是财政机关的各个业务机构，而不单是财政机关的专职监督机构。

2. 实施客体

实施客体即监督对象。实施主体的财政机关是综合管理国家财政收支的职能部门，决定了客体的广泛性。客体包括国家机关、企业、事业单位以及其他组织。

3. 实施范围

财政监督的范围是与财政分配活动有直接关系的各方面经济活动，即与财政收支管理过程直接相关的经济活动。

4. 监督内容

财政监督是国民经济监督体系的重要组成部分,它不但是对财政自身收入、支出、管理、平衡等方面的监督,而且是对国民经济活动实行的全面监督,促使国民经济健康发展。

5. 监督方法

财政监督是与财政资金分配、管理活动紧密结合,紧紧围绕预算的编制执行及决算的编制、审核等预算管理全过程进行的监督。对预算收入资金的征收、入库和预算支出资金的分配、管理和使用,以及预算外资金的立项、收取、管理和使用等财政资金活动全过程进行监督,运用审查、稽核等日常性监督方法或针对审查、稽核中发现的重大或倾向性问题,采取专项检查或全国性的税收、财务大检查方法。

(二)社会主义市场经济条件下财政监督的特点

1. 广泛性

财政监督是对整个国民经济活动中财政资金的筹集、分配行为的全面监督。其监督对象不仅包括财政部门自身,还包括财政部门以外属于财政资金筹集、分配范畴的部门和单位;财政监督不仅对国民经济各部门、各单位进行监督,还参与社会再生产各个环节的监督。

2. 针对性

针对性主要表现在预防监督和问题监督两个方面。预防监督是在各单位未发生违反财经政策、制度、法令、纪律之前,有针对地采取措施加以监督,达到防患于未然的目的。问题监督是在发现问题的基础上,开展针对性的检查和管理,以杜绝违反财经政策、法令、纪律行为的发生。认识财政监督的针对性,有利于克服管理工作中的盲目性,提高财政监督的效果。

3. 连续性

财政监督贯穿于财政分配和财政管理全过程。从财政收入的组织来看,财政预算的编制、执行和决算需要监督;从财政资金支出来看,财政监督贯穿于支出预算的编制、确定和财政资金的拨付、使用。不论是从财政监督对收入过程、支出过程各自的作用来看,还是从收支全局来考察,都是一个连续的过程。再从时间上说,财政收支活动的编制和执行要以历年的情况为基础,因而财政监督也应该遵循这种连续性。

4. 强制性

财政监督是一种凭借国家政治权力的监督。财政筹集和供应资金的过程,是以国家行政权力所制定的法令、制度为依据进行的,这种法律约束性主要表现在三个方面：凡与财政发生分配关系的部门、企业单位，不论其所有制性质如何，也不论其是否愿意接受监督，都要接受财政部门带有强制性的监督；对被查出的违法、违纪问题，只要证据确凿，必须按规定给予惩处；对拒不执行财政监督决定的，财政机关有权依法采取强制措施，以确保财政资金的安全与完整。

5. 及时性

财政监督应改变以往侧重事后检查、堵漏洞的方法，尽可能把监督前移，及时发现在财政分配和管理活动中存在的问题，把问题消灭于萌芽状态，以免造成财政资金的过多损失和浪费。

二、财政监督的内容和形式

（一）财政监督的内容

财政监督是财政部门的重要职责。财政监督贯穿于整个财政活动的全过程，是国家财政在资金的筹集、分配和使用过程中对国民经济活动进行的监督。财政监督同国家预算收支、预算外收支、银行信贷收支、现金收支、企事业单位的财务收支等都有密切的联系，因而其内容必然包括预算监督、纳税监督、财务监督、审计监督、信贷监督、会计监督等方面。这里就预算监督、财务监督、纳税监督、审计监督加以说明。

1. 预算监督

预算监督是国家利用预算手段对预算资金的集中、分配和使用进行的检查和监督。预算监督是预算管理的内容和工具，其具体内容为：监督和检查国家预算的编制和执行情况是否符合经济发展要求和国家法律制度，并检查其实际的完成程度和效果；监督所属的财政部门和预算单位执行各自的事业计划和预算收入任务的完成情况，保证国民经济任务的全面实现；预算收入及时，足额、准确地上缴国库，帮助各收入单位组织收入，促进其加强经济核算，实现增产节约，提高经济效益；监督预算支出的合理安排和使用。

预算支出要坚持按比例协调发展的原则进行安排，并且坚持"量入为出"的原则和统筹兼顾的方针，促进经济协调发展。

2. 财务监督

财务监督，是财政部门对企业、事业单位日常的工作和业务活动所发生的各种经济关系以及财务收支进行的全面监督。主要依据国家法律和财经纪律，借助于检查、核算、分析、纠正等手段进行的监督。我国财务有企业财务、基本建设财务、行政事业单位财务、农业财务，相应地也就有企业财务监督、基本建设财务监督、行政事业单位财务监督、农业财务监督。

3.纳税监督

目前,我国的税收收入占财政收入的90%。税收是国家财政收入的主要来源,税收制度是国家财政收入的法律保证,税收监督是国家财政监督的重要组成部分。纳税监督是国家财政税务部门根据国家税法规定,对纳税单位和纳税人履行纳税义务的真实情况和税务机关执行税收政策情况进行的审查和监督。纳税监督是税收征收工作的一个重要环节。纳税监督能及时发现和纠正纳税中的问题,达到正确贯彻税收政策、组织国家财政收入的目的。纳税监督有利于落实国家的税收政策,保证财政收入的目的;有利于严肃财经纪律,预防偷税、漏税行为,做到依法纳税;有利于发挥税收的经济杠杆作用;有利于促进企业改善经营管理,提高经济效益;有利于改进税收的征收管理,健全征收制度,不断提高税收征管水平。

纳税监督的具体内容:贯彻执行国家的税收政策法令,依法办事,监督纳税单位和个人及时、足额地缴纳各项税款;监督税收管理体制的贯彻执行情况,严格控制减税、免税的范围和数量,依率计征,不能擅自扩大征税范围、变更税率;对于监督过程中发现的问题一定要具体分析,坚决同违反税收政策法令的行为做斗争,对于偷税、漏税、逃税、抗税的行为,要依法补缴税款和按章处罚,不徇私情。

4.审计监督

审计监督,是指借助于会计资料通过内查外调等办法对政府机关、企业和事业单位的财政、财务收支活动和经济活动状况,进行客观的、实事求是的审查和评价。审计监督是国家实行的严格、全面的经济监督的重要组成部分,也是主要手段。

审计监督与国家财政关系极为密切。预算监督、纳税监督、财会监督主要是通过审计的检查、验证来实现的。审计监督具有十分重要的作用,其作用主要有以下几个:揭示差错和弊端,审计监督通过审查取证可以发现和揭露一些地方、部门、单位偷税漏税、滥用资金、乱列成本、弄虚作假等现象,纠正差错,保护国家财产安全,堵塞漏洞,防止损失;维护财经法纪,在揭示各种违法行为的基础上,查处犯罪者或过失人,有利于纠正或防止违法行为;改善经营管理,通过审查,揭示经营管理中存在的问题和管理制度上的薄弱环节,提出改进建议,改进经营管理,促进经济效益的提高;加强宏观调控,通过对财政、金融等综合经济部门的财政、财务收支及其有关经营管理活动的真实性、恰当性和合法性的审查,揭示宏观调控方面存在的不足,促进国民经济的综合平衡。通过对企业事业单位的财务收支及相关经营管理活动的审查监督,揭示违法违纪行为,发现带有普遍性的问题,提供可靠的审计信息,促使其按宏观调控的要求运转。

上面已经论述了财政监督主要的几方面内容,另外还有一部分是加强行政管理、履行财政监督职能的一个重要方面——财政监察。加强财政监察,能够维护财政纪律,向一切违反财政纪律行为做斗争,保证国家计划、预算和制度的正确贯彻和执行,保证国家资金的合理分配和使用。财政监察工作贯穿在整个财政监督过程之中。因此,财政监督职能的发挥主要是通过财政监察工作来体现的。财政监察是各级财政部门、各职能机构的共同任务。财政监察工作的任务,主要有以下五个方面:检查国家机关、企业事业单位执行财政政策、法令的情况和存在问题;检查财政部门和有关人员遵守财政政策、规章制度的情况以及履行其职责的情况和存在的问题;检查违反财政纪律、破坏财政制度的情况;针对发现问题,提出处理或改进意见;加强财政法纪宣传工作。

(二)财政监督的形式

1. 按时间程序划分

按时间程序划分也就是按工作进行的时序,财政监督一般分为事前监督、事中监督、事后监督三种形式。事前监督,是指决策前或计划编制与审核阶段的监督。国家各级财政预算、企事业单位的财务计划以及信贷、税收计划,是各地方、部门、单位财政、财务活动的依据,必须正确、及时地编制。财政监督的任务,就是要审核上述各项计划编制的依据是否充分,核算是否精确,是否贯彻了有关政策、制度规定;研究计划实现的可能条件;预测计划实施的经济效益和业务效果。事前监督的作用,是保证决策或计划建立在科学的基础上,防止计划的自发性和盲目性。事中监督又称日常监督,是对各级财政预算和各项财务收支计划实施过程所进行的监督。其任务就是对财政关系进行适度调整和制约,通过对国家财政预算和国民经济计划的执行情况进行检查,及时发现问题,提出处理的意见和措施,对财政预算进行适当调整。事中监督的作用,主要是保证各方面的财政、财务活动符合国家制订的计划和政策,保证财政资金取之合理、用之得当。事后监督,是指在财政、财务业务活动终结以后,对执行的结果进行的检查和考核。通过事后监督,对财政计划决策的执行情况进行系统分析和总结,一旦发现有违反国家政策法规、财经纪律等非法行为,给予相应的法律制裁。另外,还必须注重查明决策或计划的可靠程度,为以后的计划或决策提供真实依据。事后监督一般可通过各项会计报表、统计报表分析掌握情况,也可深入具体单位,有重点地现场监督或组织专门力量,对某些重大问题进行专项检查。

2. 按监督的目的要求划分

按监督的目的要求划分,财政监督可分为一般监督和重点监督。一般监督是对经济活动的各个环节进行全面系统的检查,具有普遍性强的特点;重点监督则指侧重于某一监督对象或监督对象的某一方面,如税收大检查、财务大检查等对经济活动的某一方面进行的监督。在实际工作中,这两种方法通常相互交替,结合使用。

3. 按监督的系统关系划分

按监督的系统关系划分,财政监督可分为自我监督、内部监督和外部监督。自我监督,是指财政部门对自身经济运行进行的检查。内部监督,是指各系统内部上下级相互之间的监督,主要指财政系统内部的监督。外部监督,是指财政对其系统外部的对象实行的监督,或政府部门对财政部门的监督。

4. 按监督的组织形式划分

按监督的组织形式划分,财政监督可分为国家监督、社会监督与群众监督。国家监督是凭借国家政治权力所进行的财政监督。社会监督是各级人民代表大会、经济执法部门以社会名义进行的财政监督。群众监督是吸收广大群众来监督财政活动,广大群众是经济活动的参与者,能对财政资金的使用情况和执行财政经济政策情况进行的财政监督。群众能对其做出实际分析和客观评价,提高监督工作质量。

5. 按监督机构的性质划分

按监督机构的性质划分,财政监督可分为立法监督、司法监督与行政监督。立法监督,是指通过有关的财政方面的立法,对财政工作加以指导规范而实现的监督。司法监督,是指经济司法机关和财政机关对于违反财政法律法规的现象进行的检查和处理。行政监督,是指运用行政命令、指示、规定等形式,对财政分配活动进行的控制和影响。

第二节　财政监督与财政纪律

一、严格财政监督的基本依据

财政法是指立法机关按照立法程序制定和认可,通过国家强制力保证执行的财政行为规则。财政法的调整对象是财政分配关系,可以说财政监督是对分配和分配关系的监督。我国财政立法工作,包括税法、会计法、成本法、折旧法、资金法、预算法、基本建设投资法等,这些法都具有法律权威性,是严格财政监督的基本依据。

(一)财政法的作用

社会主义市场经济条件下,财政法制发挥作用的领域涉及社会生活的各个方面。但是,由于财政是国家实现职能的工具和财政法所调整的主要经济关系这两个特点所决定的,财政法发挥社会功能的领域主要是政治领域和经济领域,包括保证国家职能的实现、保障财政活动的顺利进行、调控经济运行、促进经济体制改革、维护社会主义市场经济秩序和促进对外开放等方面。

1. 保证国家职能的顺利实现和财政活动的顺利进行

财政法在实现国家职能过程中发挥着两个作用:第一,财政法与其他法律部门共同发挥着维护和加强人民民主专政的国家制度和社会秩序,保障和促进社会主义经济发展的作用,这是法律的共性;第二,财政法作为国家筹集和分配资金的工具,还具有其他法律部门所没有的作用,即财政法为巩固和加强人居民主专政提供必要的财力保证,它通过筹集和供应资金保证经济持续、稳定地发展。财政法主要是通过保障财政活动的顺利进行来实现的。财政法对国家组织财政收入和财政支出都做了明确规定,为财政监督提供了判断的标准,规定了进行监督活动的依据。财政收支活动都必须依法进行,违反者将要受到法律的制裁。只有这样,才能很好地解决财政关系中的矛盾,使社会主义财政活动顺利进行。

2. 调控经济运行,促进经济健康协调发展

财政法调控经济运行,通常是对生产、交换、分配、消费领域分别进行调整控制,促进生产、交换、分配和消费相互之间的运行协调。

财政法对生产领域的调控,主要从以下三方面进行。第一,调控产业结构。财政法按照国家的产业政策对不同产业分别进行具体的调控。对需要限制发展的产业削减投资或课以重税;对急需发展的产业增加投入或实行税收优惠等,促进产业结构优化。第二,调控产品结构。财政法对不同的产品分别进行具体的调控,保持产品结构的合理化,不但是生产本身的内在要求,而且是满足人民物质生活需要的客观要求。第三,调控再生产的方式。限制"大而全"和"小而全"的企业,促进专业化生产和各种形式的横向经济联合发展。

财政法对商品交换的调控主要是对商品的流向和流通速度的调控。财政法对合理的商品流向给予鼓励,对不合理的商品流向实行限制,使商品流向趋于合理。财政法通过对商品流通的不同层次、不同环节进行差别调节,疏通商品流通渠道,加速商品流转。

财政法调整分配关系。财政法本身就是对分配和分配关系进行调控,通过对社会不同利益主体之间的分配关系进行直接或间接调控,从而满足国家实现职能的资金需要,并实现社会财富公平分配。主要表现如下:第一,调整国家与企业之间的分配关系,促进企业经营机制健全与改善,增强企业活力。第二,调整中央与地方之间的分配关系,使各自的财权与事权相适应。第三,调整国家、集体与个人之间的分配

关系,实现利润公平分配。第四,调控个人收入合理增长,防止收入过分悬殊,实现共同富裕。

财政法对消费领域进行调控主要是调控消费行为,即对某些消费行为征税,从而对这些行为起限制作用。此外,财政法规定对高档消费品和奢侈品课以重税,对人民生活必需品和一般消费品从轻课税或给予补贴,并对个人消费收入进行调节,起到了控制或限制不合理消费的效果。

3. 维护经济秩序

目前,社会上还存在扰乱和破坏经济秩序的行为,表现如下:变预算内资金为预算外资金,化公为私,"打埋伏",报假账,分散转移国家资金与私分国家财产;超过国家规定的权限,擅自减免国家税收,虚报成本,挤占或侵占国家的物资;用公款请客送礼,大吃大喝,铺张浪费等。财政监督必须依据财政法,堵塞一切漏洞、打击扰乱和破坏社会经济秩序的行为,使社会经济秩序得以稳定。

4. 促进对外开放

财政法在对外开放中发挥着显著功能。首先,财政法对外商投资企业和外国企业征税,维护了国家利益。在征税的同时,给予税收优惠政策,通过优惠政策能够吸引外资,弥补本国建设资金的不足。其次,国家税法规定对出口产品实行退税,有利于鼓励本国出口产品生产,提高我国产品在国际市场上的竞争力,开拓国际市场,多创外汇。另外,财政法根据我国经济发展的需要,对于进口商品实行鼓励或限制政策,通过限制或鼓励某些产品,既保护国内经济,又可促进本国经济发展。

(二)加强财政法制建设

加强财政法制建设,健全必要的财政法规,为财政监督提供依据,逐步使财政监督正规化、制度化、法律化,有利于提高社会经济效益,保证经济和社会秩序稳定、协调发展。加强财政法制建设的基本任务是建立健全财政法规体系,使财政法制与经济体制相协调,加强执法情况检查,大力宣传财政法制,加强地方财政法制建设。

1. 建立健全财政法规体系

财政分配通过预算、税收、国有资产管理等环节进行。建立健全财政法规体系就是对财政分配涉及的各个环节进行规范。一是健全预算管理法规。完善分级财政管理体制,逐步建立规范化的财政转移支付制度;改进复式预算中不合理的列支项目,保证预算的合理性;加强预算外资金管理。二是完善税收法规。进一步修订《个人所得税法》,扩大征税范围,防止用化整为零的手段,导致少缴或不缴税情况的发生,避免国家税款的流失。国家目前对商品流转、所得、资源开发、行为目的方面都有了相应规范的法规,并根据经济形势发展的需要,制定并修订了有关法律。三是完善国有资产管理体制和社会保障制度。四是健全财务会计法规。

2. 财政法规建设与经济体制相协调

财政法制建设必须以保障和促进经济体制改革的顺利进行为前提。财政法制建设保障和促进经济体制改革的顺利进行,主要表现为两个方面:一是财政法制建设必须保障和促进财政自身改革的顺利进行,二是财政法制建设必须与整个社会法制建设相协调。

财政法制建设要保障和促进财政自身改革的顺利进行,主要表现在三个方面:一是财政法规必须为财政改革提供依据,指明方向。财政法不但要保障财政活动的正常进行,而且要运用法律形式,预先地、有计划地把财政改革引导到符合经济发展要求的轨道上来,从法律上保证改革朝正确方向发展。二是财政法必须保证财政改革的顺利进行。财政法规将财政改革措施规范化、法律化,使其具有强制性,一切财政活动都必须遵守和执行,因而依靠国家强制力能解决改革中的种种矛盾,保证改革措施的顺利执行。三是财政法制必须保护和巩固财政改革的成果。对于财政改革中出现的新的财政关系和财政秩序,必须用财政法制加以确认和保护,在确认和保护的同时,也要对其加以调整,使其完备,并在经济活动中不断进行巩固。

财政法制建设必须同整个社会的法制建设相协调,从而保障和促进计划、金融等改革的顺利进行。一是以法律形式保证财力上的支持。例如,国家加强对基础产业、基础设施的投入,加快这些领域的发展,国家一方面增加投入,另一方面减少税收负担,从而加速这些领域的发展。二是根据财政、金融等改革的需要,规范相应的预算、财务等处理办法。

3. 加强财政执法检查和法制宣传

要注重把日常的监督检查同突击性检查结合起来,严格监督国家机关、企业事业单位财政法规的执行情况。另外,要加强财政执法的纵向检查,及时发现执法活动中存在的问题,纠正违反法规的行为,促进财政执法的合法、高效。各级财政部门应采取各种方式,利用种种宣传渠道宣传财政法规,并及时公布新制定的法规。只有使财政法制观念深入人心,才能增强全社会的财政法制观念。

二、财政纪律是实现财政监督的保证

严守国家财政纪律,能够确保财政计划的完成,提高财政资金的社会经济效益。财政纪律是财政监督执行的重要保证。财政纪律,是指国民经济各部门、地区、企业、单位和个人所规定的财政经济活动中必须严格遵守的行为准则。财政纪律凭借国家权力,以强制方式付诸实施。

（一）编制和执行预算、计划的纪律

关于编制和执行预算、计划的纪律有如下方面：财政计划部门不准违背编制预算、计划的有关指示规定；任何地区和部门不准以任何借口搞计划外基本建设，乱拉资金，扩大固定资产投资规模；不准违背"收入按政策，支出按预算，追加按程序"的规定，收入执行机关和预算支出单位必须严格按上述规定办事；有关部门和单位不准随意追加追减预算、计划，维护计划的严肃性。

（二）维护财政收入的纪律

关于维护财政收入的纪律有以下方面：任何企业不准任意扩大成本开支范围，提高成本或费用的开支标准；任何地区和部门不得违反税法和税收管理体制的规定，超越权限减税、免税；不准擅自截留国家财政收入；不准违背国家规定的分配政策，擅自提高各种专项基金的提取留存比例；不准弄虚作假，私设"小金库"，化预算内资金为预算外资金。

（三）国家指定用途的使用资金的纪律

关于国家指定用途的使用资金的纪律有如下方面：不准随意改变预算规定的资金用途，专项基金要专款专用；不准虚报冒领，弄虚作假，转移国家资金；任何地区和部门不准违反政策规定，向企业单位和事业单位摊派，更不准向集体单位搞"平调"；任何单位不得超越控制社会集团购买力的规定，擅自购买非生产性的高档消费品。

第三节 财政收入监督

一、税收收入监督

（一）税收收入监督概述

对税收收入的监督是财政部门对税收征收机关（税务、海关）的征管质量（依据、程序、结果等）的监督。对税收管理机关（国库）的管理质量的监督、对财税政策贯彻执行情况的监督不能等同于收入征收机关或征收部门对收入的监管，而是财政部门对税务征管机关征管质量的再监督。

1. 监督范围

对税收收入的监督是财政部门对税收征管部门（包括各级履行国家税收征收管理职责的国税、地税、海关和国库部门等）征管质量和税收政策执行情况的监督，是对税法执行情况和财政政策的贯彻落实情况进行的监督检查，是对税收征管部门的再监督,是推进财税体制改革,构建公共财政框架,建立现代财政管理体系的重要组成部分。

2. 监督内容

对税收征管质量和税收法规政策执行情况的监督内容包括四个层面:一是对地方政府及有关部门和单位执行国家财税法规、政策、制度情况的监督;二是对税收征收机关征收管理质量进行监督;三是对国家金库机构收纳、划分、退付、留解税收收入情况进行监督;四是对重大税收项目或重点行业、重点企业的纳税情况进行专项核查等。

(二)税收收入监督的检查要点

1. 对税收征管部门的检查

对税收征管部门检查的具体内容包括:是否越权制定、更改、调整、变通税收政策;是否违规多征、少征、提前征收或摊派税款;是否未按规定的征管范围征收税款;是否未按规定加收税收滞纳金和罚款;是否违规为纳税人代垫或贷借资金缴税;是否违规办理税收提退;是否未按规定办理、审核纳税人涉税事项;征收的各种税款、滞纳金、税收罚款,是否未按预算科目和预算级次入库;是否滞留、挪用、截留各项税款;是否未按规定代征、划转政府性基金;报表反映的欠税、缓税、减免税是否属实。

2. 税收收入监督检查

税收收入监督检查的重点包括以下几个。第一,是否存在地方政府自行制定的政策文件与税收法律、行政法规、部门规章、财政部与国家税务总局下发的规范性文件相抵触的问题;有无自行制定税收政策或擅自扩大税收优惠政策执行范围、变更税收优惠政策执行标准、越权批准减免税问题。第二,是否存在违反法律、行政法规的规定开征、停征、多征、少征、提前征收、延缓征收或者摊派税款等问题。第三,是否存在税务机关、财政部门采取先征后返等"空转税收"手段虚增财政收入的问题。第四,是否存在"引税""买税""卖税"等问题。第五,是否存在混淆预算科目和级次,违规办理退库等问题。第六,是否存在应征未征、应计未计滞纳金问题。第七,是否存在违规开设税收"过渡户",占压、滞留、挪用税款问题。第八,税款征收方式是否合理,对查补税款、滞纳金、罚款及欠税是否采取了税收保全措施。第九,税务机关内部会计核算是否真实、全面、完整,有无将应纳入表内的内容补纳入表内,在表外设立备查账簿的问题,尤其是企业欠税、呆滞税款是否如实登记。第十,是否存在纳税人在账簿上多列支出或者不列、少列收入,或者经税务机关通知申报而拒不申报或者进行虚假申报,不缴或者少缴应纳税款问题;是否存在未做纳税调整导致少缴税款问题。第十一,是否存在其他违反财政税收法律法规的问题。

二、非税收入监督

（一）非税收入监督概述

非税收入监督是指各级财政部门及所属政府非税收入征收管理机构按照职责权限，依据法律、法规、规章的规定，对本级政府非税收入执收执罚部门或单位、受托执收单位及代理银行的政府非税收入征收或收缴、资金管理、票据管理等事项进行的监督检查和处理，是财政监督的一项重要内容。

1. 监督范围

按照建立健全公共财政体制的要求，非税收入管理的范围就是非税收入监督的范围。非税收入监督范围包括政府性基金、国有资源（资产）有偿使用收入、国有资本经营收入、彩票公益金、行政事业性收费、罚没收入、以政府名义接受的捐赠收入、主管部门集中收入以及政府财政资金产生的利息等。

2. 监督内容

财政部门实施非税收入监督重点是项目设立及其标准、范围、对象和期限，收入的征收、解缴情况，收入票据的领用、登记、使用、核销情况等。因此，非税收入监督的主要内容由非税收入征收或收缴的项目标准，票据管理以及资金管理等内容构成。

3. 主要措施

加强非税收入的监督是在市场经济条件下理顺政府分配关系、规范政府收入分配秩序、健全公共财政职能的客观要求，是保障财政收入的完整与安全，实现有效配置的需要，也是解决非税收入按时征收、推进部门预算改革，从源头上防范腐败的客观要求。非税收入的监督部门主要有立法机关、财政部门、审计部门、社会中介机构、司法监督等。但从各自职责角度看，除财政部门外，其他监督主体主要是对财政资金运行中某环节监督，而财政部门作为非税收入征收主管机关，集立项审批征收管理、票据管理、预算管理和监督检查于一身。财政业务管理机构和财政监督专职机构共同承担监督职责。对非税收入的监督主要由财政监督专职机构通过直接征收、就地监缴和专项检查来实施。

（1）收入征管。

对按规定实行分月或分季预缴的中央非税收入，在年度终了后，及时对中央非税收入进行汇算清缴。对缴纳单位因特殊情况确实不能按期缴纳的，要严格按有关规定审批延期缴纳事项。建立健全征管内控制度，规范征管工作程序，从体制上保证征管工作的严密性。定期催收中央非税收入，督促缴纳单位按规定及时、足额缴纳入库。向财政部报送中央非税收入报表，及时反映中央非税收入的征收管理情况和存在的问题。随时上报重大问题。必须加强内部管理,规定征收、监缴必须交叉管理,实施征收与检查相分离,实行专人负责、建立台账、按月开票入库、及时对账。

（2）监缴和管理。

各级财政部门是政府非税收入征收主管机关,实行分级管理,分类规范。各级政府财政部门按照管理权限负责政府非税收入监缴和管理工作。各地专员办必须切实承担起非税收入的监缴职责,对有明确授权的单一监缴项目,必须完善机制,切实履行监缴职责,建立基本资料台账制度、收入报表报送制度、收入对账制度、审核抽查制度、总结报告制度,夯实基础工作;对综合性授权或者授权不明确的项目要强化事后专项检查。

（3）监督检查。

结合日常监管情况,定期或不定期地开展中央非税收入专项检查。专项检查的主要内容包括非税收入征收政策依据,资金收缴及入库情况,银行账户管理情况,票据购领、使用、保管、销毁情况及其他有关凭证资料,法律、行政法规和规章规定的其他检查事项。

要加大查处力度,对非税收入监督检查中发现的问题,除了要严格按照国家有关财政法规处罚规定进行处理外,还要按照《违反行政事业性收费和罚没收入收支两条线管理规定行政处分暂行规定》(国务院令第281号),追究有关责任人员的行政责任。

（4）非税收入监督机制建设。

非税收入是政府财政收入的一个重要组成部分,是促进社会经济事业发展的重要财源,因此按照建立健全公共财政管理制度的要求,进一步加强非税收入管理、规范非税收入征收管理工作,按照"所有权属国家、使用权在政府、管理权在财政"的原则,构建非税收入管理新机制,深化"收支两条线"改革。

（二）非税收入监督的检查要点

1. 非税收入征收或收缴的项目检查要点

非税收入征收或收缴的项目检查要点包括以下方面:政府非税收入征收的项目、标准是否按规定程序设立或批准,项目是否合法,标准是否合规;是否擅自超过时限征收政府非税收入;是否擅自设立或增减政府非税收入的征收项目、征收对象、征收标准、征收范围;是否多征、少征、应征未征或者擅自减征、免征或缓征政府非税收入;是否继续征收或变换名称征收国家已明令取消的政府非税收入项目;是否有擅自处理罚没财物、赃款、赃物的行为;是否有违法或违规当场收取现款的行为;是否有违规委托或转委托征收或收取的行为;是否违规越权制定政府非税收入减免办法。

2. 非税收入管理工作标准的检查要点

非税收入管理工作标准的检查要点包括以下方面：行政事业性收费和政府性基金的标准是否合理；罚没收入的标准是否符合政府颁布的非税收入管理综合性政策文件；国有资产收益管理标准是否合理；资源性资产收益管理标准是否被擅自改动；彩票收入管理标准是否合理；社会保障基金管理标准是否合理；政府非税收入的"收支两条线"是否按照国家标准实施。

第四节　财政支出监督

一、财政支出监督概述

（一）珍视机遇，突出时代性

随着财政管理与改革不断纵深推进，支出监管工作迎来了新的发展机遇。一是从体制上讲，在完善体现科学发展要求的公共财政体系进程中，支出结构不断优化，民生财政深入人心，支出监管在新时期财政工作中的地位日益重要。二是从制度上讲，建立支出监管分析报告制度，实现科学化、精细化监管，支出监管的基本目标日益明晰。三是从发展环境上讲，支出监管的外部环境日益优化、和谐。因此，我们要抢抓发展机遇，突出时代特色，围绕财政中心工作，紧紧跟随财政管理与改革的步伐，紧紧贴近财政经济工作一线，坚持以支出的安全性、规范性和有效性监督为基本内容，以全面落实分析报告制度为基本措施，以整体提升监管成效为基本目标，科学、有序地推进支出监管工作。

（二）把握大局，突出针对性

对于点多、量大、线长、面广的财政支出监管现状，应树立宏观意识，立足高位思考，在动态把握财政工作大局的基础上，充分结合当地和自身的实际情况，有针对性地实施支出监管。一是围绕中心工作确定监管方向。要始终把社会经济发展的热点、人民群众关心的焦点、财政支出的重点和监管工作需要解决的难点有机结合，按照"着力优化支出结构，建立健全保障和改善民生的长效机制"等一系列工作部署，进一步加大对三农、环保、教育、医疗卫生、社会保障等领域专项转移支付资金的监管力度，充分发挥保驾护航作用。二是围绕监管职责确定监管思路。现阶段要力求做到履职到位，实施"双线推进"，以专项转移支付资金监管为主线，充分掌握支出总量、结构与分布情况，统筹分析支出的明细类别，综合评价资金运行全过程，找准对支出资金监管的共性特征，有重点地实施分类监管；以对预算单位的预算支出监管为辅线,根据财政部授权有序实施监管,逐步拓展深化。三是针对现实情况创新监管方法。既要立足实情,优化监管选项制度,又要根据管理体制和资金流程完善支出监管方式;既要充分运用程序相对简捷的核查、调查等措施优化支出监管程序,更要在整合当地监管资源、推进联合监管等方面创新支出监管模式。

(三)夯实基础,突出规范性

支出监管是一项长期而重要的工作职责,必须强化制度建设,确保规范、有序地运行。一是建立支出监管工作责任制,通过调整优化内部处室职责、人员配置和岗位职责,健全支出监管的组织保障体系。二是加强信息管理,采取建立专项转移支付资金对账制度、电子化管理制度、统计分析制度等措施,强化督导考核,着力推进支出监管信息化建设,全方位夯实基础工作。三是着力加强制度建设,推进规范化监管。要积极运用权力"搜索"工作成果,进一步细化支出监管工作规程,完善各项支出监管制度,并根据监管工作的需要及时补充制定相关实施办法。尤其是对于目前尚未制定统一监管办法的监管事项,重点是专项转移支付资金监管中检查对象和检查内容都比较固定的支出项目,要及时研究制定专门的分类监管办法,加强内部执法质量控制,全面规范支出监管工作。

(四)求真务实,突出有效性

重点是按照科学发展观的要求,统筹安排对支出的"三性"监督,扎实、有序地提升支出监管工作的有效性。一是积极探索绩效监督,现阶段应侧重从支出项目的有效性和支出资金的有效性两个方面进行尝试,积累经验,有序拓展。二是高度关注支出政策执行的有效性,将其作为日常监管的必要内容和专项检查的必备要求,及时向财政部汇报反映支出政策执行效果及提出完善建议。三是主动审视支出监管工作的有效性,一方面,要坚持以检查促管理,通过现场纠偏督导、跟踪落实整改、以点带面规范等方式,充分体现并拓展支出监管成效;另一方面,要坚持动态评价自身工作的有效性,定期不定期总结支出监管工作的开展情况,找准存在的问题和不足,及时调整阶段性工作思路和监管重点,确保监管工作有序、高效。四是坚持理论与实践相结合,加强对支出监管情况的总结、提炼和归纳,积极研究基本规律,着力从理论层面提升支出监管水平,指导并推进支出监管工作。

二、部门预算检查

(一)部门预算检查概述

部门预算是编制政府预算的一种制度和方法,由政府各个部门编制,经财政部门审核汇总报立法机关审议通过,反映政府各部门所有收入和支出情况的公共收支计划和法律文件。相比于传统的国家预算,部门预算的实施为政府预算的细化和透明提供了载体,使政府预算管理严格,使政府工作的透明度增加,从源头上有效地预防和治理腐败,对于加强财政支出管理,避免财政资金的铺张浪费,提高财政资金使用效率具有十分重要的意义。可以说,我国部门预算改革的提出,是适应我国社会主义市场经济体制的需要、构建公共财政框架中的一项重大举措。

1. 部门预算编制范围

在部门预算编制中,部门是指那些与财政直接发生经费拨付关系的一级预算会计单位,具体包括三类,一是开支行政管理费的部门,包括人大、政协、政府机关、共产党机关、民主党派机关、社团机关;二是公检司法部门;三是依照公务员管理的事业单位。部门预算编制范围包括政府行政部门及其从属事业单位的所有收入和支出。部门预算由一般预算和基金预算构成,两类预算之下又分为收入预算和支出预算。其中,一般预算收入包括财政预算拨款、非税收入、其他收入,一般预算支出包括基本支出和项目支出。

2. 部门预算编制程序

目前,我国部门预算编制程序实行"二上二下"的基本流程。部门预算编制工作一般是从上一年度的 8 月份开始。"一上"是指各部门编报预算建议数。部门编制预算从基层预算单位编起,主要是按照每年预算编制通知的精神与要求编制项目预算建议数,并且提供与预算需求相关的基础数据和相关资料。基础数据一般涉及基本支出核定的编制人数和实有人数;相关资料包括增人增支的文件、必保项目的文件依据。然后层层审核汇总,由一级预算单位审核汇编成部门预算建议数,上报财政部。"一下"是指财政部下达预算控制数。对各部门上报的预算建议数,由财政部各业务主管机构进行初审,由预算司审核、平衡,在财政部内部按照规定的工作程序反复协商、沟通,最后由预算司汇总成中央本级预算初步方案并报国务院,经批准后向各部门下达预算控制限额。涉及有预算分配权部门的指标确定,由财政部相关主体司对口联系,其分配方案并入"一下"预算控制数,统一由财政部向中央部门下达。

"二上"是指部门再次上报预算。部门根据财政部门下达的预算控制限额,调整"一上"中的部门预算建议数,编制新的部门预算草案上报财政部,基本支出在"目"级科目由部门根据自身情况在现行相关财务制度规定内自主编制。"二下"是指财政部最终批复预算。财政部根据全国人民代表大会批准的中央预算草案批复部门预算。财政部在对各部门上报的预算草案审核后,汇总成按功能编制的本级财政预算草案和部门预算,报国务院审批后,再报人大审核,最后提交人代会审议,在人代会批准草案后一个月内,财政部预算司组织部内的部门预算管理司统一向部门批复预算,各部门应在财政部批复本部门预算之日起 15 日内,批复所属各单位的预算,并负责具体执行。

3.部门预算综合检查

部门预算综合检查是指对列入部门预算的各级党政机关、事业单位和社会团体,纳入预算编制范围的企业和企业集团,以及与财政部门直接发生缴款、拨款关系的其他单位在预算编制、执行、调整和决算中执行财税法规情况以及财政、财务、会计等管理事项进行检查或调查的活动。部门预算综合检查与财政收支活动同步进行,贯穿于财政资金使用的全过程,是一个综合性很强的全面检查。从程序上来看,它包括部门预算执行的检查、部门预算调整的检查、部门决算的检查。从内容上来看,它包括对财政收入、支出、资金结余、资金拨付、行政事业单位资产、往来款项、会计基础工作、相关财政制度执行情况等的检查。

财政监督是促进预算职能实现的手段,实施对部门预算的检查,可以约束各级财政部门严格按标准进行审核和拨付资金,增强部门预算的透明度和规范化,这样才能保障部门预算实现其目标,提高财政资金的使用效益,防止腐败。开展部门预算检查,其核心内容就是要预防预算单位的"官僚行为",防止预算单位预算的不合理编报,挤掉预算编报的水分,使有限的资金用在"刀刃"上。实行部门预算以后,总的来说是资金越来越少了,管理却越来越严格了,以节省财政资金为显著特征的审核效果体现得愈发明显了。

(二)部门预算执行情况的检查目标

部门预算执行检查的总体目标是促进预算执行、预算调整、决算、财务收支和相关经济活动的真实性、合法性、效益性。其中,真实性是基础,合法性是基本要求,效益性是最终目的,是更高层次的要求。

1.真实性

真实性是部门预算执行情况检查目标中的基础目标,具体是指财务报表所列的部门预算执行情况或其他财务收支业务发生的真实性、会计报表中所列的各项资产和负债等财务数据的真实性、会计事项反映和调整的真实性。

2.完整性

部门预算执行情况检查在满足真实性目标的基础上,还必须保证财务报表反映发生业务的完整性,相关账户、会计事项、项目、汇总单位个数等的完整性。

3.准确性

准确性是指财务报表中各项资产、负债、收入、支出等会计要素得到正确计量,按适当的账户和金额进行核算,相关计算准确,另外还包括数据与数据之间的一致性、内容与内容之间的一致性、上下级决算填报口径之间的一致性。

4. 合法性

合法性是指预算执行、调整、决算、资金拨付、资金结余、往来款项、会计基础工作、其他财务收支等经济活动遵守预算法、会计法及其他法律法规的规定,还包括数据填列与调整的合法性、会计事项账务处理的合法性。

5. 效益性

效益性是指预算执行、调整、决算、资金拨付、资金结余、往来款项、会计基础工作、其他财务收支等经济活动的经济性、效率性和效果性。在部门决算检查中同时强调分析社会经济发展和国家政策的贯彻落实情况,评价资金投入的安全性、分配的科学性,测试管理的规范性和成果的效益性。

6. 揭示与披露

揭示与披露是指会计报表上的特定组合要素被适当地加以分类、说明和反映。

第五节　加强财政监督的管理

一、我国财政监督的现状

我国财政监督的方式还是传统的集中性、突击性、阶段性和专项性的事后检查,财政监督的深度、广度、力度受到很大制约,财政监督对财政分配、调节运行全过程的经常性、及时性和有效性的保障作用还没有充分发挥,财政监督工作中存在的问题主要表现为以下几个。

(一)财政监督工作的地位尚缺乏规范的法律依据

财政监督的法制建设尚不健全,尚无一部完整、系统的权威性法规对财政监督工作的内容、程序、地位与作用等做出详细、准确的规定。财政部仅在业务工作指导性文件上提出要进行内部监督,但比较原则,不够具体,既没有规定保障措施,也没有法律责任,使这项工作开展的随意性很大。开展检查时经常与审计、税务等部门发生交叉或冲突,由于缺乏专门的法律依据,财政监督的地位不确定。工作中只能从会计法、预算法、审计法等相关法律中找出与财政监督相关的、但是很不具体的内容作为财政监督的法律依据。没有将财政监督提到足够的立法高度,因而财政监督地位得不到法律保障,在执法上存在着尺度偏松、手段偏软等问题,严重影响着财政监督的权威性和成效。

（二）财政监督内容方式方法不适应经济发展的需要

当前在财政管理工作中运用的方式简单，审查内容较粗，审查时间滞后。从检查方式上看，突击性、专项性检查多，对全方位日常监控及资金使用的跟踪检查少；从时间上看，表现为集中性和非连续性的事后监督检查多，事前、事中监督少；从手段上看，大都依旧停留在查账本、翻凭证的原始阶段，电子化、数字化的水平很低，尚未研发并推广适合财政监督的专用软件，监督工作效率低；从内容上看，对预算变更的监督，尤其是对追加预算的监督和决算编制的真实可靠性的监督，没有规定程序和制度，重分配、轻监督，重收入监督、轻支出监督现象还普遍存在，财政监督还没有渗透到财政资金运行的全过程。在财政监督检查工作中，重查轻改、重罚轻防、重眼前轻长远等现象依然较为明显。因此，财政监督工作不能再局限于突击性的专项治理的方式，要逐步过渡到以经常性的审查、稽核与检查为主，并对不同时期的经济热点或普遍性问题辅以必要的专项或集中性的监督检查，使财政监督尽快走向规范化和经常化。

（三）财政监督工作缺乏相对稳定的高素质的专业队伍

一般说来，监督检查人员应当具有较高的业务水平，而且人员要相对稳定。目前的情况是监督检查的人员少、队伍不稳定，经常是临时性地抽调其他部门人员参与监督检查工作。人员缺乏使得日常监督检查工作很难开展；同时临时抽调人员对检查程序、检查技巧和检查的方式、方法不了解，缺乏检查经验。这些都造成了监督检查的广度和深度差，监督检查的效果不佳。

（四）财政监督职责范围划分不明确，缺乏必要的横向协调与合作

我国的经济监督体系主要由财政监督、审计监督、税务监督、社会中介机构监督和国有企业监事会监督等共同构成。这些监督部门工作职责上各有侧重，保证了重点监督工作的专业性和有效性。但问题也恰恰在于这种监督格局的局限性。由于税收监督重在收入任务的完成，审计监督重在事后审查，银行监督重在资金来源与去向的合法，国有企业监事会监督重在国有资产的运作，这样就存在着一些制约监督工作有效开展的因素。一是没有形成相互监督、相互制约、相互促进的格局。二是重叠与交叉，由于现存法律法规中没有明确的分工划分，在监督过程中出现重复监督与缺位监督并存的现象；同时，各部门各自为政，监督信息不能共享，监督结论不能相互利用，造成监督资源的浪费，直接影响到经济监督整体效率的提高。

二、强化财政监督的途径

要加强和深化财政监督，就必须按照社会主义市场经济体制的总体要求，着眼于财政活动的全过程进行监督，为维护经济秩序、强化宏观调控和完善管理服务。强

化财政监督,建立和健全财政监督体系主要包括以下几方面内容。

(一)加强财政监督立法和监督制度建设

应在借鉴国际经验的基础上,加快我国的财政监督立法进程和财政监督制度建设。国际上财政监督根据监督主体不同,主要有四种类型:一是立法监督制度,即制定财政、国有资产、财务管理、会计的相关法律,依法管理国家财政,监督机关向国会负责,如英国、美国、法国;二是司法监督制度,即按照宪法和其他专门法律审核国家财政预算决算、税收和财务等,而掌握执法的主体是独立的审计法院,具有司法性质,如西班牙;三是行政监督制度,即由政府部门根据核定的财政收支计划,检查并处理违法行为,其特点是置于政府领导之下,隶属于财政部门,如冰岛、瑞典以及我国。四是日本的财政监督制度,其会计检察院既不属于内阁,也不属于国会,与其他司法机构一样平行隶属于天皇,是专司国家财政预决算编制,会计财务的检查机构。这几种监督制度各有利弊,立法监督具有独立性、权威性的优点,其监督权掌握在国会手中,避免各级政府的干扰,不足之处是监督部门不能及时掌握有关信息,监督效率不高。司法监督具有独立性,立法与司法分离能充分发挥监督职能的优点,但不便于立法和行政部门掌握情况,在一定程度上影响了监督的力度。行政监督的监督权掌握在政府行政机关手中,便于及时掌握财政运转情况和存在的问题,具有及时、高效的优点,但是这种管理权与监督权没有分离,使这种监督制度缺乏独立性和透明度。

从我国的实践来看,仍是较为单纯的行政监督,明显的缺乏权威性和规范性,另外由于我国财政监督法制建设普遍滞后,本应具有的及时、高效的优点也没有得到充分发挥。借鉴国际通行做法,我国应构建"立法监督 + 行政监督"的复合型财政监督制度,这种监督制度最大的特点是以法律、法规形式规范财政行为,在整个财政资金运行过程中,把财政监督贯穿于整个财政管理过程中。采取这种类型可以实现二者的优势互补,建立立法监督体制便于把财政监督更好地纳入规范化、法制化的轨道,统一认识,改变对财政监督认识上的差异造成的监督过程中的混乱、缺位等现象,立法监督与行政监督的组合使行政监督更权威、更规范、更有效,突出其优势,弥补其明显的缺陷。因此,要尽快制定相关法律规定,填补当前财政监督制度上的法律空白,初步建立财政监督法律体系,把财政监督工作纳入法制化轨道,这样有利于树立财政监督的权威性,强化监督力度,做到有法可依,便于防止监督过程中的不规范、随意性等问题。

(二)创新财政监督方式

创新财政监督方式,改变目前单一的事后检查型的监督方式,应当采取事前审核、事中监控、事后评价、跟踪反馈等多种监督方法,形成日常监督与专门监督并存的新格局。同时大力推进监督电子化与信息化进程,提高监督效率。

1. 事前审核

财政监督机构要参与财政投资项目的立项工作,对项目立项的可行性、投资收益、偿债能力进行足够的科学论证,减少单位出于自身利益,争投资、上项目,造成项目建成后收益不高或没有收益、从而没有充足的资金来源偿还贷款,影响财政资金使用效率的现象。

2. 事中监控

财政部门对提高财政资金使用效益有着不可推卸的监督职责,监督跟着资金走,财政资金分配到什么地方,财政就必须监督到什么地方,建立跟踪监督机制,随时掌握预算单位资金变动情况,对资金的去向和使用实行有效的监督检查,财政监督要筑起一道坚不可摧的防范违规违纪与损失浪费的屏障,以确保财政资金的安全运行与高效使用。

3. 事后评价

长期以来,对财政监督机构的考核指标以组织收入为主,这样造成了现行财政监督存在着重检查,轻整改,重罚缴,轻堵漏,监督检查与规范管理相脱离。一方面监督机构为完成收入任务,从而把查处违纪行为作为财政监督主要的工作内容;另一方面被查单位对财政监督工作也没有足够重视,感到监督检查只是罚款了事,抱着一种侥幸心理,这也是出现"边查边犯,屡查屡犯"问题的主要原因。因此财政监督工作要走出这种"怪圈",必须建立新型的财政资金使用效果或效益评价制度,以利于调整政策,改进工作。

4. 要建立灵敏的财政监督信息反馈系统,提高财政监督效率

在财政系统内部,要充分依托"金财工程"应用支撑平台,做到预算编制、执行和监督之间的信息沟通便捷,并赋予监督机构全面查询权限,及时掌握财政资金的分配、拨付、使用方向、结存等动态情况。在部门之间,要探索解决"金财""金税""金审"等信息工程中监督数据的联网问题,逐步实现财政、税务、审计等部门监督信息的实时共享,降低监督管理成本。要加快财政监督检查软件的开发,借鉴审计、税务部门的成功经验,结合内部审计、会计信息质量和财政专项资金等业务特点,开发运用财政监督软件,实现监管数据采集、分析、预警信息化,做好计算机辅助检查与传统检查的有机结合,提高财政监督信息化水平。

(三)改变财政监督内容

随着社会主义市场经济体系的确立和完善,政府与企业之间的利益分配主要通

过税收来调整,财政将由微观管理向宏观调控转变,对单位财务收支管得过死的状况应该改变。今后财政监督工作应主要强化对预算执行情况、财政收入的征管情况、政府采购、转移支付、财税政策的执行情况和财政运行状态的反映和监控。

1. 对财政收入的解缴、征管、入库、退付实行全过程、全方位的监督

财政机关要对本级征收机关征收情况和本级国库收纳、划分、留解、退付情况进行监督,以确保收入完整,并根据实际情况延伸到有关企事业单位和下级财政机关,实现对财政收入全方位监控。杜绝和制止税务机关少收、免收及擅自挪用、占用、截留税款的现象和行为,严肃税法,遏制越权减免税收、大量欠税、骗取出口退税等行为,以建立稳定的收入增长机制,同时还要延伸到对纳税大户、国有大中型企业的监督,对企业单位的财务管理、纳税状况进行重点检查;另外行政事业单位的预算外资金作为财政性资金的重要组成部分,也必须纳入财政的统一管理。财政监督部门要同其他职能部门密切配合,加大对各项罚没收入和行政事业性收费等非税收入的检查力度,促进"收支两条线"政策的贯彻执行,尤其要加强对各种社会保障资金、政府性基金、专项收入的监督,引导资金科学、合理地流动,确保专款专用。

2. 不断探索财政支出监督新途径,促进公共财政基本框架的建立

对财政支出进行监督的重点是建立对预算支出的申报、拨付和使用的事前、事中、事后监督的全过程监管机制,并针对突出问题重点开展检查。一是加强对预算执行情况的监督,促使财政各职能部门强化预算约束,保证资金及时、足额到位;二是监督预算单位合法有效使用资金,对那些虚报和挪用财政资金的违纪问题予以有效防范和严肃查处,最大限度地发挥财政资金的使用效益;三是对政府采购的执行情况进行监督,不断规范政府采购行为,从而达到节约国家财政资金、防止腐败的目的;四是对财政拨款重大项目建立跟踪问效制度,形成财政监督机构和职能部门的双重监督机制,逐步建立起保障重点、分配规范、预算约束有力、监督严格的适应市场经济要求的财政支出新格局。

(四)密切财政监督与其他经济监督部门的关系,发挥综合监督效能

1. 要协调好财政监督与其他监督部门的关系

目前代表政府行使经济监督权力的主要有财政、物价、审计、国税、地税等部门。这些经济监督部门,都有固定的监督范围,但在具体的执法过程中,又有可能业务交叉,财政监督如果不处理好与其他经济监督部门的关系,就会造成执法部门内耗,削弱监督力量,造成处罚不规范,损害财经法纪的严肃性。因此,要对经济监督部门的监督范围进行明确的分工,以减少部门之间的业务牵制,通过协调关系,统一监督形式,统一处罚标准,从而提高监督效果。对于政府、社会关心的热点问题、难点问题,

各部门可以联合起来,成立专门班子,共同行使监督职能,增进了解,相互支持。

2. 协调好财政监督与财政部门内部各职能机构之间的关系

从微观上,财政监督是对财政分配的全过程进行监督。财政分配的大部分工作是由财政部门内部机构来完成的,财政监督的高效实施要借助于财政机关内部部门的工作成果,要对财政机关进行严格审查监督,纠正其不合理、不合规的地方。因此,财政监督部门要处理好与内部各职能部门之间的关系,争取其他部门的支持,促进财政监督工作的顺利推进,纠正财政分配过程中违纪、违规行为,增强财政监督的权威性。

3. 要处理好与被监督对象的关系

现在很多单位对财政监督认识不足,认为财政部门只是替政府拨付资金而已,这显然是错误的。财政监督与财政的分配职能同时存在,财政监督贯穿于财政分配的始终,有财政分配就必须有财政监督,它是政府监督的有效手段之一,各单位必须接受财政监督。另外财政机关也要做好财政监督的宣传工作,让被监督对象理解财政监督、服从财政监督、支持财政监督。

(五)加强财政监督机构建设和干部队伍建设

在加强财政监督机构建设的同时,要提高财政干部素质。财政干部素质提高是搞好财政监督工作的基本前提。因此,应着重抓好以下几个方面:提高财政干部自身的政策、理论水平,以实现政策制度制定科学且行之有效;提高干部的政治素质,财政干部必须认识到自己的形象代表着政府的形象,财政干部的行为关系着党和政府在人民群众中的威信,因此财政干部要树立崇高的职业道德观念,正确处理个人利益与国家及广大群众利益的关系,廉洁自律,抵制腐败,真正履行人民所赋予的职责;提高业务素质,财政干部应不断更新财政知识,提高财政理论水平和业务水平,提高现代化财政管理技术的运用和操作能力,适应市场经济发展要求。各级财政部门要根据财政监督工作的特点和需要,注意加强干部的政治素质和业务素质的培养,按照"统筹安排,分级负责"的原则,有计划、有重点、多形式地开展干部培训,把财政监督干部队伍培养成全面发展、业务过硬的队伍。

第九章
政府会计制度

第一节 政府会计的相关概念

一、政府的定义

政府是通过人民民主选举产生的、接受人民的委托治理国家的政治主体。其主要职责是履行社会公共事务管理,行使行政管理的职能,是为其"辖区"公众和经济组织承担受托责任的政权组织。根据行政管理活动所涉及的内容,通常把政府职能划分为政治职能、经济职能和社会职能。其中,政治职能主要体现为维护国家政权、稳定社会秩序、防御外来侵略、惩治犯罪行为等;经济职能是政府通过高效的行政管理,促进社会生产力的发展,如弥补市场缺陷、进行宏观调控;社会职能是指政府承担的与社会公众生活质量密切相关的各项社会公共事业,如科学、教育、文化、卫生、体育、社会保障、环境保护。政府履行上述职能而提供的物品和服务属于公共物品的范畴。公共物品是私人部门不能提供的物品,只能由政府提供。从表面上看,社会公众消费公共物品无须付费,因而政府提供公共物品不能取得收入。但是,提供公共物品必须耗费一定的经济资源,这些资源的主要来源只能是政府凭借国家政权以法定形式向公众征收,也就是说,社会公众向政府提供经济资源就是在购买公共物品或公共服务。政府从事社会公共事务管理、提供公共物品和公共服务,就是在履行社会公众委托或赋予的责任,这种责任就是公共受托责任。政府对公众的受托责任是最基本的受托责任,这种受托责任在我国还可以进一步细分为下级政府对上级政府的受托责任、政府对人大以及人大对公众的受托责任等。这种受托责任也会派生出其他的受托责任,如政府对债权人的受托责任、政府对其他政府的受托责任。政府完整的受托责任体现在政府是整个国民经济和社会发展的组织者和管理者。

从整体功能上看,政府是承担社会公众和经济组织广泛职责的一级政权。我国政府可分为中央级政府、各省级(直辖市、自治区)政府、各市级(地区、自治州)政府、各县级(市、区)政府以及各乡镇级政府5个级次。各级政府的财政部门代表该级政府执行财政总预算,管理财政收支。从职责分工上看,政府还包括各类行政单位,如

155

立法机关、行政机关、司法机关。行政机关是一级政府的办事处,是行使国家权力、管理国家事务、组织经济建设和文化建设、维护社会公共秩序、执行行政单位预算的部门和单位。

政府与行政单位的特点有以下方面。

(一)非营利性

政府和行政单位不必向它们的所有者(即资本的提供者)分配利润。政府和行政单位对外提供服务或商品往往并不追求利益,甚至不收费,主要是按照财务资源和其他资源提供者的期望和要求提供尽可能多的服务或者商品。相应地,政府财政管理的重点放在谋求并合理使用财务资源、保证预算得到贯彻执行并努力保持足够的流动性和支付能力上,而不像企业那样致力于利润或每股净收益的提高。

(二)公益性

政府和行政单位服务于公共目的,为公众奉献。政府和行政单位所追求的是公共利益,即全体居民的共同利益,以实现政府的公共职能为目的。例如,行政单位向社会提供服务。

(三)组织约束性

政府和行政单位必须严格地遵守财政指令和财经纪律。以营利为目的的企业通常是按照其追求利润或财富最大化的目标,通过市场竞争来开展其生产经营活动的,并且有适用于自身的一套运行规则;而政府和行政单位有各自非营利性的既定目标,服务领域具有独占性且不存在竞争性的公开市场。由于资金的来源具有独特的渠道(税收、捐赠、财政拨款等),为了有效地使用资金,政府和行政单位不仅要受《中华人民共和国会计法》等法律法规的约束,还受财经纪律和财政部门规定的各项制度的严格约束。

二、政府会计的定义及构成

(一)政府会计的定义

公共部门会计是以各级政府、行政单位为主体,以货币为主要计量单位,连续、系统、完整地核算和监督公共部门资金运动过程及其结果的专业会计。政府会计,是指用于确认计量和报告政府组织为社会公众和经济组织提供公共物品的财务活动,以及自身受托责任履行情况的专业会计。

(二)我国政府会计体系

政府会计由财务会计和预算会计构成。财务会计是指以权责发生制为基础对政府发生的各项经济业务和事项进行会计核算,反映和监督政府财务状况、运行情况、运行成本和现金流量等信息的会计。预算会计是指以收付实现制为基础对政府预算执行过程中发生的全部收入和全部支出进行会计核算,主要反映和监督预算收支执行情况的会计。

我国是以公有制为主体的社会主义市场经济国家,财政预算实行"统一领导、分级管理"的体制,整个政府会计体系由财政总预算会计、行政事业单位会计等组成。

财政总预算会计是指各级政府财政部门核算并监督政府预算执行情况以及各项财政性资金收支活动情况及结果的专业会计。根据"一级财政、一级预算"的原则,我国将财政总预算会计的管理体系分为五级:财政部设立中央级财政总预算会计,省(自治区、直辖市)财政厅(局)设立省级财政总预算会计,市(地、州)财政局设立市级财政总预算会计,县级(市、区)政府设立县级财政总预算会计,各乡镇级政府设立乡镇财政总预算会计。

行政单位会计是指我国各级行政机关和实行行政财务管理的其他机关(包括各级权力机关、行政机关、审判机关和检察机关)、政党及人民团体核算和监督本单位财务状况、预算执行过程及其结果的专业会计。行政单位会计体系根据国家机构建制和经费领报关系,分为主管会计单位、二级会计单位和基层会计单位三个级别。

事业单位会计是指各类事业单位核算和监督本单位预算执行情况及结果的专业会计。事业单位会计体系根据国家机构建制和经费领报关系,分为主管会计单位、二级会计单位和基层会计单位三个等级。我国事业单位内部行业众多,包括应用科研型事业单位、社会服务部门的事业单位和社会福利救济事业单位等。与这些事业单位会计相适应,形成各种事业单位会计。

近年来,由于部门预算的编制,财政总预算会计和行政单位会计的改革将逐渐趋于以一级政府为中心,核算整个政府的财务状况,即编制一级政府的收支情况表。另外,在推行国库单一账户制度后,财政部门对财政支出资金实施全过程管理,各级行政单位由于只是政府的组成部分,其所有资金都是财政资金,都要通过国库单一账户收付,其资金活动已通过总预算会计反映。

实行政府采购后,对于行政单位专项支出经费,财政部门不再简单地按照预算下拨经费给行政单位,而应当按照批准的预算和采购活动的履约情况直接向供应商拨付货款,即财政对这部分支出采用直接付款方式。财政总预算会计可以根据这部分支出数直接办理决算,而行政单位应根据财政部门提供的付款凭证进行资金核算,根据采购品入库情况入账。这笔业务可视为同一会计主体下获取货物、工程和服务的行为。因此,财政总预算会计和行政单位会计共同构成政府会计。

第二节　政府会计目标和核算前提

一、政府会计目标

所谓会计目标是指提供财务信息或编制财务报告的目标或目的。会计目标影响到会计主体、会计报表体系的设计、提供信息的范围和质量规范,进而影响到会计要素的定义、分类、确认和计量等会计政策的选择。政府会计信息应当符合国家规定的要求,适应国家宏观经济管理和上级财政部门及本级政府对财政管理的需要。从会计产生和发展的历史可以看出,会计是随着受托责任的发展而发展的。政府是一个承担着广泛受托责任的组织,政府会计的根本任务首先是对政府受托责任的完成情况进行自我认定、自我计量,并定期编制各种受托责任的财务报告,为委托人了解政府受托责任履行情况提供有用的会计信息,以帮助委托人进行相关的决策。

我国现行政府会计规范中有关政府会计目标的阐述主要体现在相关的政府会计制度和政府会计准则中。根据《政府会计准则——基本准则》的规定,政府应当编制财务报告和决算报告。财务报告的目标是向财务报告使用者提供与政府财务状况、运行情况(含运行成本)和现金流量等有关的信息,反映政府偿债能力和受托责任履行情况,有助于财务报告使用者做出决策或进行监督和管理。政府财务报告使用者包括债权人、政府自身和其他利益相关者。决算报告的目标是向决算报告使用者提供与政府预算执行情况有关的信息,综合反映政府预算收支的年度执行结果,有助于决算报告使用者进行监督和管理,并为编制后续年度预算提供参考和依据。政府决算报告使用者包括政府自身和其他利益相关者。

政府财务报告和决算报告应提供以下几个方面的信息。

(一)能使使用者评估责任、说明各级政府责任的信息

能使使用者评估责任、说明各级政府责任的信息主要包括能使使用者确定本年收入是否足以支付本年服务和在以后年度是否必须负担以前年度的服务成本,说明各级政府的预算责任以及是否遵循其他与财务相关的法律和合同要求,帮助使用者评估政府提供服务的成本、成果及努力程度。

(二)评估当期政府如何筹集其活动资金,满足其现金需要的信息

评估当期政府如何筹集其活动资金,满足其现金需要的信息主要包括财务资金来源和使用信息;政府如何筹集其活动资金,满足其现金需要的信息;确定各级政府财务状况在当年是改善还是恶化所需的信息。

（三）评价政府的服务水准，持续筹措活动资金和履行义务能力所需的信息

评价政府的服务水准，持续筹措活动资金和履行义务能力所需的信息主要包括各级政府财务状况的信息；各级政府有形资源和其他非财务资源未来使用寿命的信息，包括可评估其服务潜能的信息；披露法律、合同对资源使用的限制，以及资源可能损失的风险。

伴随现代公共财政体制改革的进行，会计核算上也要求与时俱进。为了适应权责发生制政府综合财务报告制度改革需要，规范行政事业单位会计核算，提高会计信息质量，财政部于 2017 年 10 月制定印发了《政府会计制度——行政事业单位会计科目和报表》（以下简称为《政府会计制度》），并于 2019 年 1 月 1 日起施行。该制度是服务全面深化财税体制改革的重要举措，对于提高政府会计信息质量、提升行政事业单位财务和预算管理水平、全面实施绩效管理、建立现代财政制度具有重要的政策支撑作用，在我国政府会计发展进程中具有划时代的重要意义。

综上所述，在提升政府治理和财政资金使用效率的大背景下，政府会计目标主要是提供包括预算管理活动在内的所有财务活动的信息，以及提供预算与实际执行情况比较的信息，以满足国家的宏观经济管理、政府预算管理以及政府单位内部管理的需要，并反映政府受托责任，帮助财务报告使用者做出科学决策。

二、政府会计核算前提

政府会计核算前提也称会计假设，是指针对政府和行政事业单位会计面临变化不定的客观经济环境，对政府和行政事业单位的某些情况或进行会计工作的先决条件所做出的逻辑推断。会计假设并不是毫无根据的臆断，而是根据政府和行政事业单位所处的社会环境所做出的合乎逻辑的推论，是对会计活动的基本经验的总结和理论概括，具有相当普遍的适用性。尤其是会计基本假设，已在相当程度上反映了市场经济的最一般规律，是开展政府会计工作必要的前提和条件。

政府会计核算的前提包括会计主体假设、持续运营假设、会计分期假设和货币计量假设。

（一）会计主体假设

会计主体假设是指政府会计核算应当以本组织发生的各项交易或事项为对象，记录和反映政府本身的各项业务活动。会计主体是会计信息所反映的特定单位或组织，它界定了会计工作的空间范围。

会计工作的目标是反映一个组织的财务状况、业务活动情况和现金流量，为包括捐赠者在内的各利益相关者决策服务。只有明确规定政府和行政事业单位会计的

核算对象,将政府和行政事业单位会计所要反映的对象与其他经济实体区别开来,才能保证政府和行政事业单位会计核算工作的正常开展,实现会计目标。

会计主体会计假设是为了政府和行政事业单位会计人员在日常的会计核算中对各项交易或事项做出正确的判断,对会计处理方法和会计处理程序做出正确选择的依据。由于政府和行政事业单位对各项财务资源的用途通过预算作了限定,必须分别核算和报告不同用途的财务资源的收支情况及结果,但政府和行政事业单位是对外承担受托责任的整体,必须对外报告所有财务收支情况及结果。

一般来说,凡是具有独立的资金、允许在银行开户、有业务收支、需要独立核算、编制会计报表的单位,在会计上均视为一个会计主体,应进行独立的会计核算。在市场经济中,企业是典型的会计主体,这个假设对进入一个会计信息系统的各种经济交易和事项作了空间上的限定,并以主体为范围,将其发生的所有交易或事项作为会计核算和报告的对象,而不区分交易或事项的类别和具体用途。所以,以企业作为会计主体时,每一个企业只需要一套属于自身的日记账、分类账和会计报表就能够实现企业财务报告目标。

政府及其构成具有基金主体和组织主体的双重性。基金主体是假设政府及行政事业单位(包括民间非营利组织)以"基金"界定会计的空间,把按照法律法规或其他限定用途的各种财务资源分别设立基金,按基金组织财务收支的会计核算,要求基金与基金之间的财务收支必须区分开,分别核算和报告,因此,"基金"是政府及行政事业单位典型的会计和财务报告主体。组织主体则假设政府和行政事业单位以"组织"界定会计的空间,把对外承担受托责任的组织整体的财务收支作为会计核算和报告的对象,所以,政府和行政事业单位也是会计与财务报告的主体。

政府性基金是指各级人民政府及其所属部门根据法律、行政法规和中共中央、国务院文件规定,为支持特定公共基础设施建设和公共事业发展,向公民、法人和其他组织无偿征收的具有专项用途的财政资金。政府性基金实行中央一级审批制度,遵循统一领导、分级管理的原则。政府性基金属于政府非税收入,全额纳入财政预算,实行"收支两条线"管理。

(二)持续运营假设

持续运营假设是指政府和行政事业单位的会计核算应当以持续、正常的进行为前提,也就是说,在可预见的未来,政府和行政事业单位不会因终止、关闭、破产而清算,因而政府和行政事业单位所拥有的资产将在正常的经营过程中被耗用或出售,所承担的债务也将在正常的经营过程中清偿。

在企业会计中,通常假设一个会计主体除非提供"反证",否则它将在可预期的未来持续不断地经营下去。会计学界普遍认为,持续经营是一个必要的和重要的会计基本前提,它要求企业对资产和计价必须建立在非清算的基础上,从而要求企业购置资产的现金流出不记为费用而记为资产,预收款项不记为收入而记为负债。

政府强调其公共活动的连续性也非常必要。因为政府与企业主体不同,它不以营利为目的,其开展各项公共活动不但不能带来营利,而且要消耗一定的资源,如果不做这样的假设,我们很难想象一个社会能够延续下去。但是,政府在以基金为主体的情况下,一旦基金所限定的项目完成或目的达到以后,该基金主体就消失了,其活动也就终止了。所以,应对这个假设做适当的修正,即政府和行政事业单位公共活动具有连续性,而基金财务收支活动则具有暂时性。持续运行假设,要求政府会计工作必须以本单位将永远存在并持续运行为前提,来考虑、处理一切会计事务。

持续运营假设界定了会计工作的时间范围。正是在持续运营假设前提下,政府和行政事业单位会计理论和实务才能建立在"非清算基础"上,对于运营中较长使用期限的资产才能按其成本入账,而不是按破产清算时的清算价值入账。也正是在这一会计假设下,政府组织在会计信息的收集和处理上所使用的会计程序或方法才能保持相对的稳定性,才能出具正确的记载报告,为各方提供可靠的会计信息。

当然,由于组织章程的限定,或者是由于出资人共同商定的结果,或者是由于国家法律和政府法规的影响,或者是由于组织运转不良和竞争因素的作用,很多政府组织可能会面临终止、关闭,甚至宣布破产或进行法律上的改组。在这种情况下,持续运营假设就不再适用了,在这个假设基础上建立的会计原则和程序也不再适用。或者说,持续运营假设只适用于正常运营状态下的政府组织单位,而不适用于已经终止业务活动的政府组织单位。

(三)会计分期假设

会计分期假设是指将政府会计主体持续运行的时间人为地划分成等距时间段,以便于分阶段结算账目,编制财务报告。会计期间至少分为年度和月度。会计年度、月度等会计期间的起讫日期采用公历日期。世界各国对会计年度的规定不同,一般采用的形式有公历制(即每年1月1日至本年12月31日),如中国、德国;四月制(即每年4月1日至次年3月31日),如英国、加拿大;七月制(即每年7月1日至次年6月30日),如瑞典、澳大利亚。

在政府会计中,对于可支用基金和政务基金来说,需要会计分期前提的目的是为了考察预算期间内财务资源的实际流动情况以及预算的执行情况。

(四)货币计量假设

货币计量假设是指政府会计主体在会计核算时,应当以货币为主要计量单位,不考虑币值变动因素的影响,以保证会计数据的连续性和有效性。我国现行会计制度规定,政府会计核算应以人民币为记账本位币。如果发生外币收支,应当按照中国人民银行公布的当日人民币外汇汇率折算为人民币核算。

第三节 政府会计要素与记账基础

一、政府会计要素

会计要素是对会计事项所确认的项目所做的归类,是构成会计客体的必要因素。以往我国的预算会计制度中没有会计要素的提法,但有不同的会计分类。从 20 世纪 60 年代起,预算会计统一采用资金收付记账法,并按资金运动变化的形态固定划分为资金来源、资金运用与资金结存三大类。1997 年的预算会计改革第一次在预算会计中使用了会计要素,把预算会计要素划分为资产、负债、净资产、收入和费用五项,这意味着政府及预算单位会计不但要反映其收入和支出,而且要反映其资产和负债。行政单位会计也应当按照业务或事项的经济特征确定会计要素,包括资产、负债、净资产、收入和费用。

在我国《政府会计准则——基本准则》《财政总预算会计制度》和《政府会计制度》(2019)中明确规定了政府会计分为财务会计要素和预算会计要素,政府财务会计要素包括资产、负债、净资产、收入和费用,政府预算会计要素包括预算收入、预算支出与预算结转结余。

(一)政府财务会计要素

政府财务会计要素包括资产、负债、净资产、收入和费用。

1. 资产

资产是指政府过去的经济业务或者事项形成的,由政府所有、管理、占有、使用或者控制的,预期能够产生服务潜能或带来经济利益流入的经济资源。服务潜能是指政府利用资产提供物品和服务以实现政府目标的能力。经济利益流入表现为现金(含现金等价物,下同)流入或者现金流出的减少。

政府的资产按照流动性,分为流动资产和非流动资产。流动资产是指预计在一年内(含一年)变现或者耗用的资产,包括货币资金、短期投资、应收及预付款项、存货等。非流动资产是指流动资产以外的资产,包括固定资产、在建工程、无形资产、长期投资、公共基础设施、政府储备资产、文物文化资产、保障性住房和自然资源资产等。符合资产定义的经济资源,在同时满足以下两个条件时,确认为资产:第一,与该经济资源相关的服务潜能或者经济利益很可能流入政府；第二，该经济资源的成本或者价值能够可靠地计量。

2.负债

负债是指政府过去的经济业务或者事项形成的现时义务，履行该义务预期会导致含有服务潜能或者经济利益的经济资源流出政府。现时义务是指政府在现行条件下已承担的义务。未来发生的经济业务或者事项形成的义务不属于现时义务，不应当确认为负债。

政府的负债按照流动性分为流动负债和非流动负债。流动负债是指预计在一年内（含一年）偿还的负债，包括应付及预收款项、应付职工薪酬、应缴款项等。非流动负债是指流动负债以外的负债，包括长期应付款、应付政府债券和政府依法担保形成的债务等。

符合负债定义的义务，在同时满足以下两个条件时，确认为负债：第一，履行该义务很可能导致含有服务潜能或者经济利益的经济资源流出政府；第二，该义务的金额能够可靠地计量。

3.净资产

净资产是指政府资产扣除负债后的净额，其金额是资产减去负债的差额。净资产项目应当列入资产负债表。

4.收入

收入是指报告期内导致政府会计主体净资产增加的、含有服务潜力或者经济利益的经济资源的流入。收入的确认应当同时满足以下条件：与收入相关的服务潜能或者经济利益很可能流入政府，服务潜能或者经济利益流入会引致政府资产增加或者负债减少，流入金额能够可靠地计量。符合收入定义和收入确认条件的项目，应当列入收入费用表。

5.费用

费用是指报告期内导致政府会计主体净资产减少的、含有服务潜力或者经济利益的经济资源的流出。费用的确认应当同时满足以下条件：与费用相关的服务潜能或者经济利益很可能流出政府，服务潜能或者经济利益流出会导致政府资产减少或者负债增加，流出金额能够可靠地计量。符合费用定义和费用确认条件的项目，应当列入收入费用表。

（二）政府预算会计要素

政府预算会计要素包括预算收入、预算支出与预算结转结余。

1. 预算收入

预算收入是指政府在预算年度内依法取得的并纳入预算管理的现金流入。预算收入一般在实际收到时予以确认，以实际收到的金额计量。

收入分类主要反映政府收入的来源和性质。根据目前我国政府收入构成情况，结合国际通行的分类方法，将政府收入分为类、款、项、目四级。在财政总预算会计中，财政收入是国家为实现其职能，根据法令和法规所取得的非偿还性资金，是一级财政的资金来源。财政收入包括一般预算收入、基金预算收入、专用基金收入、转移性收入等。现行的《财政总预算会计制度》中，财政总预算收入包括一般公共预算本级收入、政府性基金预算本级收入、国有资本经营预算本级收入、财政专户管理资金收入、专用基金收入、转移性收入、动用预算稳定调节基金、债务收入、债务转贷收入等。其中，按现行的《政府收支分类科目》中规定，一般公共预算收入科目包括税收收入、非税收入、债务收入和转移性收入，基金预算收入分为非税收入、债务收入、转移性收入，国有资本经营预算收入包括非税收入和转移性收入。

2. 预算支出

预算支出是指政府在预算年度内依法发生并纳入预算管理的现金流出。预算支出一般在实际支付时予以确认，以实际支付的金额计量。

财政总预算会计中的财政支出，是指一级财政为实现其功能，对财政资金的再分配。它包括一般预算支出、基金预算支出、专用基金支出、转移性支出等。近年来，随着政府财政体制完善的需要，财政总预算会计又新增"国有资本经营预算支出""国有资本经营预算调出资金""财政专户管理资金支出"三个支出科目。按照现行《政府收支分类科目》，一般预算支出分设类、款、项三级科目，按照政府的功能和职能来分类主要包括一般公共服务、外交等类级科目，基金预算支出包括教育、科学技术等类级科目，国有资本经营预算支出是指用国有资本经营预算收入安排的支出，社会保险基金预算支出是指政府社会保险基金的各项支出。

按照部门预算管理的要求，行政单位的经费支出可分为基本支出和项目支出。基本支出是行政单位为了保障其正常运转、完成日常业务活动而发生的各项支出，包括人员工资、办公经费支出等；项目支出是行政单位为完成专项工作或特定任务而发生的各项支出，包括专项会议支出、专项任务支出、专项构建支出等。按照《政府收支分类科目》中的"支出经济分类科目"分设类、款两级，政府支出主要包括工资福利支出、商品和服务支出、对个人和家庭的补助、对企事业单位的补贴等。

在《政府收支分类科目》中，"支出经济分类科目"与"支出功能分类科目"是两套相互并列的政府支出科目体系。这两套政府支出科目体系，分别从不同的角度对政府的支出进行反映。

3. 预算结转结余

预算结转结余是指政府预算年度内预算收入扣除预算支出后的余额以及历年滚存的余额。预算结转结余包括预算结转和预算结余。预算结转是指预算安排的项目支出年终尚未执行完毕，或者因故未执行且下年需要按原用途继续使用的资金。预算结余是指年度预算执行终了，预算收入实际完成数扣除预算支出和结转资金后剩余的资金，以及项目执行完毕或者项目不再执行剩余的资金。

符合预算收入、预算支出和预算结转结余定义和确认条件的项目应当列入政府决算报表。

二、会计确认、计量和报告基础

会计要素的记账基础，是指在确认和处理一定会计期间收入和费用时选择的处理原则和标准，它与计量的时间有关。各种记账基础的区别在于交易确认的标准、时间和范围不同，尤其是确认的交易时间不同。会计记账基础对于政府会计、预算和财务报告尤为重要，采用不同的会计基础在很大程度上会影响到公共部门财务与预算信息的类别、范围和报告的及时性，进而对公共财政管理和决策产生重要的影响。

会计记账基础主要包括收付实现制和权责发生制。收付实现制又称现金制，是指以款项的实际收付为标志来确定本期收入和支出。凡在当期实际收到的现金收入或发生的支出，均应作为当期应计的收入和支出；凡是不属于当期的现金收入或支出，均不应当作为当期的收入和支出。收付实现制有利于客观反映组织现金流量的财务状况，可简化会计核算，但不利于如实反映各期收入与费用的配比关系。权责发生制又称应计制，是指以取得收到款项的权利或支付款项的责任为标志来确定本期收入和费用。凡是当期已经实现的收入和已经发生的或应当负担的费用，不论款项是否收付，都应当作为当期的收入和费用；凡是不属于当期的收入和费用，即使款项已在当期收付，也不应当作为当期的收入和费用。

收付实现制和权责发生制是会计要素确认基础区间上的两个极端，在其区间，还存在修正的收付实现制和修正的权责发生制。在实践中，许多国家在公共部门采用某种主导性的会计基础的同时，往往也采用某种形式的修正会计基础。国际会计师联合会（IFAC）发布的《政府财务报告指南》中，增加了可应用于政府和行政事业单位部门的会计基础、修正的权责发生制和修正的收付实现制。

修正的收付实现制是收付实现制的一种变体，通常包括两种："附加期"模式和附加披露模式。"附加期"模式是指在规定的追加期内（通常是30天或以下），对源于前一会计期间的交易所产生的本会计期间的现金收付,仍然确认为前一会计期间的现金收付。如"附加期"内的近似现金余额项目、财务资产与负债。附加披露模式是指对通常在权责发生制下确认的项目提供附加的信息披露。

修正的权责发生制是权责发生制的一种变体,常见的模式是对采用权责发生制基础确认的资产和负债的范围做出限制,包括所有非财务资产在取得时确认为费用,部分非财务资产(国防与文化资产)在取得或建造时确认为费用,不确认养老金负债。

权责发生制在企业组织的财务报告中得到了广泛的应用,在政府会计、预算和报告中记账基础的选择因国情不同而异,目前大部分国家仍然采用传统的收付实现制(或修正的收付实现制)为基础的政府会计。但进入 21 世纪以来,不仅在政府会计中采用权责发生制基础的国家越来越多,还有越来越多的国家在预算系统引入了权责发生制基础。伴随国际公共部门改革的深入,转向权责发生制为基础的政府会计是公共部门改革的趋势。我国政府财务会计采用权责发生制,而政府预算会计一般采用收付实现制,实行权责发生制的特定事项应当符合国务院的规定。单位对于纳入部门预算管理的现金收支业务,在采用财务会计核算的同时应当进行预算会计核算;对于其他业务,仅需进行财务会计核算。在与世界公共部门管理接轨和我国未来现代国家财政体制逐步完善的过程中,以权责发生制为基础的政府综合财务报告已经成为财政改革的重要基础和保障。

三、政府会计核算模式和"平行记账"

(一)政府会计核算模式

所谓"适度分离"是指适度分离政府预算会计和财务会计功能,决算报告和财务报告功能,全面反映政府会计主体的预算执行信息和财务信息。其主要体现在以下几个方面。

1."双功能"

在同一会计核算系统中实现财务会计和预算会计双重功能,通过资产、负债、净资产、收入、费用五个要素进行财务会计核算;通过预算收入、预算支出和预算结余三个要素进行预算会计核算。

2."双基础"

财务会计采用权责发生制,预算会计采用收付实现制。国务院另有规定的,依照其规定。

3."双报告"

"双报告"是指通过财务会计核算形成财务报告和通过预算会计核算形成决算报告。

所谓"相互衔接",是指在同一会计核算系统中政府预算会计要素和相关财务会计要素相互协调,决算报告和财务报告相互补充,共同反映政府会计主体的预算执行信息和财务信息。它的主要体现:一是对纳入部门预算管理的现金收支进行"平行记账"。对于纳入部门预算管理的现金收支业务,在进行财务会计核算的同时也应当进行预算会计核算。对于其他业务,仅需要进行财务会计核算。二是财务报表与预算会计报表之间存在勾稽关系。

通过编制"本期预算结余与本期盈余差异调节表"并在附注中进行披露,反映单位财务会计和预算会计因核算基础和核算范围不同所产生的本年盈余数(即本期收入与费用之间的差额)与本年预算结余数(本年预算收入与预算支出的差额)之间的差异,从而揭示财务会计和预算会计的内在联系。这种会计核算模式兼顾了现行部门决算报告制度的需要,又能满足部门编制权责发生制财务报告的要求,对于规范政府会计行为、夯实政府会计主体预算和财务管理基础、强化政府绩效管理具有深远的影响。

(二)平行记账的基本原理

政府行政事业单位会计核算应当具备财务会计与预算会计双重功能,实现财务会计与预算会计适度分离并相互衔接,全面、清晰反映单位财务信息和预算执行信息。平行记账具有如下特点。

第一,平行记账在同一会计信息系统中进行,即平行记账是为了满足政府行政事业单位在一个会计信息系统中同时进行财务会计和预算会计核算的需要。

第二,平行记账针对的是纳入部门预算管理的现金收支业务。这就明确了预算会计核算的经济业务范围。根据这一规定,实务中经济业务事项是否需要在预算会计中核算可以按照以下两点判断:一是该业务是否是现金收支业务。二是该业务是否纳入部门预算管理。只有同时满足以上两点的,在采用财务会计核算的同时才需要进行预算会计核算。

第三,不需要平行记账的其他业务只需要进行财务会计核算。实务工作中,典型的不纳入预算管理的现金收支业务包括应当上缴国库或财政专户的款项、应当转拨其他单位的款项、受托代理的款项、暂收款业务等,这些款项收到或支付时仅作财务会计核算,不需要进行预算会计核算。

第四节　会计信息质量要求与确认计量

一、会计信息质量要求

政府会计与财务报告的目标是向内外部信息使用者提供反映单位财务状况、收支情况及结果的会计信息。政府会计信息全面、完整、系统、正确地反映主体的实际情况,无论对国家宏观管理部门、资源提供者,还是对政府当局了解业务运营情况都是十分重要的。

会计信息质量要求是处理具体会计业务的基本依据,在会计准则中居于主导地位,指导着会计要素的确认计量和会计方法的选择。研究会计信息质量要求的意义在于它是确认会计目标的必然延伸,是实现会计目标的衡量标准;它影响到会计报表的体系和内容,制约所提供会计信息的范围、程度和方式;它直接影响会计要素的确认、计量和报表列示方法,影响会计政策的选择。

会计信息质量要求是对会计信息的基本要求,所以在营利组织与非营利组织之间,在政府财政会计、行政单位会计等非营利组织会计之间,具有相当的共性。政府会计信息质量要求主要包括可靠性、全面性、及时性、可比性、相关性、实质重于形式和明晰性等。

(一)可靠性

可靠性会计信息质量要求是指政府应当以实际发生的经济业务或者事项为依据进行会计核算,如实反映各项会计要素的情况和结果,保证会计信息真实可靠。核算的数字应为实际发生数,不能是预计数、估计数,更不能是有意伪造数。

会计核算的可靠性有三个含义,即真实性、客观性和可验证性。真实性是指会计反映的结果应同实际情况一致,不能弄虚作假、隐瞒谎报。客观性是指经济业务的记录和报告要以客观事实为依据,不受主观意念的支配,要求两位合格的会计人员根据相同的原始资料对同一业务进行处理,应得到实质相同的结论。可验证性是指有可靠的合法的凭据来复查数据的来源及数据的加工过程。不真实、不可靠、不能验证的会计信息,只会导致错误的决策。

(二)全面性

全面性会计信息质量要求是指政府应当将发生的各项经济业务或者事项统一纳入会计核算,确保会计信息能够全面反映政府预算执行情况和财务状况、运行情况、现金流量等。

（三）及时性

及时性会计信息质量要求是指政府对已经发生的经济业务或者事项应当及时进行会计核算，不得提前或者延后。即对会计事项的处理必须在经济业务发生时，及时收集信息，及时核算信息，及时报送信息，以实现其目标。

（四）可比性

政府提供的会计信息应当具有可比性。可比性会计信息质量要求是指会计处理的方法和指标口径必须有利于前后会计期间以及同级政府会计主体之间的比较分析，同时各个政府会计主体处理会计业务的方法和程序在不同的会计期间要保持前后一致，不能随意变更，以便于政府会计主体对前后各期的会计资料进行纵向比较。即对同一政府会计主体不同时期发生的相同或者相似的经济业务或者事项，应当采用一致的会计政策，不得随意变更。确需变更的，应当将变更的内容、理由和对政府财务状况及运行情况的影响在附注中予以说明。对不同政府会计主体发生的相同或者相似的经涉业务或者事项，应当采用一致的会计政策，确保政府会计信息口径一致、相互可比。

实行可比性会计信息质量要求，并不意味着一个政府会计主体的会计核算方法一旦实行以后就绝对不能变动。当发现原有核算方法不适应政府行政事业单位经济活动或不足以反映变化了的经济业务时，可在下一会计年度进行变更，但必须在会计报表说明中对变更的情况、变更的原因及变动后对政府会计主体财政收支的影响表述清楚。

（五）相关性

相关性会计信息质量要求是指会计核算所提供的经济信息应当有助于信息使用者正确做出经济决策，会计提供的信息要同经济决策相关联。政府提供的会计信息，应当与反映政府会计主体公共受托责任履行情况，政府报告使用者决策或者监督、管理的需要相关，有助于报告使用者对政府会计主体过去、现在或未来的情况做出评价或预测。

（六）实质重于形式

实质重于形式会计信息质量要求是指政府应当按照经济业务或者事项的经济实质进行会计核算，而不应仅以经济业务或者事项的法律形式为依据。

（七）明晰性

明晰性会计信息质量要求是指会计记录和会计报表应当清晰明了，便于财务报告使用者理解和运用，数字记录和文字说明要能一目了然地反映经济活动的来龙去脉。对有些不易理解的问题,应在会计报表附注中加以说明。

除了以上信息质量要求,还需注意在政府会计中,出资者对所提供的资财是否具有资本收益和资本回收的要求。若具有按规定用途使用的要求,即限制性信息质量要求,那么在资金管理核算上就要有限制性。限制性是指对于有指定用途的资金应按照规定的用途使用并单独反映,即专款专用。政府部门的即本基金、专用基金等均具有指定用途和具体的使用范围,不能移作他用,特别是不能用于生产经营。政府部门的各项收入实行复式预算条件也需分别按照规定用于经常性支出和资本性支出,同样具有一定的限制性。专款专用固然使得会计主体的资金使用权限有所减弱,但也不失为控制资金使用的一种办法,是对不要求投资回报的非营利性资金使用的一种约束。

二、会计计量属性

会计计量是为了将符合确认条件的会计要素登记入账并列报于财务报表而确定其金额的过程。企业应当按照规定的会计计量属性进行计量,确定相关金额。会计计量要求,是对会计信息处理方法和程序的要求,也规范着会计报表列示的原则。会计要素确认和计量与会计主体的经济业务和会计要素的具体内容有着紧密的联系,因此在企业与非企业之间,在财政机关、行政单位和非营利组织之间存在着较大的差别。

(一) 政府资产的计量属性

资产的计量属性主要包括以下几个。

1. 历史成本

在历史成本计量下,对资产按照取得时支付的现金金额或支付对价的公允价值计量。

2. 重置成本

在重置成本计量下,对资产按照现在购买相同或者相似资产所需支付的现金金额计量。

3. 现值

在现值计量下,对资产按照预计从其持续使用和最终处置中所产生的未来净现金流入量的折现金额计量。

4. 公允价值

在公允价值计量下,对资产按照市场参与者在计量日发生的有序交易中,出售资产所能收到的价格计量。

5. 名义金额

无法采用上述计量属性的,采用名义金额(即人民币一元)计量。

政府在对资产进行计量时,一般应当采用历史成本。采用重置成本、现值、公允价值计量的,应当保证所确定的资产金额能够持续取得并可靠计量。

(二)政府负债的计量属性

负债的计量属性主要包括以下几个。

1. 历史成本

在历史成本计量下,对负债按照因承担现时义务而实际收到的款项或者资产的金额,或者承担现时义务的合同金额,或者为偿还负债预期需要支付的现金计量。

2. 现值

在现值计量下,对负债按照预计期限内需要偿还的未来净现金流出量的折现金额计量。

3. 公允价值

在公允价值计量下,对负债按照市场参与者在计量日发生的有序交易中,转移负债所需支付的价格计量。

政府在对负债进行计量时,一般应当采用历史成本。采用现值、公允价值计量的,应当保证所确定的负债金额能够持续取得并可靠计量。

三、会计等式

会计等式是指资产、负债和净资产之间的关系。一个单位所拥有的资产和负债与净资产明显地表现为同一资金的两个方面,即拥有一定的资产,必然存在一定数额的负债和净资产。从数学角度讲,一个单位所拥有的资产总额与负债和净资产总额必然是相等的,资产、负债和净资产之间存在的这种客观的恒等关系,称为会计等式。

我国企业会计准则规定,企业在对会计要素进行计量时,一般应当采用历史成本,采用重置成本、可变现净值、现值、公允价值计量的,应当保证所确定的会计要素金额能够取得并可靠地计量。

静态会计要素的平衡关系式为:

$$资 = 负债 + 净资产$$

预算会计净资产的变化在很大程度上是由于收入和支出的发生而形成的,其动态会计要素的平衡关系式为:

$$收入-支出=结余（净资产）$$

以上两种平衡式可以结合在一起，形成会计要素的综合平衡式：

$$资产=负债+原净资产+收入-支出$$

$$资产-负债=原净资产+结余$$

$$资产-负债=新净资产$$

任何一个政府会计主体在其业务活动和经营活动过程中，随着收支业务的发生，必然要出现资产、负债、净资产的不断变化。然而，不管它们怎么变化，始终不会破坏上述会计平衡式。

四、政府财务报告和决算报告

（一）政府财务报告的内容

政府财务报告是反映政府某一特定日期的财务状况和某一会计期间的运行情况和现金流量等信息的文件。政府财务报告应当包括财务报表以及其他应当在财务报告中披露的相关信息和资料。政府财务报告分为政府综合财务报告和政府部门财务报告。政府综合财务报告是指由政府财政部门编制的，反映各级政府整体财务状况、运行情况和财政中长期可持续性的报告。政府部门财务报告是指政府各部门及其所属单位的财务报告。财务报表是政府财务报告的主要形式，各类财务信息是政府财务报告的主要内容。政府财务报告反映了政府偿债能力和受托责任履行情况，有助于财务报告使用者做出决策或进行监督和管理，政府财务报告使用者包括债权人、政府自身和其他利益相关者。

（二）政府决算报告的内容

政府决算报告是综合反映政府预算收支年度执行结果的文件。政府决算报告应当包括决算报表和其他应当在决算报告中反映的相关信息和资料。决算报表是政府决算报告的主要形式，各类决算信息是政府决算报告的主要内容。政府决算报告的提供有助于决算报告使用者进行监督和管理，并为编制后续年度预算提供参考和依据。政府决算报告使用者包括政府自身和其他利益相关者。

（三）政府财务报告与政府决算报告之间的关系

政府财务报告的编制以权责发生制为基础，以财务会计核算生成的数据为准。政府决算报告的编制以收付实现制为基础，以预算会计核算生成的数据为准。政府财务报告和政府决算报告两套报告体系共同构成政府会计报告，两者互为补充，有机衔接，形成科学、完整的决算部门财务信息报告体系。

第五节　政府会计规范体系

根据我国《宪法》和有关法规规定,有权参与会计及其报告立法和政策制定的机关主要包括全国人大及其常委会、国务院及其委员会、财政部、国家税务总局等。根据我国《会计法》规定,国家实行统一的会计制度,国家统一的会计制度由国务院财政部门根据本法制定并公布。国务院有关部门可依本法和国家统一会计制度制定对会计核算和会计监督有特殊要求的行业的具体管理办法或补充规定,报国务院财政部门审核批准。

我国会计准则由政府制定,是会计法规的组成部分。根据《财政部会计准则委员会工作大纲》的规定,财政部会计准则委员会(China Accounting Standards Committee, CASC)是我国会计准则制定的咨询机构,旨在为制定和完善我国的会计准则提供咨询意见和建议。财政部会计准则委员会下设会计理论专业委员会、企业会计专业委员会和政府及非营利组织会计专业委员会。

我国会计立法机构包括全国人大及其常委会、国务院及其委员会、财政部和国家税务总局等。我国会计规范体系包括会计法规、会计准则和会计制度。

会计法规包括会计法、注册会计师法、总会计师条例和企业财务报告条例。会计准则包括企业会计准则和政府会计准则。会计制度包括企业会计制度和政府会计制度等。政府会计制度体系分为《财政总预算会计制度》(2016)、《政府会计制度》(2019)以及《国库会计管理规定》等。

2018年12月29日开始施行的《中华人民共和国预算法》更加强化国库管理,将政府的全部收入和支出都纳入预算管理,增强预算的完整性、约束力和透明化。预算法和会计法作为政府财政和会计体系的基础大法,对于建立现代财政制度,进一步深化财政体制改革打下基础。政府会计准则体系主要包括基本准则、具体准则及应用指南,由财政部根据基本准则制定。其中,具体准则用于规范政府发生的经济业务或事项的会计处理,详细规定经济业务或事项引起的会计要素变动的确认、计量、记录和报告。应用指南包括会计科目设置及使用说明、财务报表格式及编制说明等。财政部相继出台了《政府会计准则——基本准则》和存货、投资、固定资产、无形资产、公共基础设施、政府储备物资、会计调整、负债、财务报表编制和列报、政府和社会资本合作项目合同等10项政府会计具体准则,2019年印发《政府会计准则制度解释第1-2号》、2020年印发《政府会计准则制度解释第3号》、2021年印发《政府会计准则制度解释第4号》、2022年印发《政府会计准则制度解释第5号》。

第十章 »
电子商务下的财政管理

我们现在正进入一个"大智物移云链"——大数据、智能化、物联网、移动互联网、云计算、区块链的时代，一个计算无处不在、软件定义一切、网络包容万物、连接触手可及、宽带永无止境、智慧点亮未来的时代。企业为了降低成本、提高竞争力，促使电子商务快速发展，全方位应用。财政管理信息化要学习借鉴企业电子商务的应用情况，加快建立财政预算一体化体系。

第一节 全新的商务模式

一、电子商务营造企业竞争新优势

电子商务在社会经济领域得到了广泛的应用，尤其是在发达国家，电子商务发展迅速。电子商务推动了商业、贸易、营销、金融、广告、运输、教育等社会经济领域的创新，并因此形成了一个又一个新的产业。目前，世界各国也纷纷抓住电子商务带来的商机。

电子商务为竞争所带来的新优势主要有以下几个。

(一)降低采购成本

采购物资是一个复杂的、多步骤的过程。首先，采购人员要找到生产该产品的供应厂商，判断其产品数量、质量、交货时间和价格是否符合要求，一旦选定供应厂商，就可将所需产品的详细图样和信息传送给供应厂商，以使产品能按照客户要求进行生产。如果试制产品的样品通过验收，供应厂商的生产流水线就准备大量生产。采购人员就会将购买一定数量货物的订货单传送给供应商，不久就会收到供应商的通知单，通知购货方订货单已经收到。货物装运后，购货方又会收到发货通知单及货物发票，购买方的财会部门在核对发票和订货单后付清货款。但是大多数公司的采购并不都是这样一帆风顺的，常常会发生一些变动。这时，采购过程就会更加复杂、更加烦琐。目前国际上对上述业务有一个流行的称谓，即 Logistic Service，译为后勤供销服务。

　　研究分析表明,后勤供销服务的电子化、网络化,可以使采购过程变得简便、顺畅。通过广泛搜寻适宜的物资供应商,发展与主要供应厂商的关系,能得到较大的折扣,并能更多地了解到所要采购货物的生产情况,因而能降低采购成本。

　　近年来,国际上一些大的公司早已在专用网络上使用电子数据交换系统,以降低采购过程中的劳务、印刷和邮寄费用。采购程序自动化,意味着采购小组可以有更多的时间用于协商更合理的价格、与对方建立供求伙伴关系。分析家们估算,在增值网络上,使用电子数据交换(EDI)系统达成的货物和服务业务贸易额已达 1 500 亿美元以上。使用电子数据交换系统,公司可节约 5%～10% 的采购成本。

(二)降低销售和运营成本

　　一个单独的销售人员只能拥有他本人亲自拜访或打电话可以联系到的有限数量的客户。因此,随着客户数量的增长,销售力量也要加强。直销公司在增加电话订购额的同时,也需要增加供给人员。相比之下,网上商家则只需花费少许或无需花费额外金额便可增加新客户,因为其销售功能安装在计算机服务器内,而不是在那些物理的存放地或销售人员那里,其所到范围也只受服务器对查询与命令的反应能力的限制。

　　因特网可使传统的销售组织、多层发货渠道、目录销售及广告更加高效。有了自动订购能力,销售方代表不必再为耗时的手工订购做准备了。他们能花更多的时间来建立和维持与客户的联系电子目录,能提供比与之相似的纸类目录多得多的信息与选择。网上直销可以缩短再购买周期,并提高额外销售项目的销售能力。

(三)改善客户服务

　　公司经过长期采集与存储,建立有关客户与产品的数据库。只有具有一定特权的雇员才能访问数据库。一些有创新精神的商家正在寻找途径,力图开发这些信息的潜力,以使那些最需要这些信息的人们(包括公司的客户服务代表和顾客)能够获得信息或得到网络技术支持。

　　货运公司正在帮助他们的商业伙伴用因特网来解决问题。客户可以连到该公司的网址,输入订货号码,于是便可得知他的货物已经装上一辆运输卡车并预计于次日清晨到达。该信息在 1 分钟之内便可在公司网址上检索出来。

(四)创造销售契机

　　因特网 24 小时在全球范围运营,使得上网企业可以涉足人工销售与宣传无法有效触及的新市场。例如,一个大型制造厂的塑料制品专家,可以坐在他的个人计算机前,在网上浏览并查询销售工业塑料的供应商。再如,一位销售能力有限的小供应商现在可以与买方接洽,获得网上的产品介绍,由于在网上出现并创立了以小商业市场为对象的服务,卖方可以在全国乃至全球范围内开发一个新的大市场。

成功地运用电子商务,可以使企业提高效率、增加收入、降低成本、改善服务,从而增强企业的生命力和竞争力。通过电子商务,企业不但可以实现网上营销,突破传统的进货、生产、销售、库存的流转程序与生产、营销模式,而且由于能够及时与用户交流信息,从而真正实现少投入、低成本、低库存、高效率,实现资源的合理配置和有效利用。网络几乎覆盖世界的各个国家和地区,24小时开放,为企业扩大销售市场、增加业务收入创造了得天独厚的环境。

(五)促进信息沟通

通过内联网,企业员工可以共享企业内部信息,协调企业业务流程及人员管理,从而使企业节约了大量的人力、物力、财力,在增加收入的同时,节约开支,降低企业的运营成本。

企业作为社会生产中的一个环节,在商务运作过程中与上游、下游企业和企业产品的直接代理商、外围经销商,以及大用户、维修中心等都有着密切的联系,其间信息的沟通与交流对企业在市场竞争中的发展至关重要。因此有专家预言,通过外联网进行的电子商务的市场份额将超过因特网电子商务。

二、电子商务的主要运行模式

按照交易对象分类,电子商务可以分为四类:商业机构对商业机构的电子商务(Business to Business)、商业机构对消费者的电子商务(Business to Consumer)、商业机构对政府的电子商务(Business to Administrations)、消费者对政府的电子商务(Consumer to administrations)。

(一)商业机构对商业机构的电子商务模式

在目前商业机构的在线商务中,EDI所占的比重虽然最大,但是,商业机构之间的电子商务绝不仅仅限于自动处理重复性、程序化的交易。就目前发展看,商业机构的在线式商店交易在网上增长很快,可以将商业的电子商务模式总结如下:在线商店模式、内联网模式、中介模式、专业服务模式。其中,第三种模式是最普遍的。

1. 在线商店模式

在线商店模式指的是企业在网上开发虚拟商店,并以此网址宣传和展示所经营的产品和劳务,进而提供便利的网上交易。这种模式与网上在线零售市场类似,只不过专业性要强一些。

2．内联网模式

内联网模式是指企业将内联网络有限度地对商业伙伴开放，允许已有的或潜在的商业伙伴有条件地通过互联网进入自己的内部电脑网络，从而最大限度地实现商业信息传输和处理的自动化。

3．中介模式

中介模式指的是一家中介机构在网上将销售商或采购商汇集在一起，商业机构的采购代表从中介机构的网址就可查询销售商或销售的产品。多数的中介机构通过向客户提供会员资格来收取费用，也有中介机构向销售商收取月租费或按每笔交易收费。

4．专业服务模式

专业服务模式指网上机构通过标准化的网上服务，为企业内部管理提供专业化的解决方案，使企业能够减少不必要的开支，降低运营成本，提高客户对企业的信任度和忠诚度。

（二）商业机构对消费者的电子商务模式

为了充分利用国际互联网获取最佳的商业效果，不同的企业利用电子商务时"八仙过海，各显神通"，主要是根据自身的经营特点，开发适合的电子商务战略。商业机构对消费者的电子商务模式主要就是网上在线的商务模式。但是，网上销售的无形产品和劳务与销售实物商品大相径庭。因此，以下分别就这两种情况对国际上商业机构对消费者的电子商务模式做介绍。

1．实际产品的电子商务模式

这是指传统的有形商品的电子商务模式，产品或服务是在国际互联网上成交的，而实际产品和劳务的交付仍然是传统的方式，不能够通过电脑的信息载体来实现。

据调查，在目前网上交易活跃、热销的实物产品依次为电脑产品、旅游、娱乐、服饰、食品饮料、礼品鲜花。目前在互联网上实物商品的交易十分普及，网上成交额增长迅速。

2．无形产品和劳务的电子商务模式

网络具有信息传递和信息处理的功能，因此，无形产品和劳务（如信息、计算机软件、视听娱乐产品）就可以通过网络直接向消费者提供。无形产品和劳务的电子商务模式主要有网上订阅模式、付费浏览模式、广告支持模式和网上赠予模式。

（1）网上订阅模式（Subscription-based Sales）指的是企业通过网页安排向消费者提供网上直接订阅、直接信息浏览的电子商务模式。网上订阅模式主要被商业在线机构用来销售报刊、有线电视节目等。

（2）付费浏览模式（the Pay-per-view Model）指的是企业通过网页安排向消费者提供计次收费性网上信息浏览和信息下载的电子商务模式。它让消费者根据自己的需要，在网址上有选择地购买想要的东西，在数据库里查询的内容也可付费获取。另外，还可一次性付费参与游戏。

（3）广告支持模式（Advertising-supported Model）是指在线服务商免费向消费者或用户提供在线信息服务，而营业活动全部用广告收入支持。这是目前成功的电子商务模式之一。例如，百度等在线搜索服务网站就依靠广告收入来维持经营活动。信息搜索对于上网人员在信息浩瀚的互联网上找寻相关信息是最基础的服务，企业也最愿意在信息搜索网站上设置广告，特别是通过付费方式在网上设置旗帜广告（Banners），有兴趣的上网人员通过点击"旗帜"就可直接到达企业的网址。

（4）网上赠予模式是一种非传统的商业运作模式。它指的是企业借助于国际互联网全球广泛性的优势，向互联网上的用户赠送软件产品，扩大知名度和市场份额，通过让消费者使用该产品，从而让消费者下载一个新版本的软件或购买另外一个相关的软件。

（三）商业机构对政府的电子商务模式

商业机构对政府的电子商务指的是商业机构与政府机构之间利用互联网进行的商务活动，包括政府采购、税收、商检、管理条例发布等。例如，政府的采购清单可以通过因特网发布，公司可以以电子邮件的方式回应。随着政府带头推进电子商务的发展，此模式将会迅速增长。政府在这里有两重角色：既是电子商务的使用者，进行购买活动；又是电子商务的宏观管理者，对电子商务起着扶持和规范的作用。

（四）消费者对政府的电子商务

消费者对政府的电子商务指的是政府机构对个人的电子商务活动随着企业、个人网上活动的日益普及，也将实现电子化。如个人对税务机关的报税行为，政府部门对个人提供的社会服务（如社会福利金的支付），将来都会在网上进行。

第二节　无纸化交易与会计证据

一、无纸化交易与会计无纸化

（一）无纸化交易——电子数据交换（EDI）

1. 商业 EDI 的产生与发展

商业活动过程是一个完整的供应链循环过程。在这个供应链中，包括产品的制造商、供应商、分销商、零售商和最终用户。业务过程主要包括贸易伙伴的建立、产品订购、供应、库存管理、财务结算、销售预测分析等过程。在传统系统中,业务人员需要利用电话或传真进行商业贸易,将资料键入计算机系统中。所处理的订购单格式不一,清晰程度各异,而且键入时出错率较高,重复工作量大。因此,在现在的商业运作中,人们在追求高品质的产品和服务的同时,纷纷采用先进的科技去降低运作成本。但是,事情并没有所想象的那样简单,现在科技成本上升的幅度比零售价的涨幅高得多,要取得利润增长是越来越困难了。在成本升幅持续高于销售额的情况下,如何保持增长营利,成为商家研究的头等课题。

该问题的解决关键在于以高科技降低成本。众多商家在采用条形码扫描技术降低成本以后,下一步就是利用 EDI 交换数据,以加速与贸易伙伴之间的通信联系。

EDI 是 20 世纪 60 年代发展起来的一种电子化商业贸易方法。它能将企业与企业之间的商业往来文件,以标准化、规范化的文件格式存储,无须人工介入,无须纸张文件,采用电子化的方式,直接地进行信息业务的交换与处理,因此,人们俗称为无纸化交易。经过 20 年的发展,1987 年联合国规定了有关行政、商业及交通运输的电子数据交换标准,即国际标准 UN/EDIFACT,这使得国际间进行电子数据交换成为现实。20 世纪 90 年代之后,国际互联网因特网的建成,使得 EDI 更加飞快发展。无纸化交易已成为当今世界发展的潮流,更成为国际经济贸易发展的必然趋势。

2. 商业 EDI 的特点

商业 EDI 的特点就是,在整个供应链中采用 EDI,将制造商、供应商、分销商、零售商和最终用户有机地联系在一起,在其中建立无纸的数据交换系统,改善和规范供应链中的业务流程,使其更合理、更有效地运作,降低供应链的成本,缩短供应链的时间。通过适时、准确的信息流保证消费所涉及的顺畅、连续的产品流,最终使产品的开发、销售和库存控制发生根本性的变化。

利用 EDI 技术,可以发展商业增值网。该网是商业自动化建设中适应商业电子化需要而强化的一种电子信息网络,是应用现代电子信息技术,以 EDI 的通信方式将市场的商品销售、采购、生产、保险、金融、货物托运等各个环节有机地结合起来,实现无纸化交易的过程。它可以通过网络向各商家、生产厂商以及信用卡的持卡人提供商情信息,也可以实现商业电子订货、电子邮购和信用卡服务等。

采用 EDI,还可利用参与方信息报文建立贸易伙伴关系。价格销售目录报文可以提供产品的说明、价格信息。在产品的供应、销售环节,订购单报文不仅将日常的订购事宜,诸如所订产品的描述,交货的日期、地点以及有关条款等计算机化管理,还可以把由人工完成的查账、账目分类、买主排序等全部自动化,由此可缩短供应商与零售商之间的询价、报价、订购、送货时间。

在财务管理上,核对发票与订购单、收货通知等无误后,即可把发票上的信息整理在汇款通知内,提供通知供应方支付的信息。商业 EDI 可通过缩短、弥补和延长产品从生产厂家出来到用户之间所占的时间而创造价值,并通过合理地管理产品从生产厂家出来到用户之间所占的空间,进一步创造价值。

(二)无纸化数据环境对会计工作的影响

1. 无纸化输入强化了会计的反映功能

无纸化输入可以有效地克服基于纸张的数据输入的不足。无纸化输入可以收集到业务活动的全部信息,既包括已经发生的业务活动,也包括未发生的,甚至包括拟议中的业务活动,既可以是货币化的信息,也可能是非货币化和不必货币化的信息,并且不会因为人工收集和此后会计确认的局限性而对数据有所取舍,导致信息丢失。

2. 无纸化输入使"会计确认"程序化成为可能

会计确认存在的主观判断因素较多,这是基于纸张的会计信息系统中难以实现电算化的主要原因。而在电子商务环境下,业务活动的交易数据将会在全世界范围内趋于标准化,如果做不到这一点,电子商务就不可能在全球范围内得以推广。"会计确认"将排除人为因素的干扰并使程序化成为可能。

电子商务的网络化和无纸化环境,使会计信息系统处于一个良好的开放性环境,会计信息系统能动态地、实时地、快速地、准确地获取、处理和反馈发生在业务环境中的会计信息,给会计信息系统的改革带来了机遇。因此,开发因特网 Intranet/Extranet 的网上财务软件成了当今的时髦话题,但其还有待研究和发展。

(三)会计无纸化的条件

新的存储技术的发明与电子网络技术的进步及应用并不意味着立即会带来会计无纸化。计算机技术发明以来,尽管计算机技术已取得了重大发展,但是在会计实务中,纸介质的会计信息载体仍占主导地位的情况并没有改变,即使在电算化会计系统内部,人们仍习惯于把计算机内记账凭证、账簿和报表定期打印输出。可以说,在实行会计电算化时没有同时实现会计的无纸化是有其主客观原因的,也就是说,要实现会计的无纸化,需要具备一定的条件,主要包括以下几个条件。

1. 观念的更新

在大多数人的观念里,纸介质的凭证、账簿、报表,从某种意义上讲就代表着会计。它们是看得见、摸得着的实物,给人一种实在和安全的感觉。再加上会计信息在正确可靠性上的特殊要求,使得人们在面临不确定性的创新选择时,更愿意采取按部就班的策略。专业人员对计算机技术的陌生也使人们缺乏无纸化办公的观念。这种观念上的障碍不仅存在于企业会计人员中,还存在于政府主管部门以及银行、税务等社会部门。我国开展会计电算化工作多年来,对会计电算化的要求也只是停留在存储、打印、修改等最基本的操作上,不但对会计工作的管理仍是按手工要求进行,而且对会计软件及其替代手工记账实行严格的审批制度。

2. 社会信息化程度的提高

会计信息系统是跟周围环境广泛联系的系统。因此,要实现会计的无纸化,首先要在社会范围内实现会计信息收集的无纸化、会计信息传递的无纸化和会计信息使用的无纸化。而要做到这几点的前提条件是社会信息化程度不断提高。

3. 无纸化交易的开展

俗话说,有水必有源,会计无纸化的实现,首先要实现的就是会计凭证的无纸化,而会计凭证的无纸化主要是由外部环境决定的。原始凭证是会计信息资料中最重要的部分。而社会的无纸化交易会影响企业原始会计凭证的获取和确认。应当明确的一点是,无纸化会计最本质的不是指表面上的无纸化环境,而是指无纸介质原件资料的会计处理。在没有原始凭证原件的交易情况下,企业要获取原始凭证,只有通过自己的计算机系统自行打印交易记录资料,而不是从对方获取原件。但是原始会计资料是会计数据处理的基础,能否进行无原件会计凭证的会计处理首先不取决于企业自身,而是需要有相应的法律环境的支持。因此,无纸化交易不仅是建立在社会信息化基础上的,还是建立在相应法律规范环境之上的。

二、电子数据与电子会计数据

电子数据包括电子合同及在电子商务活动中流转的电子单据。数据电文指经由电子手段、光学手段或类似手段生成、储存或传递的信息,这些手段或类似手段生成、储存或传递的信息包括但不限于 EDI、电子邮件、电报、电传或传真。电子数据无论从其生成、存储、传递、签字确认、修改,都与传统的书面数据存在很大区别。传统的书面数据,包括书面合同和各种书面单据,都以其有形的介质和自然文字表达出来,具有相对稳定的格式。而电子商务不是以原始纸张作为记录的凭证,而是将数据记录在计算机系统中的磁(光)性信息载体上,电子数据极大地改变了传统书面数据的生成方式和存在方式。

（一）电子数据的特征

同传统的书面数据相比较,电子数据具有以下几种特征。

一是无形性。电子数据作为一种电子信息,必然是无形物。它的产生,必须借助计算机设备来完成。

二是不稳定性。一般书面数据一旦形成,不易发生变化,但电子数据随时会受到黑客攻击和计算机病毒感染等方面的威胁。

三是易改动性。书面数据形成之后,具有不可改动性,若有改动也会留下修改痕迹。电子数据作为一种信息技术,修改之后不会留下痕迹,因而,就增大其可变性。

四是技术性。电子数据的生成、确认、传递、储存,以及为了保证它的可靠性、安全性、完整性和可验证性等所采取的各项指标,都是建立在一系列的高技术手段之上的。

（二）电子数据的安全要素

互联网系统是一个开放的系统,时刻面临着来自企业内外的各种风险。因此,安全问题始终是电子商务的核心问题。但是,电子商务的安全问题涉及面很广,它既是一个复杂的管理问题,还是一个技术安全问题,而这些问题都需要依靠法律的完善来保证。在电子商务安全方面,其核心是保证电子数据的安全,其中包括企业信息系统内数据库记录的安全性,数据传输的机密性、完整性与可靠性等。在有关的电子商务安全国际标准中,包括安全电子交易规范(SET)、安全套接层协议(SSL)、安全交易技术协议(STT)、联合国电子数据交换标准(UN/EDIFACT)等,都对电子数据的可靠性、机密性、完整性和不可抵赖性做出了技术规定。

1. 可靠性

可靠性即能对电子数据的有效性进行鉴别。电子商务以电子形式取代了纸张,保证这种电子贸易信息的有效性和真实性成了经营电子商务的前提。电子商务是贸易的一种形式,其信息的有效性和真实性将直接关系到个人、企业或国家的经济利益和声誉。因此,要对网络故障、操作错误、应用程序错误、硬件故障、系统软件错误及计算机病毒的潜在威胁加以控制和预防,建立完善的内部控制体系,包括安全操作管理、数据备份恢复管理等。

2. 机密性

机密性即保证信息不会泄露给非授权的人或实体。网络交易中,必须保证发送者和接收者之间交换信息的保密性。电子商务是一种贸易手段,其信息直接代表着个人、企业或国家的商业机密。传统的纸面贸易都是通过邮寄封装的信件或通过稳妥的通信渠道发送商业报文来保守机密的;而电子商务则建立在一个较为开放的网络环境上,这样商业保密就成为电子商务全面推广应用的重要屏障。因此,要预防非法的信息存取和信息在传输过程中被非法窃取,确保只有合法用户才能看到数据,防止泄密事件的发生。为此,一般要建立虚拟专用网进行数据交换并对数据进行加密处理。在电子商务安全的国际协议中,也规定了不少数据加密技术。

3. 完整性

完整性要求能保证数据的一致性,防止数据被非授权建立、修改和破坏。电子商务的确简化了贸易过程,减少了人为的干预,但同时也带来了维护商业信息的完整、统一的问题。数据输入时的意外差错或欺诈行为,可能导致贸易各方信息的差异。此外,数据传输过程中信息的丢失、信息重复或信息传递的次序差异也会导致贸易各方信息不相同。信息的完整性将影响到贸易各方的交易和经营策略,保持这种完整性是电子商务应用的基础。因此,要预防对信息的随意生成、修改和删除,同时还要防止数据传送过程中丢失和信息重复,并保证信息传送次序的统一。

4. 不可抵赖性

贸易各方保证交易能按协议得到落实,保证交易正常开展的重要条件是一旦签署协议,就不能单方面撤销,即不可抵赖性。在传统的书面数据中,包括贸易书面合同、贸易单据等,一般是通过责任人的手写签名、盖章等方式来明确个人的法律责任和义务的。在电子商务的无纸化交易环境中,传统的手写签名和盖章已不能使用,接收方为了证实所接受到的数据是原发方发出的,并且在收到数据后不能抵赖,而原发方也可以证实只有指定的接收方才能接收,电子数据一旦发送即不能抵赖,这就要求必须采用数字签名技术,对电子数据提供具有签名或盖章效力的标识。区块链是由密码关联的区块串组成的分布式数据库,其验证和共识机制具有高度的防篡改性和不可抵赖性。

第三节　电子货币与会计结算

一、电子货币:一种革命性的货币形式

(一)电子货币的内涵与特征

1. 电子货币的内涵

电子货币又称数字货币,是在电子信息技术高度发达基础上出现的无形货币,它使用一定价值的现金或存款,从发行者(不一定是银行)处兑换获得相同金额的电子数据,并通过以一定的电子化方式将该电子数据直接转移给支付对象的方式来实

现货币支付任务。典型的电子货币包括电子现金、电子支票和电子信用卡。

电子货币仍属于不断发展中的一个概念，无论从法律地位还是从实际应用上看，电子货币尚不具备通货的功能。目前大多数电子货币还只能在特定的场所用于支付，接收方在收到电子货币后也并没有完成对款项的回收，而需通过转账等形式向发行电子货币的银行或信用卡公司收取实体货币。电子货币的发行与接收都是以现金或存款等实体货币的现有价值为前提，通过发行主体将货币价值电子信息化之后实现的。从这个意义上讲，目前的电子货币尚属于以现有通货为基础的二次货币。

2. 电子货币的特征

电子货币作为现代金融业务与现代科学技术相结合的产物，具有以下特征。

第一，传统货币以实物的形式存在，而且形式比较单一。而电子货币则不同，它是一种电子符号，其存在形式随处理的媒体而不断变化，如在磁盘上存储时是磁介质，在网络中传播时是电磁波或光波，在中央处理器（CPU）处理器中是电脉冲。

第二，电子货币的流通以相关设备的正常运行为前提，新的技术和设备也引发了电子货币新的业务形式的出现。

第三，电子货币的安全性不是依靠普通的防伪技术，而是通过用户密码、软硬件加解密系统以及路由器等网络设备的安全保护功能来实现的。

（二）电子货币的表现形式

电子货币的形式是多种多样的。

1. 电子资金传输

电子资金传输与电子支票是同义词。电子支票系统通过剔除纸面支票，在最大程度上开发了现有银行系统的潜力。

电子资金传输是一个十分多样的系统，例如，通过银行自动柜员机（ATM）网络系统进行普通费用的支付；通过跨省市的电子汇兑、清算，实现全国范围内的资金传输；大额资金在海外银行之间的传输；每月从银行账户中扣除电话费。

电子资金传输包含三个实体——购买方、销售方及金融中介。在购买方和销售方做完一笔交易后，销售方要求付款。购买方从金融中介那里获得一个唯一凭证（相当于一张支票），这个电子形式的付款证明表示购买方账户欠金融中介钱。购买方在购买时把这个付款证明交给销售方，销售方再交给金融中介。整个事务处理过程就像传统的支票查证过程。但作为电子方式，付款证明是一个由金融中介出文证明的电子流。更重要的是，付款证明的传输及账户的负债和信用几乎是同时发生的。如果购买方和销售方没有使用同一家金融中介，将会由国家中央银行（国内贸易）或国际金融机构（国际事务）协同控制。

2. 银行卡

银行卡是银行发行的,是银行提供电子支付服务的一种手段。信用卡(Credit Card)就是一种常见的银行卡。信用卡具有购物消费、信用借款、转账结算、汇兑储蓄等多项功能。信用卡可在商场、饭店等许多场合使用,可采用 POS 结账、ATM 提取现金等多种支付方式。

用户到银行开立一个信用卡账户,就可以得到一张信用卡。信用卡有一个信用卡号,用于识别持卡人信用卡账户。而持卡人身份的识别存在两种方式:一种是由持卡人出示身份证明,如本人签章、身份证;另一种是通过口令来识别,口令应该只有持卡人知道,主要用于确认持卡人的合法身份。这里以第二种方式进行电子购物为例,了解一下用信用卡进行电子支付的过程。用户要购买某种商品时,就把自己的信用卡号和口令提供给商家,申请购物。商家得到购物申请后,与开卡行取得联系,请求开卡行进行支付认可。开卡行在确认持卡人的身份之后,给商家返回一个确认信息批准交易。之后,商家供货给持卡人,银行则把相应的货款由持卡人的账户转到商家的账户上。

3. 电子现金

电子现金,又称为电子现金,是纸币现金的电子化。因此,电子现金同时拥有现金和电子化的优点,主要表现在以下几个方面。

(1)匿名。

这同样也是纸币现金的优点。买方用电子现金向卖方付款,除了卖方以外,没有人知道买方的身份或交易细节。如果买方使用了一个很复杂的假名系统,甚至连卖方也不知道买方的身份。

(2)具有不可跟踪性。

不可跟踪性是现金的一个重要特征。不可跟踪性可以保证交易的保密性,这也就维护了交易双方的隐私权。除了双方的个人记录之外,没有任何关于交易已经发生的记录。因为没有正式的业务记录,连银行也无法分析和识别资金流向。也正是因为这一点,如果电子现金丢失了,就会无法追回。

(3)节省交易费用。

电子现金使交易更加便宜,因为通过因特网传输电子现金的费用比通过普通银行系统支付要便宜得多。为了流通货币,普通银行需要维持许多分支机构、职员、自动付款机及各种交易系统,这一切都增加了银行进行资金处理的费用。而电子现金利用已有的因特网网络和用户的计算机,所以消耗比较小。

(4)节省传输费用。

普通现金的传输费用比较高。这是因为普通现金是实物,实物的多少与现金金额是成正比的,金额越大,实物货币就越多。大额现金的保存和移动是比较困难和昂贵的。但电子现金的流动没有国界。这样就可以使国际间货币流通的费用比国内流通费用高出许多的状况大大改观。

(5)持有风险小。

普通现金有被抢劫的危险,必须存放在指定的安全地点,如地下金库,而且在存放和运输过程中都要由保安人员看守。保管普通现金越多,所承担的风险越大,在安全保卫方面的投资也就越大。

(6)支付灵活方便。

电子现金的使用范围比信用卡更广。信用卡支付仅限于被授权的商店,而电子现金支付却不必有这层限制。

(7)防伪造。

高性能彩色复印技术和伪造技术的发展使伪造普通现金变得更容易了,但并不会影响到电子现金。

由电子现金所带来的诸多好处可以看出,使用电子现金可以扩大商业机会,促进因特网上经济活动的增长。中、小企业可以利用这个机会增强自身的竞争力。因为通过因特网,企业跨国经营已不再是大型企业的专利,小企业也可以使用这种交易工具降低交易成本。

二、电子货币结算程序

按电子货币结算方式的不同,电子货币结算可分为信用卡结算、电子支票结算、电子现金结算。

(一)信用卡结算程序

信用卡结算是指采用银行发的银行卡进行购物消费、信用借款、转账结算、汇兑储蓄的结算方式。目前,采用信用卡结算已成为国内许多个人消费者的首选结算方式。

1.电子信用卡系统描述

在早期的网络节点商务应用中,只是要求输入信用卡号码,然后把这个号码以明码方式通过因特网传送给清算系统,以获得确认。显然,这种方式的安全性是有问题的。其后,为了提高联机信用卡的安全性,采取了一系列的技术。在 Netscape 和 Microsoft 的网络的设施中,都实现了安全套接字层(SSL)。SSL 保证在浏览器与网络服务器间的通信信息不会被第三方获取。

(1)电子信用卡系统的参与者。

电子信用卡系统的参与者共有四方:具有网络浏览器的客户、处理信用卡业务并提供主页的商家、为商家处理信用卡业务的商家的开户行、发卡机构。

（2）使用信用卡的业务过程。

使用信用卡的业务过程有三个阶段。

第一阶段，完成客户的购物。第一步，客户访问商家的主页，得到商家货物明细单。第二步，客户挑选所需的货物，并用信用卡向商家支付。第三步，商家服务器访问其银行，以对客户的信用卡号码及所购货物的数量进行认证。银行完成认证后，询问商家购物过程是否向下继续进行。第四步，商家询问客户业务是否已经完成。

第二阶段，从客户账目向商家账户转账。第一步，商家服务器访问商家的开户行，并向银行提供购物的收据。第二步，商家银行访问发卡机构，以取得商家售物所得到的钱。第三步，发卡机构根据一段时间内（可能一个月）客户购物时应向各商家支付的款额，为客户下账，并通知客户。

第三阶段，通知客户应支付的款额，并为客户下账。

（3）电子信用卡优点。

与传统的信用卡系统相比，电子信用卡有以下优点：信用卡号码和截止日期不用呈现给商家，因此，电子信用卡具有更高的安全性；商家可获得几乎即时的支付。

2. 电子信用卡支付的主要模式

电子信用卡支付有多种模式，包括脱机支付、联机间接支付及联机直接支付等。目前出现的网上信用卡支付主要有以下三种模式。

（1）通过中介（经纪人）支付的模式——First Virtual Corp（FVC）系统。

用户在网上经纪人处开账号，网上经纪人持有用户账号和信用卡号，用户用账号从商家订货，商家将用户账号提供给经纪人，经纪人验证商家身份后，将信用卡信息传给银行，完成支付过程。可见，这种支付过程是通过双方都信任的第三方（经纪人）完成的。用户账号的开设并不通过网络，信用卡信息不在开放的网络上传送，第三方经纪人需要确定用户身份，以防止伪造，因此商家自由度大，无风险，且交易成本很低，对小额交易很适用。

（2）简单支付加密模式——Cyber Cash 系统。

使用这种模式付费时，用户信用卡号码被加密，采用的加密技术有 S/SHTTP，SSL 等。这种加密的信息只有业务提供商或第三方付费处理系统能够识别。由于用户进行在线购物时只需一个信用卡号，所以这种付费方式给用户带来了方便。这种方式需要一系列的加密、授权认证及相关信息传送，因此对小额交易而言是不适用的。

（3）SET（安全电子交易）模式。

采用 SET 支付方式就是指各交易方之间的信息传送都使用 SET 协议，以保证其安全性。

电子钱包是 SET 在用户端的实现。它能够与电子柜员机软件进行通信，完成数据的加密、解密，管理证书和密钥，申请、接受和保存证书，并且能够进行交易记录。

（二）电子支票结算程序

电子支票结算程序也是电子货币结算程序的一种方式，它允许用户使用一种不是写在纸上，而是写在屏幕上的支票从银行账号上提款。

电子支票方式的付款可以脱离现金和纸张而进行。购买方通过计算机或 POS 终端机获得一份电子支票付款证明，而不是传递支票或者直接在柜台前付款。电子支票系统目前采用的是专用的网络系统。

1. 电子支票系统

电子支票系统用于发出支付和处理支付的网上服务。付款人向收款人发出电子支票，收款人将其存入银行，以取出现金。每宗业务都是在因特网上进行的。

一宗完整的电子支票业务由下面略述的若干步骤构成，这些步骤可分为三个不同阶段。第一阶段是客户的购买阶段；第二阶段，商家把电子支票发送给它的开户行，以得到现款；第三阶段，商家的开户银行通过交易所或客户的开户行兑换电子支票。

2. 两个电子支票系统的简要介绍

（1）电子支票系统之一：Net Billo Net Bill 是由美国匹兹堡的卡内基梅隆大学设计的用于销售信息的一个电子支票系统。系统中由计算机记录各类账目。在其基本的交换协议中，中心服务器记录账目余额和意欲购买信息的客户数。客户和中心服务器在服务器之间交换金额以前，首先交换经过加密和数字化签字的购买订单，其协议可防止客户付账前获取欲购买的任何信息。

Nel Bill 中的简单业务由客户、商家和中心服务器参与。把客户使用的软件简称为支票簿，把中心服务器使用的软件简称为钱柜。商家从钱柜收到客户想买或买什么的公报。

（2）电子支票系统之二：Net Cheque 系统是由南加利福尼亚大学的信息科学研究所（Information Sciences Institute）开发的，用于模拟支票交易银行。该系统中使用 Kerberos 实现认证，并且中心服务器在认为有必要时，可对所有主要的业务进行跟踪。

支票是通过将有关金额、货币类型、接收者姓名、银行名称、账号、支票号及其他细目的标准信息打包在一起而产生的。

用户 U 要想签一张支票,必须向 Kerberos 服务器申请一张票据,票据中包含私钥。银行得到支票后,知道支票一定是 U 签的,这是因为只有三方能从票据中取出私钥,这三方是产生票据的 Kerberos 服务器(假定是可信赖的)。

Nel Cheque 系统也允许其他人用相同的签字方案签署支票。如果 V 从 U 处收到一张支票,V 可以用 U 签署支票的方式,通过产生 Kerberos 签字而签署支票,然后把支票发送给银行存储。

三、电子支付的安全体系

目前,阻碍电子商务广泛应用的首要的也是最大的问题就是安全问题。作为电子商务的基础架构,因特网的诞生并不是因为商业目的,而是为了能方便地共享计算资源,所以因特网开放有余,而严密不足,要在因特网上进行安全性要求高的电子商务活动也就显得力不从心。为此,业内人士早在倡导电子商务伊始便致力于从技术上保证电子商务的安全,开发了防火墙、加密、数字签名、身份认证等技术,以保证数据的保密性、完整性和不可抵赖性。安全第一网络银行(SFNB)采用了多层次技术来保证传输数据的机密性,Netcscape 的 SSL 协议为浏览器和银行网络访问提供数据隐私保证,但它只能保证信息传递的过程是安全的,无法知道传递过程中是否遭到拦截。这些技术各有其自身的不足,目前无论实践,还是标准,都还没有成熟。目前纯粹依赖技术手段来抵御各种类型的非法访问和恶意攻击几乎是防不胜防的,比较有效的方式是政府参与管理,使得每一个电子商务商家和消费者如果不遵循这个环境的动作规则,就很难达到自己的商业目的。

第四节　网络技术与会计报告

一、网络技术带来的会计报告模式的变革

(一)传统会计报告模式的局限性

会计报告模式是会计的重要组成部分,它有狭义和广义之分。从狭义来说,会计报告模式指的是对外报告制度,即会计主体向外界各类会计信息使用者提供会计报表的制度;从广义上说,会计报告模式泛指会计信息系统向会计主体内外会计信息使用者提供各类会计信息资料的方式。

传统的会计报告模式主要表现为定期的对外报告制度,最基本的对外会计报表是按月编报的资产负债表和损益表。传统会计报告的基本特征有信息内容高度综合、计量手段单一、信息格式标准统一、会计报表以书面形式定期发布等几个方面。

由于经济的迅猛发展,市场竞争异常激烈,产生于特定社会经济环境下的传统会计报告模式的局限性已越来越明显,主要表现在以下几方面。

1. 无法满足信息需求的多样化

随着社会经济日益复杂,企业组成形式及其在社会和市场竞争中的地位不断发生变化,除了直接的投资者、债权人外,企业内外还出现了大量不同的会计信息使用者,包括政府部门、顾客、合作伙伴、社会部门等。这些不同使用者的信息需求存在着较大差异,但是由于传统会计报告模式提供的是经过浓缩处理的统一的财务信息,无法满足不同信息使用者的不同需求。因此,为了满足他们特殊的信息需求,不得不求助于其他信息来源,或对已有信息进行重新加工。

2. 无法反映非货币信息

随着信息化技术的飞跃式发展,人力资源、无形资产、数字资产、衍生金融工具等信息显得越来越重要。信息的竞争在某种程度上就意味着关乎企业存亡的竞争,但是,传统会计报告模式主要是反映以货币计量的历史成本数据,在会计报告中反映的绝大多数是有形资产的会计信息,从而大大削弱了会计信息的决策有用性。

3. 容易人为调节报表数据

在期末,为了合理地反映收入与费用的关系以及报告其经营管理成果,企业要根据配比原则进行大量的调整和转账处理,虽然传统财务会计数据处理是以发生交易事项为基础进行会计确认和计量的,但是,由于这种转账和配比处理带有主观性,给各种有目的的人为调节报表数据提供了途径,从而导致会计数据的失真、混乱,甚至虚假。

4. 报告信息严重滞后

信息的最大特点就在于时效性,及时、有效的信息能为商家带来滚滚利润,而延迟、滞后的信息则可能导致商家丧失商机,因此,在企业的日常经营活动中,利用会计报告获取信息,就成为会计报告的又一重要职能。最短的会计报告周期是一个月,这种较长的报告周期为企业进行各种幕后交易创造了时间条件。例如,在我国的上市公司中,资产重组、关联交易现象一般多发生于年底编报前。此外,传统会计报告模式不但报告周期长,而且报告信息严重滞后。公司对外报告一般分中报和年报,而这也往往要在报告日后的几个月才能发布,严重影响了信息的及时性。

目前,尽管会计界对会计报告模式进行了不断的研究和探索,并在实务中不断改进,但传统会计报告模式的基本特征仍没有改变。它的局限性仍旧表现得较为突出,造成这种情况的原因是多方面的,其中信息加工和传递技术的限制是重要因素。而目前网络信息技术应用的不断深入与普及,为会计报告模式的变革创造了技术条件。

（二）网络技术对会计报告模式的影响

网络技术的发展带来了信息技术的飞跃，特别是互联网技术，它不但对整个社会结构的重组、经济模式的更新产生了重大影响，而且同时带来了企业会计报告模式的重大变革。

1. 传统会计报告模式的影响因素

随着经济环境的改变，企业对会计信息系统的信息需求也相应增加，在会计发展史上，这种进程一直没有停止过，尤其是近几十年来，这种进程更显出不断加速的趋势。事实上，互联网信息技术的发展，对经济体系的冲击已不仅仅局限在局部或技术性影响的范畴，正在以极大的推动力推动着工业经济社会向数字经济社会发展。

（1）数字经济产业对传统会计报告模式产生影响。

互联网的飞速发展正在催促信息技术、信息产业等一大批新产业诞生，以此为标志，传统的产业开始进入以信息网络技术为核心的数字经济的新时代，同时，新的财富创造方式和经济增长方式也在快速形成。

（2）企业竞争方式的改变对传统会计报告模式产生影响。

网络技术的发展，使一批网络虚拟企业应运而生。这种企业组织形式成为增强企业竞争优势的主要手段，替代传统的企业兼并方式。现在，企业越来越把竞争的精力集中在自己的核心技术上，同时利用互联网的优势，跟某些方面比自己更具有竞争优势的企业建立合作关系。企业之间通过建立价值链型虚拟企业和联盟型虚拟企业，实现资源优势组合，从而获取长期的竞争优势。

（3）企业生产经营方式改变对传统会计报告模式产生影响。

以信息网络技术为基础的电子商务的存在带来的明显影响就是企业传统的生产方式和经营管理模式改变。目前，传统的大批量标准化生产方式开始向以顾客为中心的敏捷制造方式转变，传统的以产品为中心的生产管理模式也开始向以"零库存"为目标的适时生产系统和作业管理模式转变。但是，这种改变一方面，需要有全面实时的生产管理信息的支持，另一方面，其本身也在实时产生大量的生产经营信息，要求实时记录和报告。因此，以事后记录历史成本信息为特征的传统核算体系及其产生的会计信息已无法适应网络时代企业生产经营管理的需要。所以，会计报告也要适时实现管理方式的转变。企业要根据新的生产和管理过程，按照企业再造原理，分作业或事项重新定义信息结构和内容，并运用数据库技术进行标准化存储，以满足企业内外全方位的信息需求。

2. 网络技术促进会计报告技术的发展

信息网络技术不但改变了传统经济的结构和模式，引发了社会对会计信息新的需求,而且为会计报告模式的载体(如处理技术、传输技术)带来了新的变革和创新。

(1)会计报告载体技术的变革如下。

在传统的会计信息系统中,会计数据从产生、记录到制证、信息发布都是借助于纸张信息载体。由于纸介质信息载体具有不可再分类、再加工的特征,所以如要对信息进行进一步的分类、汇总等处理,就必须在新的纸介质上进行处理和记录。纸介质的这种按部就班的特征,使得在当今信息大爆炸的时代,要迅速、及时、有效地处理各种信息是很困难的。而计算机技术发展,采用磁(光)介质为主要存储材料,其数据可在操作系统的引导下实时发布各种数据或会计报表,极大地促进了企业效益的提高。

(2)会计报告处理技术的进步如下。

在传统会计报告中,大部分内容都是人工操作的,在整个会计数据处理过程中,要以会计报表为目标,经过分类、汇总,再分类、再汇总。这样不但工作量大、速度慢,而且很容易出错。计算机系统具有强大的数据分类、计算功能,而且随着计算机信息技术的不断进步,计算机系统体积越来越小,速度越来越快,从而大大提高了会计数据处理的速度和准确性。在对会计报表的处理中,只要会计数据进入计算机系统,即可随时产生会计报告内容。

(3)会计报告传输技术的进步如下。

信息载体技术、计算机处理技术和网络传输技术的应用,为建立面向所有会计信息使用者的实时报告系统创造了条件。在传统会计系统中,会计报告的传送是通过书面形式的人工传送或邮寄实现的,上市公司发布的公开会计报表也一般通过报纸等媒介发布传送。在计算机应用早期,在会计报告传输的局部环节中有时也采用通过软盘传送的方式。但是随着计算机技术和网络技术的飞速发展,传统的会计报告传输方式被迅速取代了。通过互联网发布会计报告已经成为主流渠道。

3. 实时会计报告对传统会计理论与实务的影响

会计报告模式的变革不仅是报告技术的进步,还涉及体系结构的变革。会计报告是整个财务会计系统的有机组成部分,因此,会计报告模式的变革不可能是孤立的,必然影响到整个会计理论和实务体系。

(1)对会计目标理论的影响如下。

传统财务会计的目标主要是建立在所有者和经营者都很明确,没有模糊、缺位的基础之上的。委托者可以就授托资源的管理绩效,向受托者提出具体的要求,会计按照这个目的对经营者进行考核。如果经适当的会计考核后,经营者被认定未完成双方原先协定的目标,所有者可以向经营者追究责任,并重新寻找更合适的经营者。

传统会计报告着重为投资者和债权人提供管理人员经营责任的会计信息。

实时会计报告模式是适应于网络经济及其技术环境的会计信息需求模式。实时会计报告系统将大大扩展会计信息的需求范围和内容。会计的目标不再停留在反映历史数据的经管责任信息上,而是建立在通过资本市场来完成两权分离的基础之上。委托方与受托方不直接进行沟通和交流,而是通过资本市场的介入,会计的目标也将更多考虑决策相关的信息,包括不确定的未来信息、风险信息、各类非财务信息,同时更多地考虑企业内部的管理信息需求。

（2）对会计假设理论的影响如下。

传统会计理论是建立在一系列的会计假设基础之上的。网络经济社会报告模式的出现,使许多传统会计理论受客观因素影响,造成会计假设理论受到严重挑战。例如,会计分期假设是对企业生产经营活动的人为分割,定期会计报告就是建立在会计分期假设的基础上的,而会计实时报告模式实际上否定了会计分期假设的存在基础。

（3）对会计要素理论的影响如下。

在传统会计报告模式中,会计的信息需求建立在预先确定的基础之上。这种信息需求被标准化地固定在统一的会计报表中,并通过一定的会计数据处理而形成会计报表数据。与此相适应,会计报表的项目分类也就成了会计核算过程的项目分类,我们称这种分类项目为会计要素。由于信息需求是确定的,因此,会计要素分类也是确定的。传统会计把要素固定地分为资产、负债、权益、收入、费用、利润等几大类。而实时会计报告信息系统建立在多样化的信息基础之上。因此,预先明确会计的信息需求就没有必要了。进一步划分会计要素和更加综合地反映企业生产经营过程就是十分必要的了。

（4）对审计的影响如下。

由于自动化、无纸化的实时会计报告模式的影响,传统的审计理论与实务将面临诸多问题。比如无纸化审计问题,由于传统的资料形式的审计线索变得残缺不全,用传统的审计方法很难对经济事项及其处理进行跟踪。再比如审计对象问题,会计报告是利用计算机强大的分类计算功能随机、实时、多样化地产生的,因此,审计的重心需要从对综合性统一报表的审计转移到对原始事项数据的审计上。原始数据、会计报告都是实时产生的,因此,最全面完整的审计就是对原始数据进行网上实时审计,而这些同样也对审计人员提出了更高的要求。

二、会计报表的电算化设计与应用

（一）电算化会计报表的处理

报表是为国家经济管理及企业内外报表信息使用者提供决策信息的重要财务

数据。因此,对会计报表提供的信息要求真实、可靠、反映充分、清晰明了、及时、有效。这就是说,要求会计报表提供的信息资料数据准确、真实、可靠,能够全面、充分地反映企业的财务状况和经营成果,信息资料清晰明了,数字文字含意唯一、有效,可以及时获得。及时性是信息价值的关键,尤其是决策信息,时间性特别重要。有效是指提供的信息满足需要的程度,包括内容和形式。

以上对会计报表的要求,在手工编制报表时很难做到,特别是及时、有效更难达到。而实现报表电算化后,就会使会计报表真正达到上述要求。电算化会计报表具有以下的特点。

1. 准确性

计算机具有记忆能力和逻辑判断能力,因此利用计算机可对大量数据资料进行计算及逻辑处理,使复杂的数据关系得到准确的判断、检查,保证了报表输出的准确、无误。

2. 灵活性

利用计算机编制会计报表非常灵活,可对大量信息进行快速查阅,出现偏差后,可迅速得到纠正,可对资料进行保存,并且可以根据需要随时输出、打印,这有利于决策者对当前以及以往的数据进行比较,制定出正确的决策方案。

3. 及时性

计算机高速处理大量数据的特点决定了计算机会计报表的及时性。

4. 有效性

计算机报表系统的高速度、高可靠性的特点决定了电算化报表的有效性高于手工会计报表。

(二)电算化会计报表的设计

一般来说,电算化会计报表可分为报表注册、格式定义、数据生成、报表输出等部分。

1. 报表注册

在报表处理中,首先需要注册报表,然后才能定义报表格式等内容。报表注册主要包括以下内容:报表编号、名称、上报性质属性、起始行、标题行、对折行等。

(1)报表编号是指报表在本软件中的编号。在使用过程中可通过编号进行查询报表的各种内容。编号可以为数字或其他字母,但不允许重号,报表在格式定义之后不再允许对报表编号进行修改。

(2)上报性质是指本报表属于月报、季报还是年报。

194

（3）上报编号是指此表在上级主管部门汇总时的报表编号。

（4）报表名称是指标志报表内容、指标分类特性的名称。如资产负债表，表示单位资产和负债情况。

（5）报表属性为用户或系统两种属性之一。当新建报表时，报表属性为用户属性，在格式及公式定义之后，用户可以改其属性为系统。系统属性不允许对报表格式进行修改。

（6）输出方式包括正常、定行、折页。报表在打印时可有这三种方式。

（7）定行表示从某一行折开，把下面部分放在上面部分的右边。

（8）折页表示按每多少行折许多次，并将折后的各部分按从左至右排成两列，依次往下。上面两种方式都将原来的一栏表折为两栏。

（9）折页行值：当报表的打印方式为非正常方式时，此选项确定其折页时的行值。

这些选项主要由报表本身的格式决定。如应收账款明细表，每月报表行数不一定，无法确定从哪一行开始对折，可选择居中。

2. 格式定义

格式定义主要完成报表格式的制作。对于任意一个报表，都可分为以下部分：标题、表头、表体、表尾。

（1）标题、表尾：一般定义格式先从列标题的定义开始，也可定义报表的主标题、副标题、表尾。

（2）表头：表头即列标题，会计习惯称为栏。表头的定义主要完成报表有几列，每列标题内容的定义。

（3）表体长度：定义表体有多少行由行数决定，填写所需数即可。

（4）画线：画线主要用于在自动制表后，为使报表格式完美，在标题、表头、表尾处添加一些辅助的不规则线，但不能在表体部分画线。画选择线时，画出的线自动被置为横线或竖线。画完一根线后，可能需要调整。可利用鼠标移动此线，可以在线的头部或尾部调整线的方向、大小。可以在颜色条中选择线的颜色，对于已选择的线，也可以将其删除。

（5）文本编辑：在一个文本中可以显示一行或多行格式内容，例如，每一个列标题都是一个文本，它可以被单独创建、删除、调整大小、修改内容。可以在格式的标题、表头及表尾区的任意地方添加说明性的字块。可以向允许添加文本的地方移动文本块，可以横向加宽或变窄文本、纵向加高或变矮文本，可设置文本字体、文本字号，设置文本前景、背景颜色，设置文本下划线、斜体、文本对齐方式等。

（6）表体：可在表体进行表格主要部分的设置。可进行行列调整，行列调整包括插入一行、删除一行、插入一列、删除一列、调整行高、调整行宽等。

第五节　预算管理一体化

推进预算管理一体化是加快建立完善现代化预算制度,推动国家治理体系和治理能力现代化的必然要求;是落实政府过紧日子要求,积极应对今后一段时期复杂经济社会形势的重要保障;也是深化预算制度改革的基础支撑,完善财政基础工作,做好基础管理的必然选择。进一步完善国库集中支付运行机制,实现预算指标对资金支付的控制,同时将简化资金支付流程,对节约人力物力、保障资金安全、提高财政资金的支付效率和准确性等方面有重要的意义。2019 年 6 月,财政部按照"全国一盘棋"的思路,正式启动全国预算管理一体化建设,遵循系统集成、协同高效的总体要求,运用系统化思维综合预算管理全流程各业务环节,将统一的管理规则嵌入一体化系统,规范预算管理和硬化预算约束,财政部陆续出台了《关于印发〈财政核心业务一体化系统实施方案〉的通知》(财办〔2019〕35 号)、《预算管理一体化规范(试行)》(财办〔2020〕13 号)、《关于修订预算管理一体化规范和技术标准有关资产管理内容的通知》(财办〔2021〕23 号)、《关于印发〈中央财政预算管理一体化资金支付管理办法(试行)〉的通知》(财库〔2022〕5 号)。目前,地方一体化建设已取得丰硕成果,全国所有省份已实现预算管理一体化系统上线运行,预算管理各环节、各层级、各主体衔接贯通,初步实现全国预算数据的自动汇总和动态反映,做到"国之大者,心中有数"。

一、预算管理一体化的特点

预算管理一体化以资金运动轨迹为纽带,将预算编制、执行、监督环节进行全流程的业务重塑与再造,把数据割裂转化为数据共享,规范性强、标准化高,约束性强、集中化高,主要有以下三个特点。

(一)业务运行,"整链条"管理

各业务由"分块"调整为"整链条"运行,信息系统由"信息孤岛"调整为"信息集群"。横向看,预算、指标、采购、支付、核算、绩效、报表系统全部打通,对体现资金运动特点的项目、金额等核心要素从预算编制、资金支付、采购对接、绩效管理、核算到报表贯穿始终,流程不再断链,财政和预算单位实时共享相关数据。纵向看,省、市、区(县)、镇财政部门国库信息系统规则及标准基本一致,可以实现数据跨层级动态汇总和比对分析,从根本上解决信息系统横纵向分散建设、集中化程度低、业务协同和数据共享无法实现的问题。

（二）业务标准，"一盘棋"统一

为适应一体化改革需要，将预算、支付、监督、绩效业务流程全面梳理，对预算编制、非税收缴、资金支付、总会计核算、单位会计核算、账户管理、电子化、政府采购、资产管理、绩效管理等核心业务基本流程、控制规则进行统一，解决财政部门业务管理水平参差不齐、资金运作效率高低不一的问题，为财政资金安全高效运行奠定基础。

（三）数据信息，"一张网"集中

一体化业务实施后，各级财政集中管理本级财政及单位支付、核算、报表等数据信息，上级财政集中管理下级财政和单位相关数据信息。预算编制、预算执行、年度财政决算、部门决算、政府财务报告等数据生产、加工及成品全过程在一体化系统中留痕，数据可永久追溯，既避免数出多门，也强化了预算执行过程及报表数据的约束力。

二、存在问题

（一）部门预算方案精准度有待提升

单位财力不足影响到预算改革工作推进。在每年年初，就要将预算资金和各项经费划拨到单位内。但是有些单位预算收入占财政总收入份额比较少，区域财政资金也逐年下降，需要靠上级单位项目资金和转移支付来维持运作。由于单位自身财力不足，就会出现财政收支矛盾日益突出，只能够在低标准的位置运转。部门预算约束力不强，在预算执行期间，会增加更多事项，在实现部门预算改革之后，预算编制前期调减没有减少，出现这种原因，更多是由于财政力度不足，经费无法满足单位运营要求，领导再特批条子，增加部分专项经费。

（二）国库集中支付制度有待完善

有些国库单一账户体系执行得不够到位，部分单位并没有撤销基本账户，出现这种问题的原因有很多方面，有些是因为部门内部有压力、阻力，认为撤销基本账户之后，单位经费开支就被财政部门管死。也有部分上级部门原因，划拨专项项目资金，要求专户来管理，而项目实施单位则需要另设专户来直接使用。有些政府部门直接下达文件，要求下级单位设立单独账户，单位内部的基本账户就会存在资金被误操作的问题，也加大了资金监管的难度。单位资金支付环节较多，支付流程比较复杂，经费预算和专项资金申请都需要经过局领导审批，支付中心要经过层层审核。

（三）财政监管机制不健全

一些单位财政资金支出事项繁多，财政部门不能够承担起监控的职责，政府投入社会资金项繁多,对每项资金都有监管政策,这就给财务部门的监管工作带来更大的压力。要有足够的人手追踪每项资金流动落实状况。还有一些单位的财务监管和预算机制不太明晰,财政监管机制与预算制度相脱离,未能够实现双方信息沟通,也造成人员沟通协作力度不足,而造成监管效率下降,工作成效不大。

(四)原有财政业务系统不支持

一是系统构架老化,已经不适应当前云计算部署应用的要求,在业务处理上存在着较大的性能瓶颈;二是系统跟不上业务发展的需要,随着财政业务管理的不断发展,财政业务新增很多业务需求,但由于大部分业务系统建设使用时间过长,系统结构老化等各种原因,系统更新基本处于停滞状态;三是各业务系统版本不一致,业务处理流程不相同,数据标准格式存在差异,不利于业务规范统一,数据不能完整共享和对接。

三、完善财务管理一体化的建议

(一)增强预算方案编制的管理,夯实预算执行基础

提高预算方案编制的科学性,在单位内部有限的财力上,编制出合理资金使用计划,精细化财务运作是单位工作的关注焦点,在编制预算方案时,要以科学发展观来指导,重点突出预算留有余地及公正性的原则,正确把握单位财务资金的支出规模,同时逐步去优化单位财政支出结构,保障民生,增强部门预算的刚性、约束性,严格调整预算,一些部门预算要经过同级人大批复之后,才具有法律效力。部门要严格执行,除非遇到一些特殊情况,不能够随便再次追加预算。预算是单位的一项重要职能,要加强预算支出执行管控。单位每个月审批单位内部的月度资金用款及追加的一些项目。在月度下旬可以继续追查现有的预算执行效果,这样使得财政监管也呈现常态化运行,实现运营工作全过程监督。在单位要建立部门预算,加强非税收入管理,进一步优化、完善政府采购和政府资金的预算和编制,逐步推进预算资产整合。高效利用效益计划,细化各项资金支出和项目支出预算方案编制,进而使方案更加精准、可行,实用性更高。

(二)深化国库集中支付制的改革

国库集中支付制改革可以撤销单位内部其他的银行账户,建立单位财政国库单一的账户体系。国库单一账户建立完成,可以保证各项资金专款专用,杜绝违规挪用专项资金问题。这加大了财政资金使用监管力度,使得资金使用效率更高。在单位还要优化设计资金支付流程,提高资金拨付的效率。资金拨付效率慢是当前预算单位反映特殊问题,需要加以整改,保证单位财政资金安全。减少资金审批环节,在预

算内资金拨付,可以由业务人员去把关、监督专项资金,要由两个人来监督。

在单位财政预算一体化发展中,建立完善的预算体系,制定科学的预算方案,并加强预算执行的监管。夯实单位预算执行的基础,增强预算工作的刚性、约束性,提高预算执行效率。建立国库集中支付机制,规范资金的使用,加大资金使用监督管理,并且建立完善的财政监管机制,来加强资金审核,建立全过程资金监管机制,使资金使用更加合规、合法。

（三）安全保障

财政预算管理一体化系统的安全运行网络是关键,建议建立长效运维保障机制,组建技术服务团队,提升运维服务质量,增强一体化系统日常运维保障和技术支持能力。

（四）建立信息共享机制

建立财政支付中心与人民银行、预算单位、代理国库集中支付的金融机构之间的联系,保证财政资金支付渠道畅通,信息反馈及时、准确。

（五）强化业务培训

通过业务培训,提升预算单位预算编制、资金支付、会计核算、报表编制、内控监督与管理等业务的一体化全流程管理水平,达到规范化标准化水平。

第十一章 »
新时代财务管理的创新

第一节 绿色财务管理创新

一、绿色财务管理概述

(一)绿色财务管理的内容

1.绿色财务活动

绿色财务活动在原有的财务内容中增加了环保和资源利用两个要素。它规定相关的主体在开展财务工作的时候,不仅要将经济效益考虑在内,还要将资源的全面利用及消耗能力、生态的受损程度以及恢复所需的资金等考虑在内,更加重视社会的长远发展。

2.绿色财务关系管理

绿色财务关系管理是在原有与出资人、债权人、债务人、供应商、买家、政府、同行等财务关系管理的基础上,增加了对资源关系、环境关系的管理内容。具体来讲,在开展新项目的时候,除了要做好和环保机构的沟通工作以外,还要联系资源部门。这样做的目的是保证新项目在新的状态之下不会有较为严重的问题产生,否则就会导致资源受损,无法被永久利用。

(二)开展绿色管理的意义

1.带动财务管理工作的进步

作为一种科学体系,财务管理工作并不是一成不变的,它会伴随社会的发展而一直进步。当相关环境改变了,与之对应的各种系统及体制等都会随之改变,只有这样才能够适应新的发展态势。当今社会,资源的总数只会减少,并不会增加,因此为了长久地发展,就必须开展绿色管理。

2.促进社会和谐发展

人类在这个世界上已经存在了数千年,出于自身生存和发展的需要,需要一直开展各种活动,而各种活动的最终目的都是获取利益。由于人的总数在不断地增加,虽说一个单体的活动可能不会对资源及生态产生负面效应,但如果是几亿人共同活动呢?后果可想而知。所以,为了避免生态继续恶化,为了我们的子孙后代能够更好地生活在这个世界上,就要开展资源和生态保护工作。在这种背景之下,我们就必须开展绿色管理。

二、绿色财务管理的现状

(一)环境、资源的产权难认定、认定难

以海洋资源为例,海洋面积占到了地球总面积的 70% 左右,海洋资源的产权本身就难以划分。对于资源和环境而言,地球才是总体,这种人为地、条块化地划分,并不利于资源和环境的整体向好;另外,即使海洋资源的产权可以划分清楚,但是海洋并不是静止不动的,海水每天都在流动,海里的资源每天都在变化,假如发生原油泄漏事故,海洋污染物会随着洋流运动发生扩散,很可能会扩散到其他国家的管理范围内。因此,环境、资源的产权难认定、认定难。

(二)在环境、资源问题上,各国间难以形成责任共担机制

环境和资源其实是属于全人类的,但是在环境、资源问题上,各国间很难形成责任共担机制。例如,二氧化碳的排放超标是极地上空形成臭氧层空洞的主要原因,各国在减少二氧化碳整体排放量这件事情上,早已形成了共识,但是,具体到谁应该减少、减少多少的问题上,每个国家为了自身经济的发展,都在尽可能地争取最有利的减排额度,甚至互相指责,不断推卸责任,责任共担机制更是难以形成。

(三)缺乏对绿色财务管理的评价体系

绿色财务管理尚处在摸索阶段,评价体系更是缺乏。目前,比较被认可的绿色财务管理评价指标主要有绿色收益率和绿色贡献率,但是,这两个指标有一个比较突出的问题,就是难以进行衡量,即很难评价一个项目有哪些可以列入绿色收益率或者绿色贡献率的范围,以及列入绿色收益率或者绿色贡献率的评价比例标准是怎样的;很难像基尼系数那样有规定的标准,什么样的绿色收益率或者绿色贡献率的指标计算标准是正常的,什么样的指标计算标准是好的,什么样的指标计算标准是绝对不可以使用的。再加上目前并没有像注册会计师那样拥有审查资质的绿色财务管理师,人员队伍建设落后,绿色财务管理评价体系建设更是难上加难。

(四)绿色财务管理的执行和监督不到位

每个国家都有相关的环境保护措施和资源控制制度,按道理,绿色财务管理的执行和监督本应该不成问题,但是,在实际的生产生活中,绿色财务管理的执行和监

督都不到位。由于法律、人员、经济等方面的原因,绿色财务管理的执行和监督处处受限。很典型的一个企业行为就是废弃物的排放,在有人检查或参观的时候,环保设备是运行的,但是,一旦解除了检查或参观的限制条件,就会有很多企业偷偷向外直接排放废水、废气、废渣等废弃物。虽然国家三令五申,但不少企业依旧我行我素。环保部门的工作人员也不可能时时监控所有企业。

三、原因分析

(一)对绿色财务管理的认识不足

由于很多人对绿色财务管理不认识、不了解,更不懂得,才会对绿色财务管理不重视,对绿色财务管理的研究也较少,至今都没有完整的关于资源和环境的产权认定标准,对绿色财务管理的执行和监督更是不到位。

(二)绿色财务管理的评价体系不健全

由于绿色收益率和绿色贡献率等指标难以量化考评,新的指标(如环保设备上新率、环保设备使用率、资源消耗量、可再生资源再生速率、资源利用率)还在研究当中,对绿色财务管理的研究队伍目前还未形成规模,研究人员较少,也很难形成合力,缺乏环境保护、资源管理和精算师等专业人员,缺乏主体的积极参与,到目前为止,绿色财务管理的评价体系很难健全。

四、加强绿色财务管理的措施

(一)加快对环境、资源等产权认定的研究步伐

虽然对环境、资源等的产权认定很难,但是,在人类社会可持续发展的需要面前,一定要发挥主观能动性,迎难而上,攻坚克难。首先,对绿色财务管理的认识、了解和重视不应仅仅停留在口头上,还要落实在具体行动中;其次,要加强绿色财务管理研究人员的队伍建设,不仅要培养会计、财务管理方面的专业人员,还要培养环境保护、资源管理方面的专业人员以及精算师、数学、地理等方面的专业人员,这是一项关系人类社会千秋万代的工程;再次,思想上重视了,人员到位了,还需要坚定不移地落实和执行。这项工作漫长而琐碎,任务艰巨。

(二)加强各国政府间的沟通协作,责任共担,共同发展

在绿色财务管理的推行上,各国政府责无旁贷,加强各国政府间的沟通协作,共担责任,才能共同发展、共同繁荣。首先,各国政府都应该认识到绿色财务管理的重要性、政府行为的重要性,加强政府间的沟通与协作,共同履行具有国际约束力的环境保护和资源管理公约;其次,要结合自身实际,灵活制定相关政策、法律和法规,并

强制执行；再次，要加强相关的舆论宣传，通过舆论导向引导每一个主体的行为，从而为环境的净化和资源的可持续开发利用提供可能。

（三）健全绿色财务管理的评价体系

健全绿色财务管理的评价体系，需要把评价体系具体细化，增加新的评价指标，并加以量化。但是诸如环境改善带来的幸福指数、资源利用效率提高带来的经济效益等这些指标很难量化。人类对绿色财务管理的认知还在不断进步，这也涉及绿色财务管理的评价体系的后续完善工作。

（四）政府引导，加强对绿色财务管理的执行和监督

政府间的合作共赢在绿色财务管理的推行上固然重要，但是，具体执行和监督涉及每个人、每个企业、每个组织、每个国家等，所以，政府的引导非常重要。除了政策、法律、舆论先行之外，相关的奖励和惩罚措施也非常重要，需要相关主体的严格执行和监督到位。

第二节 财务管理信息化创新

一、财务管理信息化建设中存在的问题

随着组织规模的不断扩大，业务越来越复杂，财务管理工作需要不断地细化和深化，财务人员的工作量不断增加。大量的数据需要及时处理，财务信息的关联程度越来越广，传统的基于手工信息处理特点而设置的会计业务流程传递越来越暴露出不足，无法满足财务管理的需要。即便在已实现会计电算化的企业，财务管理信息化也暴露出诸多的问题，影响管理，制约发展。

（一）对财务管理信息化的核心地位认识不强

许多企业在信息化建设投入中缺乏重点。部分企业对财务信息化建设的认识还停留在 IT 技术替代手工操作的层次上，认为实现会计电算化就是财务管理信息化的目标，对实现现代化管理的信息资源的需求了解不够，没有认识到财务管理信息化是企业管理信息化的核心，是实现管理现代化的保障。

（二）信息失真、信息不集成，难以为科学决策提供依据

现代管理最根本的是信息的管理，必须及时掌握真实准确的信息来控制物流、资金流。然而，当前我国相当多企业的信息严重不透明、不对称和不集成，没有做到数据的充分挖掘和利用，数据采集、处理口径不一。另外，由于应用的软件不够统一，

没有统一的信息编码标准,造成信息的利用率和整合程度不高。

(三)传统会计流程存在缺失

在传统的会计体系结构中,会计数据以汇总的形式重复存储于信息系统,难以反映经济业务的本来面目;而且所反映的信息往往滞后于业务信息,信息的滞后不仅影响了信息的质量,还降低了它的相关性,以至企业无法从效益的角度对生产经营活动进行实时监控。当IT技术在各个领域得到广泛应用时,许多组织的财务人员积极将IT技术应用于会计信息系统。但是人们在传统财务会计体系结构的束缚下,并没有充分发挥IT技术的优势重新设计财务会计流程,只是简单模仿和照搬手工的流程。

(四)缺乏财务信息化管理的复合人才

现代企业都愈来愈重视人才的开发和培养,企业不仅拥有各类技术人员,拥有生产经营方面的专家和研发人员,还拥有从事计算机控制方面的技术人员等。但基于中国的国情,很多企业的财务部门人才很匮乏。例如,许多国有企业或私营家族企业的财务人员往往学历不高,缺乏信息化管理能力及思想,其财务管理能力和理念已经不能适应现代企业管理的需求。

(五)企业各级管理人员的认识不到位

在企业内部建立财务管理信息系统是一项重大的管理工程,涉及企业管理的理念、模式、资金运作方式、生产组织形式等诸多方面的变革。如此浩繁的工程涉及方方面面,只有企业领导重视,有关管理人员齐心协力,才能顺利进行。但部分企业的部分人员安于现状、缺乏创新精神,认为实现电算化就是财务管理信息化的目标,对实现现代化管理的信息资源的需求了解不够。

二、信息化建设的重要意义

从管理角度来看,信息化建设在企业财务管理工作中具有重要的实践意义,主要表现在以下四个方面。

(一)信息化在财务管理工作中的应用大大提高了企业财务管理工作水平

信息化的应用把会计人员从过去繁重的手工劳动中解放出来,会计人员只需要掌握信息系统的一些简单操作方式,就可以对财务数据进行计算机录入,必要时还可以进行反复修改,及时进行会计核算,制作各种财务报表。毫无疑问,利用信息化系统完成这些工作,差错率小、可靠性高,提升了财务数据的准确性。

(二)信息化在财务管理中的应用可以有效控制企业成本

成本控制是企业财务管理工作的核心环节,也是企业实现最终营利的根本保障。利用财务管理信息化建设的先进性,企业财务部门可以全程掌握生产经营中各项大额成本支出的请购、采购、库存和审批等过程,使生产经营中各项大额成本支出的请购、采购、库存和审批等过程在运行中留有痕迹,提高了企业对成本支出等费用的管控能力,降低了各项成本费用指标超标的可能。

(三)财务管理信息化建设使企业的资金管控更为严格

企业的日常经营管理活动是以预算管理为主线、以资金管控为核心而开展的,是以货币计量方式对企业经营活动的资金收支情况进行统计和记录的。其中,在企业项目资金的管理方面,企业是以资金使用的活动情况为核算对象的。如果构建了财务管理工作的信息化系统,企业就可以借助信息化系统对企业资金使用情况进行统筹和预测,降低企业采购与财务之间的往来频率,企业财务人员也能够利用信息化系统了解采购计划的相关信息,有针对性地制订出筹集资金和付款计划,提高工作效率,减少管理漏洞。

(四)财务管理信息化建设提升了企业财务信息传递与交流的时效性

改革开放初期,人们常常会听到这样的口号:"时间就是金钱""效率就是生命"。其实,这两个命题的成立都需要建立在信息的有效传递与交流的基础之上。21世纪企业之间的竞争当然也是信息的传递与交流之间的竞争。可以说,在财务管理中进行信息化建设,可以有效整合各部门之间的财务信息和数据,进而借助计算机网络进行汇总、分析、分流和反馈,极大地提高企业财务信息传递与交流的时效性。

三、企业财务管理信息化建设的发展策略

(一)树立正确的财务管理信息化发展观念

企业财务管理信息化建设是企业实现财务管理现代化的重要前提,是一项以计算机应用技术、互联网应用技术、信息通信技术和"互联网+"技术为基础的复杂的系统工程。这一工程的顺利建设和竣工,需要企业各级领导、各个部门的通力合作、全面支持,不可能一蹴而就。因此,在财务管理信息化建设进程中,企业各级领导和各个部门必须树立正确的信息化发展理念,既不能忽视、漠视、无视财务管理信息化建设对于企业发展里程碑般的重要意义,不能不积极主动支持信息化建设工作,不能不积极主动解决信息化建设过程中遇到的问题,也不能操之过急,罔顾企业的技术条件和操作人员的专业化水平,仓促引进、盲目上马,造成财力、物力、人力等的浪费,更不能过分强调、放大财务管理信息化建设的功能,把信息化建设看成是可以解决一切财务问题的万能钥匙。在财务管理信息化建设进程中,企业各级领导和各个部门应本着实事求是、循序渐进的原则,在综合考量企业各方因素、条件的基础上,

按部就班、有条不紊地实施信息化工程建设,这样才能为以后信息化建设在企业财务管理中发挥应有的作用奠定良好的技术和管理基础。

(二)加强领导对财务管理信息化建设的重视

21世纪是信息化时代,是信息化建设大行其道的时代。信息化代表了先进的社会生产力,已经成为当今社会发展的大趋势。21世纪正在经历一场革命性的变化,世界范围内的信息技术革命将对人类社会变革的方向产生决定性的影响,将在全世界范围内建立起一个相互交融的全新的信息社会。所以,企业要完成财务管理信息化建设,企业领导就要首先对财务管理信息化建设给予足够的重视,身先士卒、身体力行,结合企业的具体发展情况,根据财务管理工作的实际需要,切合实际地制定出具有企业特色的财务管理信息化建设规划。财务管理信息化建设资金需求量大,如果没有企业主管领导的力挺,信息化建设所需的大量资金是无法悉数到位的。因此,企业领导对财务管理信息化建设的重视是信息化建设取得成功的关键。

(三)加大对财务管理信息化建设的人才培养力度

财务管理信息化建设虽然已经被企业界广泛接受,并且也得到了应有的重视,但是客观地讲,企业中财务管理信息化方面的操作人员和管理人才还相当缺乏。

虽然财务管理信息化建设已经具备了广泛的社会影响力,但是从其发展历程来看,与传统的财务管理方式相比仍然是新生事物,仍然处在摸着石头过河的探索阶段。财务管理信息化建设既然是新生事物,就必然需要大批的专业人士来熟练驾驭,而从当前企业财务管理人员的整体结构来看,科班出身的人其实是凤毛麟角,高校里面接受过系统学习的专业人才尚未大面积奔赴社会,企业里面的自有人才又如瞎子摸象,对财务管理信息化建设只是一知半解。毋庸讳言,企业财务管理信息化建设所需的专业人才正处于青黄不接的时期。目前所谓的操作系统、管理系统的专业人员,大多是半路出家,在"速成班"里经过短期的常识性培训就"光荣上岗"了,所以,一旦财务管理信息化的操作系统或者是管理系统出现问题,靠企业自身的技术力量是没有办法解决的,企业只能请"外援"前来指点迷津。仅从这一点来看,加大财务管理信息化建设的人才培养力度,对于企业财务管理信息化建设的有效开展和顺利实施是尤为重要的。

(四)注重对财务管理信息化软硬件设施并重的建设

在世界范围内的信息技术革命的推动下,财务信息化已经成为一种必然趋势。在新时代背景下,企业没有退路,也没有选择的余地,只有认识、接受、建设和发展信息化才是明智的抉择,才不会被信息技术进步的浪潮淘汰出市场格局。企业要强化信息化建设成果,就必须坚持软件设施建设与硬件设施建设并重的原则,绝不可厚此薄彼。硬件设施是信息化建设的先决条件,离开它,企业财务管理信息化建设就无从谈起;软件设施是信息化建设的灵魂所系,没有它,企业财务管理信息化建设就是一潭死水。只有把软件设施建设与硬件设施建设有机结合在一起,让两者同步前进、协同发展,企业财务管理信息化建设才能真正实现其建设的初衷,才能真正做到为企业发展助力加油。

第三节　财务管理与人工智能创新

一、人工智能技术给财会行业带来的机遇

(一)提高了财会信息的处理质量

无论是财会行业还是审计行业,都必须严格遵循真实性原则,然而我国财会行业并未将这一原则真正落实到位。这主要是因为实际处理财会信息和审计信息过程中,依旧沿用着传统的手工方式进行编制、调整和判断,致使舞弊与错误行为屡见不鲜,所以,为了提高财会信息的真实可靠性,应减少人工处理财会信息的次数,进一步拓展人工智能,从而为财会信息处理的质量和效率提供保证。

(二)促进财会人员有效地工作,节约人力成本

现阶段,我国已经出现了为小企业做账的专业公司,虽然这类公司领导者对会计记账法与借贷记账法掌握和了解得不是很透彻,但这类公司研发的软件可利用电子技术对原始凭证进行扫描,自动生成符合各级政府部门要求的财务报表,这不仅减轻了财会人员的劳动强度,还有效保证了会计核算的实效性。审计部门利用开发的审计软件在提高审计工作效率的同时,还能在深入剖析财会报告的过程中及时发现审计问题,进而采取科学、高效的审计手段解决审计问题。

(三)实施完善的风险预警机制,强化财会人员的风险意识

虽然已经有很多企业具备了风险危机意识,但在风险防范和风险发生过程中的决策能力不足。导致这种情况的根本原因在于企业缺乏一套切实可行、健全的风险预警机制,财会人员无法准确判断存在的风险,也不具备风险意识,所以,当遇到风险问题时往往显得手足无措。首先,由于企业内部资金项目具有繁复性特点,很难顺利地开展纵横向对比;其次,财会人员缺乏较高的信息处理综合能力。因此,利用人工智能技术创建风险预警模型,通过各类真实、可靠的财务数据对财务风险进行事先预警,不仅能保障了企业资金的运营效率,还能帮助企业及时找出不足之处,从而创设和谐、美好的企业发展环境。

（四）实现更为专业的财会作业流程

当前，财政部已经将管理会计列入会计改革与发展的重点方向。过去针对业务流程来确立会计职能的工作模式，不但会造成会计信息核算的重复性，而且会影响财务风险预警的有效运行。所以，随着人工智能技术的全面渗透，企业将会对那些只懂得进行重复核算工作的财会人员进行精简，聘用更多有助于自身健康发展的、具备完善管理会计知识的财会人员。

二、人工智能技术在财务管理中的应用

（一）财务管理专家系统

财务管理专家系统涉及财务管理知识、管理经验、管理技能，主要负责处理各类财务问题。为了减轻财务管理专家对财务管理过程的描述、分析、验证等工作的劳动强度，很多企业都将涉及管理技能、管理理念及管理环境的财务管理专家系统应用到财务管理工作中。

根据具体的财务管理内容将财务管理专家系统划分为筹资管理专家系统（涉及资金管理）、投资管理专家系统、营运管理专家系统（涉及风险管理与危机管理）、分配管理专家系统。这些系统又涵盖了财务规划及预测、财务决策、财务预算、财务分析、财务控制几方面的子系统。

在对各系统进行优化整合后，财务管理专家系统的综合效用便体现出来了。提高了财务预测的精准度，强化了财务决策的科学性，实现了财务预算与实际的一致性，提高了财务控制效率，财务分析更加细致、全面，进一步拓展了财务管理的覆盖面。

财务决策子系统在整个系统中占据重要的比重，而财务决策子系统的顺利运行离不开其他子系统的支持。因此，对这些子系统进行集成后形成了智能化的财务决策支持系统。利用智能化的财务决策支持系统有助于综合评估内部控制与资产分配情况，通过对投资期限、套期保值策略等进行深入分析后，能使投资方案进一步优化和完善。

（二）智能财务管理信息共享系统

财务管理查询系统和操作系统是智能财务管理信息共享系统的主要内容。通过Microsoft Visual Studio. NET对财务管理查询系统进行部署，然后操作系统中的IIS服务负责相关发布。将NET框架设置于发布平台上，该框架负责运作各个NET程序。

为财务管理信息共享提供相应的体系结构，企业会在节约成本的理念下向所有利益有关方传递真实、可靠的关联财务信息。简单举例，随着B/S模式体系结构的

构建并使用,企业实现了成本的合理节约,促进了各财务信息的及时有效共享,提高了财务信息处理效率。

通过操作系统中的 IIS 来发布财务管理查询系统,企业内部各职能部门只需要进入网络浏览器就能及时访问,而企业外部本有关使用者只需要利用因特网就能对单位每一天的财务状况予以充分掌握。

随着智能财务管理信息共享系统的生成并被投入使用,财务管理工作变得更加完善、成熟,同时,在智能财务管理信息共享系统中利用接口技术吸收 ERP 财务信息包,实现了财务管理信息的透明化、公开化,突出了财务管理的即时性。

(三)人工神经网络模型

人工神经网络指的是通过人工神经元、电子元件等诸多的处理单元对人脑神经系统的工作机理与结构进行抽象、模仿,由各种联结方式共同组成的网络。人工神经网络从范例学习、知识库修改及推理结构的角度出发,拓展了人类的视野范围,并强化了人类的智能控制意识。

人工神经网络模型涉及诸多神经元结合起来产生的模型。人工神经网络涵盖反馈网络,也可称之为递归网络与前馈网络。其中,反馈网络是由诸多神经元结合后生成的产物,将神经元的输出及时反馈到前一层或者同一层的神经元中,这时信号可实现正向传播与反向传播。前馈网络存在递阶分层结构,因此,同一层中各神经元不可以相互连接,由输入层进入输出层的信号主要以单向传播方式为主,将上层神经元和下层神经元进行连接,同一层神经元相互之间不能连接。

人工神经网络存在很多类型,如 RBF 网络、BP 网络、ART 网络。其中,RBF 神经网络现已在客户关系管理、住宅造价估算等领域中得到了有效应用,BP 神经网络现已在战略财务管理、风险投资项目评价、固定资产投资预测、账单数据挖掘、纳税评估、物流需求预测等众多领域中得到了有效应用,ART 神经网络现已在财务诊断、财务信息质量控制、危机报警等领域中得到了高效的应用。

随着经济领域和管理领域对人工智能技术的广泛应用,越来越多的学者将研究重心放在了人工智能层面上,而财务管理中应用 BP 神经网络来预测财务状况取得了可喜的成果。因此,BP 神经网络成为现代人工智能应用研究的关键点,而成功的研究经验为财务管理的研究提供了重要依据。

综上所述,随着科学技术的快速发展,智能化的财务管理已成为必然。运用智能财务管理专家系统有助于提高财务管理水平及效率。今后的财务管理专家系统将逐步朝着智能化、人性化、即时化的方向快速迈进,可以想象,那个时候的智能财务管理专家将会全权负责繁复的财务管理工作,使财务管理人员不再面临庞大的工作量。

出于对财务主体持续发展的考虑,在"以人为本"理念的基础上推行科学化财务管理工作,要在保证财务主体良性循环发展的同时,为各利益有关者提供预期的效益。

第四节　区块链技术与财务审计

一、区块链的概念与特征

区块链就是一个基于网络的分布处理数据库。企业交易数据是分散存储于全球各地的,如何才能实现数据相互链接?这就需要以相互访问的信任作为基础。区块链通过基于物理的数据链路将分散在不同地方的数据联合起来,各区块数据相互调用其他区块数据,并不需要一个作为中心的数据处理系统,它们可通过链路实现数据互链,削减现有信任成本,提高数据访问速率。区块链是互联网时代的一种分布式记账方式,其主要特征有以下几点。

(一)没有数据管理中心

区块链能将储存在全球范围内各个节点的数据通过数据链路互联,每个节点交易数据能遵循链路规则实现访问。该规则基于密码算法而不是管理中心发放访问信用,每笔交易数据由网络内用户互相审批,所以不需要一个第三方中介机构进行信任背书。对任一节点的攻击,不能使其他链路受影响。而在传统的中心化网络中,对一个中心节点实行有效攻击即可破坏整个系统。

(二)无须中心认证

区块链通过链路规则,运用哈希算法,不需要传统权威机构的认证。每笔交易数据由网络内用户相互给予信用,随着网络节点数增加,系统的受攻击可能性呈几何级数下降。在区块链网络中,参与人不需要对任何人信任,只需两者间相互信任。随着节点增加,系统的安全性反而增加。

(三)无法确定重点攻击目标

由于区块链采取单向哈希算法,网络节点众多,又没中心,很难找到攻击靶子,不能入侵篡改区块链内数据信息。一旦入侵篡改区块链内数据信息,该节点就被其他节点排斥,从而保证数据安全。

(四)无须第三方支付

区块链技术产生后,各交易对象之间交易后,进行货款支付更安全,无须第三方支付就可实现交易,可以消除由第三方支付带来的双向支付成本,从而降低成本。

二、区块链对审计理论、实践的影响

(一)区块链技术对审计理论体系的影响

1. 审计证据变化

区块链技术的出现使传统的审计证据发生改变。审计证据包括会计业务文档，如会计凭证。由于区块链技术出现，企业间交易在网上进行，相互间经济运行证据变成非纸质数据，审计对证据核对变成由两个区块间通过数据链路实现数据跟踪。

2. 审计程序发生变化

传统审计程序从确定审计目标开始，通过制订计划、执行审计到发表审计意见结束。计算机互联网审计要求采用白箱法和黑箱法对计算机程序进行审计，以检验其运行可靠性，在执行审计阶段主要通过逆查法，从报表数据通过区块链技术跟踪到会计凭证，实现数据审计工作的客观性和准确性。

(二)区块链技术对审计实践的影响

1. 提高审计工作效率、降低审计成本

计算机审计比传统手工审计效率高。区块链技术为计算机审计的客观性、完整性、永久性和不可更改性提供保证，保证审计具体目标的实现。区块链技术产生后，人们利用互联网大数据实施审计工作，大大提高了审计效率，解决了传统审计证据不能及时证实，不能满足公众对审计证据真实、准确要求的问题，满足了治理层了解真实可靠的会计信息，实现了对管理层有效监管的目的。在传统审计下，需要通过专门审计人员运用询问法对公司相关会计信息发询证函进行函证，需要很长时间才能证实，审计时效性差。而计算机审计，尤其是区块链技术产生后，审计进入网络大数据时代，分布式数据技术能实现各区块间数据共享追踪，区块链技术保证这种共享的安全性，其安全维护成本低；由于区块链没有管理数据中心，具有不可逆性和时间邮戳功能，审计人员和治理层、政府、行业监管机构可以通过区块链及时追踪公司账本，从而保证审计结论的正确性；计算机自动汇总计算，也保证审计工作的快速、高效。

2. 改变审计重要性认定

审计重要性是审计学中的重要概念。传统审计工作需要在审计计划中确定审计重要性指标，将其作为评价依据，审计人员通过对财务数据进行计算，确定各项财务指标，计算重要性比率和金额，通过手工审计发现会计业务中的错报，评价错报金额是否超过重要性金额，从而决定是否需要进一步审计。而在计算机审计条件下，审计工作可实现以账项为基础的详细审计，很少需要以重要性判断为基础的分析性审计技术。

3. 内部控制的内容与方法也不同

传统审计更多采用以制度为基础的审计,更多运用概率统计技术进行抽样审计,从而解决审计效率与效益相矛盾的问题。区块链技术产生后,人们运用计算机审计,审计的效率与效果都提高了。虽然区块链技术提高了计算机审计的安全性,但计算机审计的风险仍存在,传统内部控制在计算机审计下仍然有必要,但其内容发生了变化,人们更重视计算机及网络安全维护,重视计算机操作人员的岗位职责及岗位分工管理与监督。内部控制评估方法也更多从事后调查评估内部控制环境,过程中运用视频监控设备进行实时监控。

三、区块链技术对财务活动的影响

(一)对财务管理中价格和利率的影响

基于因特网的商品或劳务交易的支付手段更多表现为数字化、虚拟化,网上商品信息传播公开、透明、无边界与死角。传统商品经济条件下的信息不对称没有了,高品价格更透明了。财务管理中运用的价格、利率等分析因素不同于以前,边际贡献、成本习性也不同了。

(二)财务关系发生变化

财务关系就是企业资金运动过程中所表现的企业与企业经济关系,区块链运用现代分布数据库技术、现代密码学技术、将企业与企业以及企业内部各部门联系起来,通过大协作,从而形成比以往更复杂的财务关系。企业之间资金运动不再需要以货币为媒介,传统企业支付是以货币进行,而现代企业支付是电子货币。财务关系表现为大数据之间的关系,也可以说是区块链关系。这种关系减少了不少地方关系。

(三)提高财务工作效率

1. 直接投资与融资更方便

传统财务中,筹资成本高,需要中间人(如银行)参与。区块链技术产生后,互联网金融得到很大发展,在互联网初期,网上支付主要通过银行这个第三方进行,区块链能够实现新形式的点对点融资。人们可以通过互联网,下载一个区块链网络的客户端,就能实现交易结算,如投资理财、企业资金融通,并且使交易结算、投资、融资的时间从几天、几周变为几分、几秒,能及时反馈投资红利的记录与支付效率,使这些环节更加透明、安全。

2. 提高交易磋商的效率

传统商务磋商通过人员现场交流沟通,对商品交易价格、交易时间、交货方式等进行磋商,最后形成书面合同。而在互联网上,由于区块链技术保证网上沟通的真实、安全、有效,通过网上实时视频磋商,通过网络传送合同,通过区块链技术验证合同的有效性,大大提高了财务业务的执行效率。

(四)对财务成本的影响

1. 减少交易环节,节省交易成本

由于区块链技术的运用,电子商务交易能实现点对点交易结算,交易数据能同ERP财务软件协同工作,能实现电子商务交易数据和财务数据及时更新,资金转移支付不需通过银行等中介,解决双向付费问题,尤其在跨境等业务中,少付许多佣金和手续费用。

2. 降低了信息获取成本

互联网出现后,人们运用网络从事商务活动,开创商业新模式,商家通过网络很容易获得商品信息。通过区块链技术,在大量网络数据中,运用区块链跟踪网络节点,可以监控一个个独立的业务活动,找到投资商,完成企业重组计划,也可以通过区块链技术为企业资金找到出路,获得更多投资收益。可见,区块链降低了财务信息获取成本。

3. 降低信用维护成本

无数企业间财务数据在网络上运行,需要大量维护成本。区块链技术建立不基于中心的信用追踪机制,人们能通过区块链网络检查企业交易记录、声誉得分以及其他社会经济因素可信性,交易方能够通过在线数据库查询企业的财务数据,来验证任意对手的身份,从而降低了信用维护成本。

4. 降低财务工作的工序作业成本

企业财务核算与监督有许多工序,每一工序都要花费一定成本。要做好企业财务工作,保证财务信息的真实性,必须运用区块链技术。由于其无中心性,能减少财务作业的工序数量,节省每一道工序时间,在安全、透明的环境下保证各项财务工作优质高效完成,从而总体上节约工序成本。

第五节　网络环境与税收筹划的财务管理

一、网络环境下财务管理

(一)网络环境下财务管理的优势

在财务管理中应用网络技术,一方面能够给财务管理提供更加精准的数据信

息,同时便于数据的收集、整理和分析,不仅大大提高财务管理的质量和效率,避免或降低财务风险,还可以给企业的管理层提供客观、可靠、科学的决策信息,便与其准确判断企业经营的现状,确定企业以后的经营方向;另一方面打破了地域、空间的限制,有效地实现了资源共享,既能够实现企业部门间的信息互通,还能够实现跨区域数据共享,使企业及时获取运营数据,便于企业对生产经营进行调整,实现财务与业务的协同管理模式,帮助企业在市场竞争中站稳脚跟,提高市场竞争力。

(二)网络财务管理存在的问题

网络财务管理虽然有很多优势,但从目前情况分析,仍存在以下问题。

1. 网络财务管理的安全问题

网络财务管理虽然具有开放性优势,但也存在一些不容忽视的安全问题。例如,财务管理人员没有及时将有关信息存入磁盘、光盘,如果计算机出现问题,财务信息就有可能遗失,影响档案资料的调阅和查找;财务人员删除或伪造财务信息,可以不留痕迹;电脑病毒频繁出现,计算机遭受恶意攻击,难以保证网络财务管理工作的顺利进行。

2. 网络财务管理的资料保管问题

(1)财务档案保管不规范。

财务档案是进行司法处理的有效证据,必须建立严格的保管制度。财务档案的保管有很多不符合要求的地方。一些部门除了建立综合档案室外,其内部职能科、股、室又分别设立了小档案室,造成部分档案资料无法集中保管,遗失严重。一些部门在进行财务交接时,没有将财务档案妥善保管,有的甚至任意销毁,导致资料调阅和查找十分困难。有的资料室借阅制度不够完善,存在随意查阅和借出财务档案的现象。

(2)档案管理人员综合素质不高。

一些部门对档案管理认识不足,投入力度不大,没有按要求配备专业的工作人员,而是由财务人员具体负责。这些财务人员没有系统学习存档基本知识,整理的档案达不到规定标准。部分档案管理人员知识水平不高,文字表达能力和熟练运用现代化办公设备的能力不强,灵活处理实际问题的本领较弱。

3. 网络财务管理的审计取证问题

由于受传统财务管理的影响,审计人员习惯从账目中查找问题,凭证、账簿、报表成为审计取证的主要依据,审计线索十分清楚。在网络财务管理中,传统单据和纸质记录均已消失,各种财务信息都是以电子形式进行记录,肉眼无法辨别。如果被篡改或删除,几乎没有印迹,审计人员很难查找到其中的漏洞,加大了审计难度。另外,我国与审计取证相关的制度不够健全,审计系统软件开发不够完善,审计人员进行核查取证时,没有一个合理的衡量标准,审计收集的财务信息不够完善,增加了审计风险,不利于审计质量的有效提升。

4.网络财务管理的技术人才问题

网络财务管理是网络技术和财务管理结合的产物,财务人员不但需要熟悉财务知识、网络知识和金融法律知识,而且要掌握排除网络系统故障的方法,具备一定的创新能力。而在实际工作中,素质低的财务人员仍然很多,有些无学历或学历低,有些不懂得网络应用和财务软件的操作,有些不认真钻研业务、工作马马虎虎,这些人员都无法适应网络财务发展的需求。

(三)实施网络财务管理的有效策略

1.网络财务管理的安全策略

(1)实行档案资料保密制度。

财务人员在重要数据处理结束时,应及时清除存储器、联机磁带、磁盘程序,并及时销毁废弃的打印纸张。要定期查看财务档案的安全保存期限,并及时进行复制。

(2)实行财务管理人员保密制度。

网络财务管理人员要签订管理责任状,做出相应承诺,保证在职期间和离职后不违反规章制度,不泄漏财务机密。

(3)实行技术监控制度。

建立安全的网络财务系统是网络财务管理顺利进行的根本保证。对财务信息的输入、输出和网络系统的维护,都要严格遵守操作章程,杜绝安全事故。要利用加密技术,解决密钥分发的问题;采取防火墙技术,对外部访问实行分层认证;利用数字签名技术和访问限制技术,防止会计系统遭受非法操作或人为破坏。

(4)实行法律保障制度。

要吸收和借鉴国外成功经验,探索并制定网络财务管理制度和准则,规范网上交易行为。要对违反管理规定的不法分子进行有力打击,为网络财务管理营造安全的外部环境。

2.网络财务管理的资料保管策略

(1)严格建立造册登记制度。

财会人员每月记账完毕,应将本月所有记账凭证进行整理,检查有没有缺号、附件是否齐全;然后把每张凭证编上序号,加上封面和封底,按编号的先后顺序将凭证装订成册,贴上标签进行封存。财会人员要在装订成册的凭证封面上详细填写单位全称和会计凭证名称,同时加盖单位主要负责人和财务管理人员印章。

（2）严格建立资料查询制度。

根据《中华人民共和国会计法》《财务从业人员管理条例》规定，对已经存档的会计资料，本单位需要查阅，必须经过有关领导同意。查阅时做到不拆原卷册，不将原始凭证借出。外单位未经过本单位主要领导批示，不能查阅原始凭证，不能复制原始凭证，更不得擅自将原始凭证带离现场。

（3）严格建立保管和销毁制度。

会计档案的保管和销毁必须严格按照会计档案管理规章制度，任何人不得随意销毁财务档案。如果需要销毁保管期满的财务档案，必须列出清单，按照规定经过批准后，才能销毁。

（4）严格建立信息备份和系统升级制度。

财务管理人员在日常工作中要严格建立信息备份制度，及时将财务信息输入 U 盘和磁盘中，便于日后查询和系统恢复需要，以免造成不必要的损失。

3. 网络财务管理的审计取证策略

网络财务审计是传统审计的一大飞跃，要采取多种措施提升取证质量。一是要开发审计系统。要研制出能从被审计部门准确、有效地获取各种数据信息的系统软件，建立信息库，录入被审部门的有关信息，便于核查取证时查阅，提高数据信息质量。二是要规范审计程序。审计人员审计前要根据工作要求，准备相关材料，避免审计时出现不必要的偏差。审计结束后要仔细整理相关材料，使审计取证工作走向有序化、规范化。三是要严守职业道德。审计人员要加强学习，严格约束自己的言行，公平对待每个被审计部门，实行依法审计。

二、企业税收筹划的财务管理

（一）企业税收筹划与财务管理相关性特点

1. 目标上的相关性

从根本上来看，税收筹划的目标是被企业的财务管理目标左右和决定的，两者的最终方向都是通过降低企业财务风险的方式来保证企业经济利益达到最大化，从这一点看，税收筹划某种程度上可以被看作财务管理的一部分。这就决定了企业决策者在选择税收筹划方案时，要确保其在法律范围内收获最高的企业利润，从而使企业的财务管理工作达到最优化。税收筹划的制定及运用的好坏程度，也能够在一定程度上反映出企业财务管理的质量。

2. 对象上的相关性

企业资金的循环周转情况属于财务管理的范围之内，而企业的应交纳税收资金额则属于税收筹划的范畴,从管理对象上来看,两者有着很强的相关性。税收筹划的管理对象是企业的应缴纳税收资金,通过在法律规定的框架内运用各种手段来降低企业税负。而财务管理的对象则是企业的所有资产,其需要保证企业的现金流始终处于周转中,以此来提升企业资金的利用率从而保障企业经济利益,税收筹划的质量将对财务管理的质量产生直接的影响。

3.职能上的相关性

在职能上税收筹划主要体现在降低企业的应纳税额,而财务管理则主要体现在财务人员对公司资产的决策、计划和控制方面。财务决策包括了决策者、决策对象、决策信息、决策理论和方法等多个方面。而税收筹划是财务决策的一项重要内容,两者之间既相互影响又相互促进,特别是在筹资、投资和日常经营的过程中,税收筹划都能对财务决策产生影响。财务管理的相关技术也可以在税收筹划中得到应用以帮助其更好地开展工作。

财务管理作为现代企业管理系统价值管理体系的重要组成部分起着重要作用。税收筹划已经渗透到企业市场的各种商业活动领域,对于企业市场决策的制定具有重要意义。在新的时代,企业税收筹划和财务管理之间的相互关系的密切使企业能够认识到税收筹划的必要性。它在财务管理中起着重要的决策作用。

(二)企业税收筹划和财务管理之间的相关性

1.税收筹划与财务管理之间是有层次的,一层一层递进

从市场经济学的角度来看,税收筹划隶属于财务管理活动和计划活动。从税收筹划规划的目的来看,税收筹划应该属于财务类别,与企业的经济活动密切相关。

科学合理的财务筹划和以公司财务管理目标为核心的税务筹划活动,将有助于实现财务管理目标。通过设计、选择和实施财务计划,管理目标就可以实现,经济利益就可以提高。公司的财务价值管理有一定的目标,税收筹划的目标是公司的财务管理,这就形成了一定的层次性。也就是说,税收筹划分层次和多元化的规划目标必须与财务管理目标保持一致。利益最大化是公司价值的最终目标。商业决策者在进行税务筹划时,必须注意到税务规划的目标必须与企业财务目标保持一致,税收计划是基于员工的财务管理目标来实现的。从更科学的观点来看,税收筹划是一个多元化的目标系统,市场上的公司有不同的发展目标时,税务筹划目标将相应改变。因此,没有必要对企业税收进行计划,怎么做能够减少税务风险、实现企业商业价值最大化是相关人员应该重视的问题。

2.税收筹划和财务管理是一个统一的整体

税收筹划是企业财务决策的重要组成部分,也是企业进行财务决策的重要参考

因素。税收筹划更容易收集更有效的税务信息和原则,便于决策者收集税务信息并做出财务管理决策。税收筹划起着财务指导和管理作用,税收筹划是财务计划的组成部分,因此,税收筹划不能与公司财务分开控制。财务控制是实施税收筹划的目标和方案,为了确保计划的顺利实施,在执行计划时要监督税务支出,控制税收成本,根据实际情况来反馈税收筹划方案的实施情况并进行相应的评估,以改进后续的决策。

3. 税收筹划和财务管理之间存在内在关联

企业经营活动中的税收筹划与企业财务管理在内容方面有很高的相关性。根据税收计划,税法中不同融资方式的成本计算方法不同,会对实际的税收收入产生重要影响,直接影响公司的实际税收,因此,公司要继续以税收征管为引导,优化融资结构,完善融资理念,积极实施税收筹划。为了最大限度地发挥出企业的效益,公司必须全面考虑市场中的各种因素,特别是重点抓好投资方式和具体投资地点。通过实施税收筹划,可以更好地优化投资选择并且提高公司的经济效益。另外,税收政策不仅影响利润分配,还会限制累积收益。因此,企业的利润分配也需要税收筹划。总而言之,税务筹划问题贯穿于公司财务管理活动的各个组成部分,它被整合于财务管理的各个方面,与企业财务管理的内容密切相关。

4. 税收筹款还能与财务管理融合

对于企业财务的管理,税务筹划工作可以发挥出系统性和综合性的作用。这是一项很强的、系统的、技术性的工作。结合财务管理,税务筹划可以实现企业各项财务管理指标。由于企业税务和财务管理有着千丝万缕的联系,税收筹划应纳入财务管理的各个方面,以在更大程度上促进公司的长期发展。公司税务规划和财务管理活动客观地整合和互动,相互融合为一个整体,尤其是实施税收计划对公司的财务管理有直接影响。除了客观反映公司的财务管理情况和管理水平之外,税务计划还可以改善公司的利润增长和财务管理,但这也使得实施具体的期权计划和税收筹划成为可能。加强税收管理,需要不断引进先进的人才,完善管理制度,不断提高财务管理人员的素质,为实施企业税制提供有力保障。

(三)企业财务管理理念对于税收筹划的具体应用

1. 货币时间的价值性和延迟纳税

货币价值在企业生产活动中具有一定的时效性。换句话说,在资金轮换期间,货币价值会上涨。这样,当一家公司进行财务管理时,它可以使用货币的时间价值性来提高管理决策的准确性,并使用时间价值在初始纳税时支付少量税款,在纳税后期缴纳更多税款,从而相对减轻公司的税负,这就是延迟纳税。延迟纳税主要反映在企业固定资产折旧方法和存货的估值方法上,具体方式就是企业可以按照金融体系的有关规定使用平均寿命方法进行折旧。采用比例税率方式,提前支付企业所得税,这样折旧费用就会增加,货币价值也就高了。延迟纳税要求公司在法定税收期结束时实际缴纳税款。因此,在税法规定的范围内,使用加速折旧法可以使企业升值固定资产,相对减轻企业的税负,并能起到积极的作用。

2. 运用于税收筹划的成本效益分析

在进行税收筹划时,公司也承担一定的风险。在获得税收的同时,可能还需要支付一定数量的计划成本。具体来说,税收筹划成本通常包括三个方面:直接成本、机会成本和风险成本。直接成本是指纳税人为节省税收而发生的人力、物力和财力支出。机会成本是指企业在采用税收筹划计划时放弃其他计划来争取最大收益。风险成本是指计划错误而导致的经济损失。当公司计划税收时,他们必须选择具体的计划,并且只有在保证成本效益的前提下才能取得更好的结果。如果税收计划成本低于预期收益,那么这个计划是可行的,否则会使公司遭受经济损失。

综上所述,根据一个企业的税收制度与财务影响之间的关系,财务规划是结合企业的税务情况进行的,税收的战略作用影响到了企业的财务计划。因此,企业有必要充分考虑现实的金融环境,使用税务规划工具有效分配企业资源,制定企业发展战略,通过这个战略,为企业提供更可靠的市场决策,力争让企业通过在合理范围内减税来获得最大的经济利益,提高企业的竞争力。

参考文献

[1] 唐珏岚. 健康的财政与金融体系 [M]. 上海：上海人民出版社，2020.

[2] 游宇. 中国的地方财政体制与治理 [M]. 北京：中央编译出版社，2020.

[3] 严宇. 国家财政性教育经费投入研究 [M]. 北京：中国金融出版社，2020.

[4] 何冬妮. 公共服务财政支出与中等收入群体发展 [M]. 上海：上海社会科学院出版社，2020.

[5] 王如燕. 政府审计全覆盖与财政专项资金审计问题研究 [M]. 上海：格致出版社，2020.

[6] 韩小红，施阳. 财政与金融 [M]. 北京：北京理工大学出版社，2019.

[7] 陈昌龙. 财政与税收 [M]. 北京：北京交通大学出版社，2019.

[8] 崔奇，李康. 财政与金融 [M]. 上海：上海财经大学出版社，2019.

[9] 邱婷. 财政与金融学概论 [M]. 南昌：江西高校出版社，2019.

[10] 朱军. 高级财政学 [M]. 上海：上海财经大学出版社，2019.

[11] 贾康. 中国财政制度史 [M]. 上海：立信会计出版社，2019.

[12] 谈敏. 中国财政思想史简编 [M]. 上海：上海财经大学出版社，2019.

[13] 赵云旗. 中国财政改革与发展研究 [M]. 武汉：华中科技大学出版社，2019.

[14] 相悦丽，赵红梅. 财政与金融 [M]. 北京：冶金工业出版社，2018.

[15] 汪笛晚，付新法. 财政学 [M]. 延吉：延边大学出版社，2018.

[16] 赖溟溟. 财政与金融 [M]. 沈阳：东北财经大学出版社，2018.

[17] 刘春胜，高然. 财政风险与防范 [M]. 延吉：延边大学出版社，2018.

[18] 蔡秀云，李红霞. 财政与税收 [M]. 北京：首都经济贸易大学出版社，2018.

[19] 胡怡建. 税收学 [M]. 上海：上海财经大学出版社，2018.

[20] 陈莎，唐琳. 税收筹划 [M]. 上海：立信会计出版社，2018.

[21] 朱沙. 税收筹划实务与案例 [M]. 重庆：重庆大学出版社，2018.

[22] 何廉，李锐. 财政学 [M]. 北京：商务印书馆，2017.

[23] 孙文基. 财政学教程（第 3 版）[M]. 苏州大学出版社，2017.

[24] 陈启修. 财政学总论 [M]. 北京：商务印书馆，2017.

[25] 李品芳. 公共财政与税收教程 [M]. 上海:上海财经大学出版社,2017.

[26] 徐秀杰. 税收实务 [M]. 北京:首都师范大学出版社,2017.

[27] 张小青. 税收协定的正义性 [M]. 哈尔滨:东北林业大学出版社,2017.

[28] 陈昌龙. 财政与税收 [M]. 北京:北京交通大学出版社,2016.

[29] 王晓光. 财政与税收 [M]. 北京:北京理工大学出版社,2016.

[30] 蒙丽珍,古炳玮. 财政学 [M]. 沈阳:东北财经大学出版社,2016.

[31] 陈静. 财政与金融 [M]. 济南:山东人民出版社,2016.

[32] 曲文强,刘兴民. 财政与金融 [M]. 杭州:浙江工商大学出版社,2016.

[33] 张小军. 财政学原理及应用 [M]. 广州:华南理工大学出版社,2016.

[34] 李莎. 公共财政基础 [M]. 北京:北京理工大学出版社,2016.

[35] 刘芳,徐杰. 财政金融基础 [M]. 北京:中央广播电视大学出版社,2016.

[36] 谢旭人. 中国财政管理 [M]. 北京:中国财政经济出版社,2011.